모든 날이 좋았습니다

행복한 사람 이태석

일러두기

1. 자료의 출처를 명확히 밝히되, 인용한 자료를 재차 언급할 때는 가독성을 위해 저서명과 쪽수 혹은 논문명만 표기합니다.

2. 아래 이태석 자료 3권은 각 글에서 자주 인용되므로 주석에서는 저서명과 쪽수만 밝힙니다.

   이태석, 『친구가 되어 주실래요?』, 생활성서사, 2009.
   이태석, 『당신의 이름은 사랑』, 다른우리, 2011.
   이충렬, 『신부 이태석』, 김영사, 2021.

3. 책에 삽입된 이미지는 대부분 인제대학교 의과대학과 살레시오회의 허락을 받고 사용하였습니다. 그 외의 이미지는 별도로 출처를 밝힙니다.

인제의대
이태석연구회

모든 날이
좋았습니다

행복한 사람 이태석

Everything is Good

사진으로 보는 이태석

초등학생 시절
중학생 시절 (옆은 누나와 동생)
고등학생 시절
의대생 시절

졸업앨범 속 사진과 포부

의료 실습 과정

1986년 의료봉사 단체 사진

1983년 의료봉사 단체 사진

사제로서의 이태석

사진으로 보는 이태석

의사로서의 이태석

건축가로서의 이태석

교육자로서의 이태석

친구로서의 이태석

이태석과 브라스밴드
(하얀색 원은 토마스 타반 아콧)

의사로서의 이태석

수단어린이를 돕는 작은음악회에서

제7회 인제인성대상 수상식

한미자랑스러운의사상 수상식

이태석을 찾은 제자들
(좌상단- 존 마엔 루벤, 좌하단- 토마스 타반 아콧)

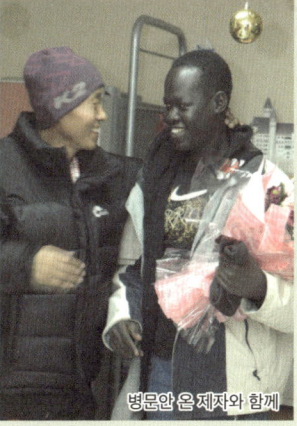
병문안 온 제자와 함께

사진으로 보는 이태석

연보로 보는 이태석

故 이태석 신부
(李泰錫, Fr. John Lee Taeseok)

의사, 살레시오회 수도사제
1962년 10월 17일(음력 9월 19일) ~ 2010년 1월 14일

1962년 10월	부산시 서구 남부민동 출생 (부 이봉하, 모 신명남의 4남 6녀 중 아홉째)
1969년 3월	남부민초등학교 입학
1975년 2월	천마초등학교 졸업
1978년 2월	부산대신중학교 졸업
1981년 2월	경남고등학교 졸업
1981년 3월	인제대학교 의과대학(당시 인제의과대학) 입학
1987년 2월	인제대학교 의과대학(당시 인제대학 의학과) 졸업
1988년 2월	인제대학교 부산백병원 인턴 수료

1991년 4월	육군 군의관 대위 전역
1991년 8월	살레시오회 입회
1992년 3월	광주가톨릭대학교 신학과 편입
1994년 1월	살레시오회 첫 서원
1995년 1월	서울시 영등포구 대림동 살레시오청소년센터 사목 실습(- 1997년 1월)
1996년 2월	광주가톨릭대학교 신학과 수료
1997년 1월	로마 교황청립 살레시오대학교 유학
1999년 8월	아프리카 남수단 와랍주 톤즈(Tonj) 첫 방문
2000년 4월	살레시오회 종신서원
2000년 6월	부제 수품, 로마 교황청립 살레시오대학교 신학부 졸업
2001년 6월	사제 수품
2001년 7월	전남 순천시 성가롤로병원 임상실습(- 2001년 8월)
2001년 12월	남수단 톤즈 부임
2003년 12월	KBS 1TV 〈한민족 리포트: 아프리카에서 찾은 행복 - 수단 이태석 신부〉 방송
2004년 9월	인제대학교 의과대학 초청 강연
2005년 11월	제7회 인제인성대상 특별상 수상
2006년 1월	후원모임 사단법인 수단어린이장학회 결성
2007년 3월	제23회 보령의료봉사상 본상 수상
2008년 11월	휴가차 일시 귀국 후 건강검진 중 대장암 발견으로 투병 시작
2009년 5월	저서『친구가 되어 주실래요?』출간
2009년 12월	제2회 한미자랑스런의사상 공동 수상
2010년 1월	선종 (14일 오전 5시 35분, 가톨릭대학교 서울성모병원)
2010년 1월	전남 담양군 천주교 광주교구 공원묘원 내 성직자·수도자묘역 안장(16일)
2010년 9월	영화 〈울지마 톤즈〉 개봉
2010년 12월	제1회 한국방송공사(KBS) 감동대상 대상 수상
2011년 7월	국민훈장 무궁화장 추서, 강론 모음집『당신의 이름은 사랑』출간
2011년 11월	외교부(당시 외교통상부) 이태석상 제정
2013년 12월	한국과학기술단체총연합회 휴머니테리언상 수상
2018년 11월	남수단 대통령 훈장 추서
2020년 1월	영화 〈울지마 톤즈 2: 슈크란 바바〉 개봉
2020년 7월	영화 〈부활〉 개봉
2022년 12월	영화 〈이태석〉 개봉

차례

사진으로 보는 이태석　　　　　　　　　　　　004

연보로 보는 이태석　　　　　　　　　　　　008

출간을 기념하며
　향기로 남은 이태석의 길　　　　　　　　　012
　　부산사람이태석기념사업회
　배움으로 이어가는 이태석 정신　　　　　　015
　　인제대학교 의과대학

책을 펴내며　　　　　　　　　　　　　　　017

1부 의사의 길
　이태석, 양생과 치유의 삶　　　　　　　　　024
　　김성리 인제대학교 의과대학 인문사회의학교실 교수
　환자를 넘어 사회로: 의사 이태석의 시선　　052
　　박지영 인제대학교 의과대학 인문사회의학교실 교수
　식민주의 관점에서 본 이태석　　　　　　　078
　　김택중 인제대학교 의과대학 인문사회의학교실 교수

2부 함께 걷는 길

친구합시다, 이태석 신부님!   106
김태만 한국해양대학교 동아시아학과 교수

내가 아는 아프리카의 두 신부, 샤를르 드 푸코와 이태석   142
임기대 부산외국어대학교 프랑스어전공 교수

가르침을 아는 사람, 교육실천가 이태석   168
오현석 부산대학교 국어교육과 교수

3부 감사의 길

평지고화(平地高話): 낮은 땅 높은 이야기   216
이성철 창원대학교 사회학과 교수

'이태석 영화'에 재현된 사랑과 나눔의 상생 패러다임   242
백태현 전 부산일보 논설실장

이태석 신부의 친구가 되는 길, 그리고 부산   276
송교성 플랜비 문화예술협동조합 대표

텍스트, 키워드, 데이터로 본 이태석   302
박형준 부산외국어대학교 한국어교육전공 교수

에필로그 이태석 신부님을 기억하며

존 마옌 루벤   334

토마스 타반 아콧   338

참고자료   344

출간을 기념하며

향기로 남은 이태석의 길

이태석 신부는 늘 경이로운 느낌을 줍니다.

그의 삶은 길지 않지만 누구보다 짙은 감동을 전합니다. 그가 행한 선행 하나하나가 아름답습니다. 그가 남긴 각각의 일화들도 모두가 깊은 울림이 있습니다. 환하게 웃고 있는 사진 한 장만으로도 이태석 신부는 어디에서도 받기 힘든 위로와 따스함을 건네줍니다.

이태석 신부의 삶이 고귀하다고 해서 그와 우리를 너무 구분할 필요는 없습니다. 이태석 신부가 처음부터 거룩한 사람으로 태어났다고 생각해서도 안 됩니다. 그가 행한 일들을 보통 사람은 이룰 수 없다고 여

길 수 있기 때문입니다. 이태석 신부가 전해주는 감동은 그를 우러러보는 것으로 그쳐선 안 됩니다. 우리가 그를 닮으려 노력할 때 감동의 가치는 더욱 커질 것입니다.

이태석 신부가 아름답고 고귀한 사람이 될 수 있었던 이유를 곰곰이 생각해 봅니다. 물론 타고난 인품의 영향도 있을 것입니다. 넉넉하지 못한 어린 시절이 오히려 나눔과 희생의 가치를 배우는 기회였을 수도 있습니다.

여러 가지 이유가 떠오를 수 있지만, 가장 확실한 것은 알로이시오 슈월츠 신부와의 만남입니다. 1957년 전쟁으로 피폐해진 한국에 들어와 부산 송도에서 빈민 구제 활동을 했던 알로이시오 신부는 이태석 신부의 정신적 스승으로 불립니다. 두 신부의 삶은 여러 면에서 닮았습니다. 어린 시절 이태석 신부는 알로이시오 신부로부터 분명 많은 것을 보고 배우고 깨우쳤을 것입니다. 알로이시오 신부의 영향을 '아름다운 향기'라고 표현하기도 했습니다.

사랑, 희생, 봉사 등 아름다운 가치들도 향기가 되어 퍼질 수 있습니다. '부산사람이태석기념사업회'도 그 향기를 나누는 일을 하고 있습니다. 의료봉사를 통해 이태석 신부의 향기를 직접 전하기도 합니다. 이태석봉사상 시상과 청소년 교육사업을 통해 이태석 신부의 뜻을 나누기도 하고, 음악회를 열어 많은 이들이 그를 생각하고 기억하게 합니다.

이태석 신부를 기념하는 것을 넘어 그를 배우고 닮고자 하는 일들입니다. 우리가 모두 이태석 신부나 알로이시오 신부와 비슷한 삶을 보낼 수는 없습니다. 그러나 이태석 신부의 향기에 익숙해지면 각자의 위치에서 좀 더 아름다운 선택들을 할 수 있을 것입니다. 그렇게 조금씩 각자의 방식으로 이태석 신부를 닮아갈 수 있을 것입니다.

『모든 날이 좋았습니다』는 이태석 신부를 배우는 데 새로운 자극을 줄 수 있는 중요한 서적입니다. 많은 이들이 다양한 관점으로 이태석 신부를 기억하고 설명합니다. 서정적인 느낌보다 객관적이고 차분한 문장들로 채워져 있습니다. 새로운 시각에서 그를 배울 수 있고, 그의 소박한 바람들이 쌓여 이룬 거룩한 기적들을 다시 떠올릴 수 있습니다. 그렇게 이태석 신부를 좀 더 알게 되면 우리는 한 걸음 더 그에게 다가갈 수 있을 것입니다.

이태석 신부의 마지막 사진들 속에서도 그는 환하게 웃고 있습니다. 마치 모든 날이 좋았다고 말하는 듯합니다. 이 책을 통해 많은 이가 그 웃음을 배울 수 있기를 바랍니다.

(사)부산사람이태석기념사업회 이사장
이장호

배움으로 이어가는 이태석 정신

　이태석 신부의 이야기는 2003년 KBS 한민족 리포트 <아프리카에서 찾은 행복: 수단 이태석 신부>를 통해 처음 알려졌습니다. 이후 그가 친구와 편지로 주고 받은 이야기를 모은 『친구가 되어 주실래요?』가 책으로 나와 많은 사람들을 감동시켰습니다. 그리고 영화 <울지마 톤즈>를 통하여 그가 사람을, 세상을 어떻게 사랑하였는지 알게 되었으며 우리나라뿐만 아니라 전 세계 많은 사람의 가슴을 울렸습니다.

　인제의대는 그가 선종한 후, 2013년부터 '이태석기념과정'을 교과목으로 개설하여 의사의 길을 가는 학생들이 그의 정신을 배울 수 있게 힘써 왔습니다. 그러나 그가 걸었던 여러 발자취를 간접적으로 경험하는 것으로는 대학에서 학생들을 가르치기에 많은 부족함을 느꼈고, 이태석 정신을 좀 더 학문적인 관점에서 다듬기 위하여 계속 노력하였습니다.

　이 책은 '(사)부산사람이태석기념사업회'의 도움으로 인제의대 인문사회의학교실과 '사람 이태석'을 연구하기 위하여 모인 '인제의대 이태석연구회'에서 그를 좀 더 다양한 관점에서 바라보고, 단순한 학문적 연구서보다 많은 사람들이 좀 더 편안하게 읽으면서 이태석 신부의 정신을 이해하고 실천할 수 있는 지침서가 되기를 바라는 마음으로 출간하게 되었습니다. 그의 삶과 철학을 통해 세상을 더 따뜻하고 희망찬 곳으로 변화시키는 데 기여할 수 있기를 기대합니다.

끝으로, 이 책이 나오기까지 연구와 집필에 힘써주신 집필진과 '호밀밭 출판사'에 깊은 감사를 드립니다. 이태석 신부님의 숭고한 뜻이 이 책을 통해 널리 전해지길 바랍니다.

인제대학교 의과대학 학장

최석진

책을 펴내며

이태석 신부가 우리 곁을 떠난 지 15년이 지나고 있으며, 남은 사람들은 겨울에 떠난 그를 그리워하며 열여섯 번째 봄을 맞는다. 그동안 이태석은 주로 가톨릭 사제인 신부로서 많은 조명을 받았고, 신부 이태석의 평전도 출판되었다. 이태석의 삶은 짧았으나 그가 남긴 여운은 향기로 전파되어 신부로서만 각인되기에는 아쉬움이 크다. 그의 모교인 인제대학교 의과대학에서는 신부, 의사, 교육자 등 다양한 영혼을 지녔던 인간 이태석을 조명하고자 이 책을 기획하게 되었다. 다만, 신부로서의 이태석은 이미 그의 평전이 나와 있으므로 따로 독립된 글로 다루지는 않았다.

이태석이 지녔던 다양하고도 아름다운 영

혼을 종합적으로 조명하기 위해 인제대학교 의과대학은 학생들에게 이태석의 삶을 기억하는 교육과정을 진행하고 있다. 동시에 인제의대 인문사회의학교실을 중심으로 이태석에 관한 책을 출판하여 그가 남긴 향기를 전파하고자 오래전부터 노력해왔다. 그러다 2023년 12월에 인제대학교 의과대학에서 공식적으로 이태석 연구서 집필을 승인하여 '이태석연구회'가 만들어졌으며, 2024년 5월에 출판 기획에 뜻을 같이하는 집필진 10명과 출판사 '호밀밭'이 함께 하면서 '인제의대 이태석연구회'의 이태석 연구가 시작되었다.

이태석의 유언인 "Everything is good"에서 차용한 책의 제목 "모든 날이 좋았습니다"는 이태석이 지닌 여러 정체성을 바탕으로 그가 남긴 족적을 따라가며 그의 삶을 망라하는 의미를 담고 있다. 인제의대와 집필진은 이태석의 삶을 연구하되 많은 사람들이 쉽게 접근하여 이태석을 만나기를 바라는 마음에서 최대한 풀어쓰고자 노력했다. 이태석의 삶은 위대했으나 그가 남긴 자료는 연구하기에 너무나 부족했다. 이태석은 온몸과 마음으로 타인을 위해 살았을 뿐 자신을 위해 살지 않았음을 우리 집필진은 새삼 느꼈다. 매우 어렵고 험난한 집필 과정이었지만, 집필진은 이태석의 맑은 영혼을 가감 없이 있는 그대로 전달하기 위해 최선을 다했다.

이 책은 3부로 나누어 이태석의 삶을 조명한다. 1부 <의사의 길>에서는 이태석의 모교인 인제대 의대 교수 3인이 의사 이태석이 걸었던 길을 따라 걷는다. '톤즈 사람들의 삶을 치유하는 과정'과 '여러 감염병을 치료하며 톤즈의 보건에 많은 영향을 주는 과정' 그리고 '슈바이처와의 비교 분석'을 통하여 의사 이태석의 족적을 살펴보았다. 그는 인제의대를 졸업하고 부산백병원에서 인턴 과정을 수료했다. 전공의 시험에 응시하지 않고 군의관으로 입대하여 군복무 중 신부의 길로 선회하였지만, 톤즈 사람들의 만성적인 질병과 말라리아 등의 감염병 환자와 내전 부상자를 치료하고, 한센인들을 돌보는 등 그 누구보다 사람을 살리고 삶을 치유하는 의사였다.

  2부 <함께 걷는 길>에서는 교육자이면서도 친구로서 톤즈 사람들과 함께 하는 그의 모습을 따라간다. '권위적인 교사가 아닌 친구 같은 선생님 모습'과 아프리카의 성자로 알려진 샤를르 드 푸코 신부와의 비교 분석을 통해 '교육자로서의 이태석' 그리고 '교육행정기이자 교육실천가로서의 이태석'이 남긴 크고 깊은 울림을 통해 교육으로 톤즈의 어려운 현실을 극복하고자 했던 이태석의 면모를 살펴본다. 미래를 꿈꿀 수 없는 톤즈에서 종교만큼이나 교육이 희망을 줄 수 있다는 것을 직관하고 배우는 사람들의 마음을 이해한 이태석이야말로 신의 가르침을 알아차린 선생님이었다.

  3부 <감사의 길>에서는 이태석의 문화적·예술적 재능이 어떻게 타인의 삶을 변화시키는가를 살펴본다. '이태석에 대한 여러 편의 영화를 분석하여 그의 음악적 재능이 사랑과 공감으로 톤즈 사람들의 삶의 방식을 변모시키는 과정'과 '이태석이 항상 걸었던 감사하는 길, 톤즈로 가는 길, 그림으로 표현한 마음의 길을 걸으며 이태석이 말한 감사'를 살펴본다. 그리고 '이태석에게서 보이는 부산 사람의 기질적 특성과 기념사업들의 성격을 분석하고, 민간단체와 후원금에 의존하는 기념사업의 한계를 극복하기 위해 지역사회가 나아갈 방향을 제시'함으로써 이태석의 정신을 지역사회가 어떻게 지속 가능한 방식으로 현재화할 수 있는지를 말한다. 마지막으로 '이태석의 글과 말이 담긴 저작과 강론, 그리고 그의 삶을 재현하고 평가하는 학술 자료를 조사, 정리하고 그 특징을 분석하여 인간에 대한 이태석의 태도와 핵심 사상을 설명'한다.

집필진의 노력에도 불구하고 제한된 자료와 이태석의 육성이라고 할 수 있는 편지들을 살펴보지 못한 것은 이 책이 지닌 한계이다. 하지만 가진 것이 없어도 늘 나누었기에 풍족했고, 소외되고 슬픈 사람들을 위해 자신의 한계를 극복하여 행복을 전하고자 했던 인간 이태석을 이해하는 데에 이 책이 작은 도움이 되기를 우리 집필진은 소망한다. 책의 출간을 위해 모든 경제적 지원을 아끼지 않은 "부산사람이태석기념사업회"에 깊은 감사를 드린다. "부산사람이태석기념사업회"의 지원이 없었더라면 이 책은 세상에 나오지 못했을 것이다. 이 책의 필요성을 늘 강조하며 "인제의대 이태석 연구회"의 연구비를 지원한 최석진 인제의대 학장님께 집필진의 마음을 담아 특별한 감사를 드린다. 사실관계를 검토하고 귀한 사진자료를 제공한 살레시오회에도 크나큰 감사를 드린다. '인제의대 이태석 연구회'와 1년 동안 함께 하며 좋은 책을 만들어준 호밀밭 출판사의 모든 분께도 각별한 감사를 드린다.

바쁜 병원의 일상 속에서도 기꺼이 이태석 신부님을 위해 마음 절절한 글과 사진을 보내준 토마스 타반 아콧과 존 마옌 루벤에게도 감사드린다. 오직 이태석 신부님의 말씀을 따라 톤즈로부터 먼 이곳까지 와서 아픈 이들의 병상을 지켜주는 두 분에게 이 책이 작은 위안이 되기를 바란다. 부족한 자료와 짧은 시간에도 늘 서로 격려하며 이 책이 나올 수 있도록 1년 동안 마음을 모아준 열 분의 집필진에게 존경과 감사를 드린다.

이천이십오년 삼월

김성리가 쓰다

모든 날이 좋았습니다
행복한 사람 이태석

1부
의사의 길

이태석, 양생과 치유의 삶
김성리 인제대학교 의과대학 인문사회의학교실 교수

환자를 넘어 사회로: 의사 이태석의 시선
박지영 인제대학교 의과대학 인문사회의학교실 교수

식민주의 관점에서 본 이태석
김택중 인제대학교 의과대학 인문사회의학교실 교수

모든 날이 좋았습니다
행복한 사람 이태석

김성리 인제대학교 의과대학 인문사회의학교실 교수

부산 백병원에서 7년 동안 간호사로 근무하며, 질병은 치료되었으나 건강한 삶을 영위하기 어려운 환자들을 늘 마음에 품었다. 문학을 공부하며 문학이 지닌 치유력에 관심을 가지고, 본인의 두 전공을 융합하여 자신이 명명한 '치유시학'을 2011년부터 한국연구재단의 학술지원을 받아 연구했다. 인제대학교 의과대학 의예과에서 문학을 중심으로 의료 인문학 수업을 진행했다. 2017년과 2023년에 교육부 학술연구지원사업 우수성과 50선에 선정돼 교육부총리상을 2회 수상한 바 있다. 연구 논문으로는 「김춘수 무의미시의 지향적 체험 연구」, 「김춘수의 시와 세계관」, 「현대시의 치유시학적 연구」, 「시치유에 대한 인문의학적 접근-한센인의 시를 중심으로」, 「시와 의학교육의 만남에 대한 인문의학적 고찰」 등이 있다. 저서 『꽃보다 붉은 울음』, 『김춘수 시를 읽는 방법』, 『다시 봄이 온다, 우리들의 봄이』, 『李信의 묵시의식과 토착화의 새 차원』(공저), 『환상과 저항의 신학』(공저), 『엄마의 책방』(공저), 『노화와 항노화』(공저) 등이 있다.

이태석, 양생과 치유의 삶

김성리
인제대학교 의과대학 인문사회의학교실 교수

"밀알 하나가 땅에 떨어져 죽지 않으면 한 알 그대로 남고, 죽으면 많은 열매를 맺는다. 자기 목숨을 사랑하는 사람은 목숨을 잃을 것이고, 이 세상에서 자기 목숨을 미워하는 사람은 영원한 생명에 이르도록 목숨을 간직할 것이다."
<요한복음 12, 24-25>

1. 시작하며

이태석이 생전에 지닌 공식적인 신분은 가톨릭 신부이며 의사였다. 의사와 신부의 길은 유난히 소명의식을 요구한다. 그들은 각자의 길에 들어서는 그 순간부터 직업적 소명에서 벗어날 수 없다. 다른 삶을 추구하는 순간 의사는 환자를 버린 부도

덕한 이가 되고 신부는 불성실한 사제라며 지탄을 받는다. 다르면서도 같은 이 두 갈래의 길을 걸은 이태석의 삶은 어떠했을까? 그는 왜 이토록 고독하고 힘든 길을 가려고 했을까?

이태석이 톤즈 마을에 머무른 기간은 8여 년에 불과하다. 하지만 그의 영향력은 톤즈뿐만 아니라 남수단 전체에 큰 파문을 일으켰다. 2018년 2월에 시작하는 학기부터 남수단의 교과서에 이태석의 삶이 수록되었다. 초등 사회과목 교과서에는 한 페이지 분량으로, 중학교 시민권 과목 교과서에는 2페이지 전체가 이태석을 다룬다.[1] 한국 사회의 여러 분야에서도 2010년 1월 선종 이후 현재까지 이태석의 뜻을 잇고자 하는 움직임이 끊이지 않고 있다. 그가 수단에서 행한 일들을 보면 신부, 의사, 교육자, 음악가, 자선가 등 여러 페르소나가 보인다.

다양한 페르소나에 깃든 공통점은 톤즈 마을 사람들의 삶이 조금이라도 나아지기를 바라는 이타성이다. 이태석은 내전과 가난으로 고통받는 남수단 톤즈 마을의 주민에게 가장 필요한 것이 관심임을 자신의 저서에서 반복하여 말한다. 즉 그가 지닌 이타성의 본질은 물질적인 도움에 앞선 정신적인 지지인 관심이다. 이태석의 삶이 빛나는 까닭이 여기에 있다. 그는 보편적인 구호의 성질인 물질적 도움뿐만 아니라 삶이 힘든 사람들과 함께하며, 그들에게 살아야 하는 이유를 부여하고자 했다.

이러한 이태석의 이타성은 어떻게 형성되었으며, 이타성을 행동으로 실천한 동력은 무엇일까? 어쩌면 "소외된 사람들이 자신의 삶에 의미를 부여할 수 있고 가치를 만들어 갈 수 있는 방법"[2]을 찾는 과정 자체가 동력이 아니었을까. 필자는 이 글에서, 오랜 내전과 벗어날 수 없는 가난으로 무력감[3]에 빠진 톤즈 사람들에게 삶이 가치 있음을 행동으로 일깨워준 이태석의 삶이 지닌 지향성을 찾고자 한다. 그 지향성을 알게 되면 이태석이 보인 실천적 동력인 이타성의 원형도 추적할 수 있을 것이다.

이러한 맥락에서 이태석이 남긴 두 권의 책은 중요하다. 이태석에 관한 이야기들은 몇 권의 책[4]과 다큐멘터리, 그리고 영화[5]에서 다루고 있으며, 그의 가족들을 인터뷰한 글도 존재한다. 그러나 이태석 삶의 본질을 밝히기 위해서는 그의 경험 세계에 대한 객관성[6]이 필요하다. 그렇기에 그가 직접 말하고 저술한 책 두 권 외의 자료는 중요 자료의 사실성을 보완하는 참고 자료로 활용할 것이다. 연구 대상인 두 권의 책 중 한 권은 이태석이 병상에 있으면서 남수단 톤즈에서의 생활을 이야기한 책(『친구가 되어 주실래요?』)이고, 다른 한 권은 그의 강론을 엮은 것(『당신의 이름은 사랑』)으로 사후에 발간되었다.

2. 이태석과 톤즈 사람들

이태석은 "있는 것이 없는 곳"[7]인 수단의 톤즈로 간 이유가 자기가 본 사람 중 가장 가난하고 슬픈 사람들이 사는 땅이 톤즈였기 때문이라고 말한다. 하지만 굳이 가난하고 삶이 고달픈 사람들을 찾아 함께 사는 까닭은 모른다고 이태석은 고백한다.[8] 그냥 어릴 때부터 그렇게 살고 싶다고 생각해왔고, 지금 그렇게 살고 있을 뿐이지만, 그래도 이유를 찾자면 자신에게 영향을 끼친 주위 사람들의 아름다운 향기들 때문일 것이라고 추측한다. 그 예로 예수, 슈바이처, 부산 소년의 집에서 헌신하던 소 알로이시오 신부와 수녀, 10남매의 어머니, 다미안 신부 등을 언급한다.[9]

<울지마 톤즈>를 제작한 구수환 PD는 『친구가 되어 주실래요?』의 책 말미에 이태석의 친형인 故이태영 신부의 인터뷰 내용을 다음과 같이 기록한다. "동생이 의사의 길을 버리고 사제의 길을 택한 데에는 '다미안 신부' 일대기를 다룬 영화를 보고 그런 삶을 살고 싶다고 했다."[10] 이후 많은 매체는 이태석에게 다미안 신부가 절대적인 영향력을 끼쳤다고 보도했고 세간에도 그렇게 알려져 있다. 그러나 이태석은 삶의 마지막까지 사제와 의사의 길을 함께 걸었다. 실제로 다미안 신부의 일대기를 접하고 사제의 길을 걷는 데에 그가 진지하게 고민한 것은 사실이다. 허나 "있는 것이 없는" 톤즈 사람들의 어려운 모습, 예수님께서 생생하게 살아 움직이고 계심을 느낀 가난한 아이들의 모습, 톤즈에서 만났던 한센인들의 처참한 삶이 바로 톤즈로 향하는 결심의 직접적인 계기임

을 이태석은 두 권의 저서에서 반복하여 밝힌다.[11]

이태석은 신학생 시절 살레시오회 제임스 신부를 만나 수단의 톤즈와 톤즈 사람들에 관한 이야기를 듣고 열흘 동안 톤즈에 머무른다.[12] 그곳의 한센인 마을[13]에서 이태석은 잊지 못할 경험을 한다. 치료를 전혀 받지 못하고 방치된 한센인 마을에서 나는 악취와 처참한 광경에 구토하며 도망갔던 이태석은 "정신을 차리고 나병 환자 마을을 찾아가 그들을 만나고부터 뭔가 다른 차원의 어떤 것을 느낄 수 있었다."[14]

> 저는 톤즈에 와서 가장 마음 아픈 경험과 가장 아름다운 정경을 나병 환자 마을인 '쵸나 마을'에서 겪었습니다. 사실 제가 이곳에 와서 살게 된 것은 그곳에 갔었기 때문인지도 모르겠습니다. (…) 그때 톤즈에서 열흘을 지내고 로마로 돌아가면서 '서품을 받으면 이곳으로 와서 살리라'는 다짐을 했습니다. 그 결심도 예수님께서 생생하게 살아 움직이고 계심을 느낀 가난한 아이들의 모습, 그리고 고통 속에 있는 '나환자들의 삶' 때문이었음을 고백합니다.[15]

> 나로 하여금 소중한 많은 것들을 뒤로 한 채 이곳까지 오게 한 것도 후회 없이 기쁘게 살 수 있는 것도 주님의 존재를 체험하게 만드는 나환자(한센인)들의 신비스러운 힘 때문이다. 그것을 생각하면 그들에게 머리 숙여 감사하게 된다.[16]

사실 제가 이곳에 와서 살게 된 것은 그곳에 갔었기 때문인지도 모르겠습니다. (…)

제게 예수님은 슬픔의 늪에서 피어난 아름다운 꽃과 같은 느낌으로 다가왔습니다. 그때 저는 예수님의 부족한 손과 발이 되어 그들과 함께 살고 싶은 강한 소명을 느끼게 되었습니다.[17]

톤즈 사람들은 '고맙습니다'라는 말을 거의 하지 않는데, 8년 동안 고마운 마음을 표현한 사람 세 명 중 두 명이 한센인이었다. 이런 경험을 통해 이태석은 감사하지 못하는 무딘 마음을 정신적, 영적 한센병으로 표현한다. 이태석은 톤즈의 한센인들에게 느낀 '뭔가 다른 차원의 어떤 것'에 대하여 현실적으로는 세상으로부터 버림받은 한센인의 비참한 내면과 더불어 "그 안에서 그들을 위로하시며 함께 계시는 예수님의 존재"로 해석한다. 톤즈의 한센인에게서 그들의 고통을 아파하는 예수의 슬픔을 느낀 이태석은 자신이 한센인들에게 예수의 손과 발이 될 것을 소망한다.

한센인들과 함께

이태석이 유난히 한센인들을 마음에 품은 사실에서 그가 일반적인 사제와는 다른 길을 걸었음을 알 수 있다. 한센인들을 보며 '예수님의 부족한 손과 발이 되어 그들과 함께 살고 싶은 강한 소명을 느낄' 정도로 이태석이 사제가 되기를 열망하면서도 신학대학이 아닌 의대에 진학한 이유는 여러 매체에서 다루었듯이 어머니를 위하는 마음 때문이었다.

그럼에도 의학을 공부하는 내내 이태석이 생각하는 의사의 길은 가난하고 병든 사람들 곁에 있겠다는 소명의식이었다. 이태석은 "가장 보잘것없는 형제 한 사람에게 해준 것이 곧 나에게 해준 것과 같다"라는 성경구절을 자주 인용했다. "바로 의사가 되는 것이 성경 구절을 실천하는 방법이자, 신부가 아니어도 가난한 이웃과의 끈을 놓지 않으면서 하느님을 기쁘게 하는 삶이겠다"[18]고 다짐한 듯하다. 그가 사제 서품을 받고 톤즈로 가서 보인 삶의 궤적은 의대에 진학하면서 잠시 성소를 포기한 듯이 보이지만, 의사로서 하느님의 뜻을 따르겠다는 의지는 변함없었음을 의미한다. 실제로 이태석이 톤즈에 도착하자마자 부딪힌 어려움은 사제의 길보다 의사의 길이었다.

신부이자 의사로서 이태석이 본 톤즈 사람들은 어떤 모습이었을까? 이태석 신부 전기를 집필한 이충렬은 자신의 책에서 의사 이태석이 처음 접한 상황을 다음과 같이 묘사한다. "흙과 대나무로 지은 세 칸짜리 움막 진료소를 보는 순간 이태석 신부는 한숨이 나왔다. 입구는 허리를 90도 이상 굽혀야 할 정도로 낮고, 안으로 들어간 뒤 30초 정도는 기다려야 뭔가가 보일 만큼 아주 어두운 곳이었다. 찬찬히 살펴보니 대나무로 얼기설기 엮어 만든 것이라 볼품은 없었지만, 그래도 진료소라고 침대는 하나 놓여 있었다."[19] 이태석은 톤즈에 도착하자마자 자신이 밤을 새워 치료했던 얼굴들을 미사에서 만나던 경이로운 순간을 늘 기억했다.

> 악성 말라리아로 혼수상태에 빠져 죽어 가던 치콤과 그의 가족들, 남산만큼 부른 배에서 결핵성 고름이 몇 년씩이나 흘러나와 가족들마저 거의 포기했던 꼬마아이 꼰과 그 부모, 뇌막염으로 고열과 혼수상태에 빠져 새벽 두 시에 병원으로 실려 온 아얀, 자연 유산으로 엄청나게 하혈을 해 백인처럼 하얀 얼굴로 실려 왔던 아순타[20]

이태석이 만난 톤즈 사람들은 의료의 손길이 전혀 닿지 않는 환경에 놓여 있었다. 이태석은 톤즈에서 반경 100km 내의 유일한 의사였다. 하루에 200명, 많게는 300명이나 되는 환자들이 그의 치료를 받기 위해 줄을 섰다. 이태석을 기다린 사람들 대부분이 말라리아, 장티푸스, 콜레라, 결핵, 한센병 등 감염성 질환을 지니고 있었다.[21] 이태석은 자신이 치료하여 건강을 되찾은 그들을 미사 중에 만나 눈이라도 마주치면 마치 강한 전류가 흐르는 듯한 감정을 느꼈다. 이런 경험을 통해 이태석은 "영혼을 감동시키거나 변화시킬 수 있는 것은 오직 두 영혼의 진실한 만

남을 통해서만"[22] 가능하다고 말한다. 또 우리가 진실한 눈빛을 통해서 예수님을 느끼고 알게 되면 영혼에 작은 변화의 물결이 일어나고 영혼으로 이야기함으로써 영혼의 전문가가 될 것이라 말한다.

　의사 이태석은 어떻게 톤즈 사람들의 영혼을 움직였을까? 신부 이태석이 톤즈 사람들의 영혼을 치유했다면, 의사 이태석은 그들 육신의 건강을 어떻게 치료했을까? 정맥주사를 주사할 때 필요한 토니켓(팔을 묶어 혈관이 잘 보이도록 하는 노란색 고무줄)조차 없는 곳, 있는 게 없는 곳, 모든 것이 거꾸로 가는 세상인 그 곳에서 의사 이태석이 택한 진료 방법은 비과학적이며 비의학적인 방법이었다.

> 환자들이 진료소에 들어오면 5초 정도는 환자들이 걷는 모습을 관찰하고 10초 정도는 아무 말 없이 환자들의 눈을 물끄러미 들여다본다. 짧은 순간이긴 하지만 사실은 많은 대화가 오고 가는 진실된 순간이다.[23]

　기초적인 검사조차 할 수 없는 의료 환경에서 환자와 눈을 맞추고 걷는 모습을 관찰하는 것은, 톤즈에서 처음 진료소를 시작할 때 의사 이태석이 혼자 증상과 병력만으로 진단을 내리고 치료해야 했던 시기에 사용한 유일한 진단 방법이자 최후의 수단이었다. 많은 시간이 흐른 뒤에도 의사 이태석은 이 방법을 지켰다. 이 진료 방법을 이태석은 '돌팔이 의사가 써야 했던' 것으로 표현하지만, 몸에 대한 불확실성으로 불안한 환자와 눈을 맞추고 환자의 몸태를 유심히 살피는 비언어적 소통방식은 의사와 환자 사이 라포 형성에 매우 중요하다.[24] 의료 혜택을 받지 못하는 톤즈 사람들이 의지한 치료는 몇 가지 약초와 뿌리, 그리고 사회적 권력을 가진 꾸쥬르(무당)의 주술 행위였지만, 이태석은 톤즈 곳곳에서 마주하는 주술 행위조차도 존중하고 지켜보았다.

  이태석은 치료에 어떤 대가도 요구하지 않고 치료했으며 열악한 진료환경을 탓하는 대신 아픈 이의 눈을 들여다보고 걷는 모습을 관찰했다. 이러한 의사의 마음이 톤즈 사람들에게 의사와 환자 이상의 관계를 형성시킨 것은 자명하다. 환자의 눈을 들여다보며 이태석이 아픈 곳을 말하고 싶어 하는 톤즈 사람들의 마음을 헤아리는 것은 인간의 육체 중 눈이 하느님과 가장 비슷하게 닮았다고 생각하기 때문일 것이다.[25] 스스로 '돌팔이 의사'라 칭하며 비의학적인 진단 방법으로 판단하고 환자를 치료한 이후 이태석은 "주님, 제가 할 일은 다했으니 나머진 알아서 하십시오"라고 기도하며 환자의 회복을 기다렸다.

  이태석이 쓴 글들에서 나타나는 공통점은 환경을 탓하지 않는 점이다. 또 어떤 상황에서도 자신이 편한 방식을 고집하지 않고 톤즈의 상황에 맞추어 해결하고자 했다. 의료 자체가 불가능한 상황에서도 이태석은 만나는 모든 사람을 최선을 다해 돌보고 자신이 하는 모든 행위의 결과를 하늘에 맡긴다. 이태석은 "어렵기 그지없지만 나의 작은 희생으로 적지 않은 사람들이 기

쁨을 맛볼 수 있다고 생각하니 조금씩 힘이 나기 시작했습니다." 라는 말로 스스로를 어루만졌다.[26]

한편 그는 톤즈에서의 희망과 보람을 말했지만, 고향과 가족에 대한 그리움은 어찌할 수 없었다.

> 3년 전 수원교구의 최덕기 주교님이 누추한 이곳 수단을 직접 찾아왔다. (…) 지금까지 한 번도 뵌 적이 없었지만 흙 길 활주로에 내리는 주교님을 본 순간 아주 오랜만에 만나는 아버지, 그것도 아들을 만나기 위해 산 넘고 물 건너 험한 길을 마다치 않고 찾아온 자상한 아버지를 만나는 것과 같은 감동이 가슴으로부터 흘러넘쳤다. 주교님과 포옹하는데 눈물이 주르륵 흘렀다.[27]

> 처음 왔을 때 문화 쇼크, 한 열흘 정도 그냥 말을 하고 싶지 않았어요.(00:12:26-00:12:50)

> 제 고향이 부산이니까 바다 냄새 맡고 싶을 때 그럴 때 한 번씩 여기 와요.(00:37:40-00:37:51)[28]

> 지금 생각해 보면 아들의 가장 큰 희생은 가족에 대한 그리움과 애달픈 마음을 가슴속에 품고 살았던 것이 아니었나 싶어요. 아프리카에 있던 8년 동안은 한국에 3~4번 정도 들어왔나 그랬어요. 오면 2~3달 정도 있다 가고는 했는

데 그때도 집에서 잔 건 이틀밖에 안 돼요. 피정이다, 미사다 해서 신부님은 항상 바빴죠. 그러니 그곳 생활도 이번에 <울지마 톤즈>를 보면서 처음 알았어요.[29]

　같은 사제의 길을 걷는 주교는 이태석 신부에게 속세의 아버지와 같은 존재이다. 하지만 문맥을 고려하면 고향과 가족, 그리고 함께 수도 생활을 했던 이들에 대한 그리움을 삭이며 톤즈에서 지내는 어려움을 알 수 있는 대목이다. 사람 이태석의 가장 큰 덕목은 톤즈 사람들의 더 나은 삶을 위해 '가족에 대한 그리움과 애달픈 마음을 품고' 견디면서 자신의 힘들고 고된 생활에 대한 감정을 드러내지 않은 것이다. 이태석의 어머니는 이런 아들의 모습을 희생이라고 안타까워하지만, 정작 이태석은 희생이라고 생각하지 않았다. 이태석은 자신의 글 곳곳에서 톤즈에서의 어려움과 고난을 '행복'과 '기쁨'과 '감사', 그리고 그 이상의 무언가로 여겼다.

　이태석은 친구에게 보낸 편지에서 "이곳은 무지 덥다. 한낮에는 50도까지 치솟아. 얼음 두 조각 띄운 찬물 한 컵이 그리울 때가 많다. 작은 것에 감사할 수 있는 마음을 가르치려고 이 먼 곳까지 오게 하신 것 같다. 방송사 취재에 응할지 망설여지지만, 풍족하게 살아가면서 감사할 줄 모르는 그곳(한국) 사람들에게도 도움이 되지 않을까?"[30]라고 썼다. 이태석은 자신이 처한 어려운 환경에서 오히려 감사를 배운다고 여겼다. 실제로 이태석은 "후

각만 자극하는 향기가 아닌 사람들의 존재에 그리고 그들 삶의 원소적 배열에 새로운 변화를 일으키게 하는 자석 같은 향기"[31]를 만들고 있었다.

3. 양생과 치유의 길

이태석이 톤즈에서 추구한 삶의 지향은 무엇이었을까? 개인의 삶을 내려놓고 신부로서 의사로서 그가 추구한 바는 어떤 길이었으며 그 과정에서 만나는 문제를 어떻게 해결했을까? 이태석은 주민등록증이나 운전면허증과 같은 신분증은 행정적으로 분류한 우리의 겉모습일 뿐 우리 자신의 내면을 말해주는 증거가 아니라고 한다. 그는 '우리의 참되고 투명한 외적인 삶의 모습을 통해 비치는 내적 신분증', 즉 '마음의 신분증'이 진정한 신분증이라고 한다. 이태석이 추구한 지향점은 마음으로부터 우러나오는 '관심'에서 발현하는 '투명한 외적 삶'이었다. 버림받고 소외된 사람들에게 가지는 관심이 그가 말하는 '마음의 신분증'인 것이다.

> 사회적으로 버림받은 것도 모자라 경제적으로도 버림받은 곳이라는 (…) 이 두 가지 원인의 진짜 주원인은 배후에 숨어 있는 사람들의 '무관심'이라는 것이 아닌가 생각

된다. 최소의 투자로 최대의 이익을 올리는 것만이 모든 사람들이 목표인 자본주의 사회가 만든 '정당화되어 버린 무관심' 말이다.[32]

가난하고 버림받은 이들에 대한 특별한 관심은 예수님의 강한 가르침이기도 하지만 평등한 세상을 만드는 데 꼭 필요한 사랑의 교리가 아닌가 싶다. 혹시 현재 우리의 무관심은 최후의 심판에서 예수님이 우리에게 물으실 첫 번째 직무유기일지도 모른다.[33]

영적인 나병(한센병)은 우리가 어떤 것을 사랑으로 느껴야 하는데 그렇게 느끼지 못하는 것입니다.(…) 양심이 무뎌진 상태가 나병에 걸린 상태입니다. 더 이상 이웃의 아픔을 보고도 찔리는 게 없는 상태 말입니다.[34]

이태석은 우리가 마음이 아픈 상태인 '무관심'에 함몰되어 있음을 자각하지 못한다고 탄식한다. 그리고 기도를 통하여 무뎌진 양심이 치료되면 새로운 삶을 살 수 있다고 한다. 한센인들은 질병으로 인하여 감각 신경은 마비되어 있지만 기뻐하고 감사할 줄 아는 영혼을 지니고 있는 반면, 우리는 육체적으로는 완전하지만 마음이 무뎌서 영적인 한센병 상태라는 것을 강조한다. 이태석이 의사로서 환자의 눈을 맞추고 걸음을 살피는 진단도 관심에서 우러나온 태도이다. 사람은 사람 이전에 이 땅에 나타난 모든 존재들의 바람과 애씀의 열매다. 그런 점에서 사람은 귀하다. 사람은 몸뚱이와 넋과 얼로 이루어져 있고, 삶은 물질과 정신이 서로 어울려 이루어져[35] 있음을 이태석은 행동으로 보여 주었다.

이태석은 물질적인 풍요도 중요하지만 마음의 풍요를 더 중시했다. 이는 사회적 리더에게 요구되는 덕목이나 실천하기는 어렵다. 여기에 이태석의 참모습이 나타난다. 신학생 때 처음 수단으로 가서 만난 가난한 사람들, 한센인들, 굶주림에 지쳐 울지도 못하는 아이들을 차마 떨치지 못했기 때문에 톤즈를 선택했다. 그리고 톤즈 같은 현실이 세상에 존재한다는 사실조차 모른 채 너무 쉽게만 살아온 데에 죄책감을 느낀다. 이태석의 타인에 대한 관심은 '나는 그들을 위해 무엇을 할 수 있을까?'에서 나아가 그들의 현실을 몰랐다는 죄책감으로 괴로워하는 데에 이른다.

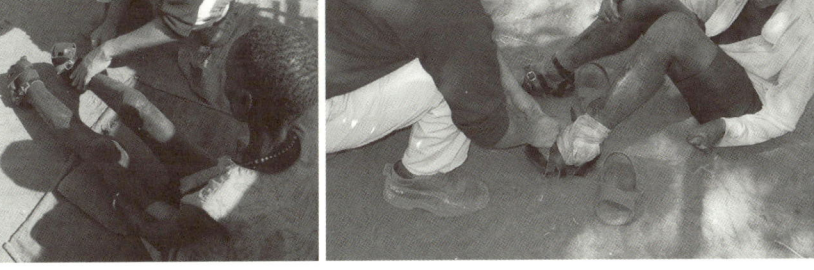

한센인에게 맞춤형 신발을 신기는 이태석

이태석은 가톨릭 사제로서도 톤즈 사람의 눈높이에서 그들을 대하고 생각한다. 한계상황에 처한 톤즈 사람들을 보며 이태석이 내린 결단은 종교를 초월하는 것이다. 그는 '도움이 필요한 사람들에게 도움을 주고 희망을 잃은 이들에게 희망을 주며 사랑을 잃은 이들에게 사랑을 주는 데에'는 특정한 종교를 강조하는 것이 부끄러운 일이라고 여겼다. 톤즈 사람들이 가톨릭과 가톨릭 사제의 도움을 받으니 가톨릭으로 개종해야 한다는 발상은 강박적인 사고일 뿐이라는 것이다. 이태석은 이에 대해 "'그들의 문화이기에 받아들일 것은 받아들이면서 다른 방법을 모색해야 한다.'는 식의 사고가 토착화에 대한 올바른 사고는 아니라고 생각"[36]했다. 그의 관심은 고난을 겪는 자에 대한 배려로 이어졌으며, 이태석이 원했던 '영혼의 치유자'에 이르고 있었다.[37]

무엇보다 톤즈에서 이태석의 마음을 더 아프게 한 것은 다닐 학교가 없어 하루 종일 나무 밑에 앉아 그냥 시간을 때우던 아이들의 모습이었다. 이태석은 자신의 행로에 향기를 전파한 사람 중 한 명으로 송도 성당에서 만난 소 알로이시오 신부를 짚은 바 있다. 소 알로이시오 신부는 이태석이 나고 자란 송도에서 <소년의 집>을 설립하고 가난을 몸소 실천하며 의료와 교육에 힘썼다. 이태석은 이러한 소 알로이시오 신부로부터 영감을 받았다. 하지만 가는 길은 서로 달랐다. 소 신부는 절대빈곤에 놓여 있는 아프리카 아이들에게 의식주를 지원하고 교육의 기회를 제공해도 사회적 역량이 너무 약해서 그 아이들이 가난에서 절대로 벗어날 수 없다고 보았다. 소신부는 "가난한 사람들이 스스로 자립을 도와 가난에서 벗어나게 해야 한다"[38]는 소신으로 아프리카보다 아시아에 관심을 기울였다.

반면 이태석은 가장 가난하고 버림받은 이들의 의식주를 돕고 질병을 치료하는 한편 아이들에게 교육을 지원하는 것이 '평등한 세상'을 만드는 데에 꼭 필요하다고 느꼈다. 특히 오랜 내전으로 연필보다 총을 먼저 쥘 만큼 상처받고 부서진 마음으로 살아가는 아이들에게 마음이 갔다. 신학생 시절에 만났던 골통 봉구와 희찬, 그리고 그 둘을 능가하는 톤즈의 마족을 좋아했다. "그날 봉구를 보면서 저는 하느님이 사제로 저를 부르신 이유를 분명히 알게 되었습니다. 또한 그런 작은 빛을 보게 된 것이 이곳 톤즈로 온 이유이기도 합니다."[39] 이태석은 저 아이들이 자신의 인내심을 단련시키고 성소를 굳건히 지켜준다고 믿었다. 엇나가는 아이들의 행동과 눈빛에서 이태석은 '사랑받고 싶어 하는 마음'과 미래에 대한 갈망을 읽었다.

> 여러 가지 이유로 인해 정신적으로, 심리적으로 아파하는 청소년들이 우리 주위엔 참 많다. 그들에게 물론 심리 치료도 상담 치료도 필요하지만 때로는 그냥 편하게 같이 있어 주고 도가 넘는 왜곡된 투정도 아무 대꾸 없이 받아 줄 수 있는 낙서장 같은 어른도 꼭 필요하지 않나 생각한다.[40]

요즈음 '예수님이라면 이곳에 학교를 먼저 지으셨을까, 성당을 먼저 지으셨을까?'라는 생각을 자주 한다. 아무리 생각해 봐도 학교를 먼저 지으셨을 것 같다. 사랑을 가르치는 성당과도 같은 거룩한 학교, '내 집'처럼 느껴지게 하는 정이 넘치는 학교, 그런 학교를 말이다.[41]

음식이나 돈을 구걸하는 타 지역과 달리 톤즈 아이들이 연필이나 볼펜을 구걸하는 모습을 보며 이태석은 이 작은 외침이 그 아이들에게는 '배움의 권리에 대한 정당한 요구'로, 어른이라면 응당 교육 여건을 만들어주어야 한다는 무거운 책임감으로 들었다. 신부라면 응당 성당을 먼저 지어야 한다는 현실적 당위 속에서 150여 년 전의 돈 보스코의 고난을 떠올렸다. 그리고 가난했던 소년 이태석이 성당에서 풍금을 치며 느꼈던 경이로움과 환희가 가슴에서 다시 콩닥거리기 시작했다. 톤즈에서 먼저 교육을 시작한 제임스 신부 또한 "교육은 이곳 사람들을 구원할 수 있는 유일한 길"이라며 교육의 당위성에 힘을 보탰다.

그리하여 이태석은 아이들과 함께 강에서 모래를 실어 나르고 벽돌을 만들며 학교 건물을 짓고 병원을 지었다. 이 모든 실천은 이태석이 톤즈 사람들에게 관심을 지니고 그들의 눈높이에서 배려하고 나아가 그들이 사랑받고 있음을 느낄 수 있도록 노력했다는 방증이다. 학교를 세우는 일은 톤즈의 청소년들에게 그들의 미래로 가는 문을 만들어 준 것과 같다. 이태석은 그의 책 『친구가 되어 주실래요?』에서 "야간에 진료실에 앉아 가끔씩

오는 응급 환자를 치료하거나 수학 문제를 들고 들어오는 학생들을 가르치는 것이 하나의 소박한 즐거움이 되어 버렸다."고 고백한다. 그 결과 톤즈에 11년 과정의 초·중·고교 과정이 생겼다.

이태석은 그의 강연에서 도미니코 사비오 성인을 인용하며 '진정한 즐거움이란 마음에 거리낌이 없는 양심이 자유로운 상태에서만 가능하다'고 말한다. 그는 성당을 먼저 짓는 대신 양심에 따라 "지천으로 깔린 환자들을 위해" 병원을 짓고 배움에 목마른 아이들을 위해 학교를 세웠다. 그곳에서 톤즈의 아이들이 그들을 향한 진정한 사랑을 느낌으로써 학교와 병원은 사랑을 가르치는 또 다른 성당이 되었을 것이다.

'있는 것이 없는' 톤즈에서 행한 이러한 일들은 현실적으로 불가능에 가까웠으나 이태석은 불가능 속에서 언제나 가능함을 꿈꾸었다. 그 비결은 '기도'와 '나눔'에 대한 믿음이었다.

> 예수님께서 이 시대에 수단에서 태어나셨다면 어떤 기적을 일으키셨을까, 어떻게 문제를 해결하셨을까.[42]

> 가진 것 하나를 열로 나누면 우리가 가진 것이 십 분의 일로 줄어드는 속세의 수학과 달리 하나를 열로 나누었기에 그것이 '천'이나 '만'으로 부푼다는 하늘 나라의 참된 수학, 끊임없는 나눔만이 행복의 원천이 될 수 있다는 행복 정석을 그들만의 만남을 통해서 배우게 된다.[43]

어려움과 고난이 있을 때마다 이태석은 늘 기도를 통하여 그 답을 얻고자 했다. 도저히 회복이 불가능해 보이는 환자를 치료한 후에도 기도로 응답을 기다렸다. "전쟁터를 방불케 하는 처참한 아수라장" 같은 콜레라 발병 상황에서도 의사로서 최선을 다하면서 성모님께 드리는 간절한 기도로 힘든 현실을 버텼다. 사제이기 이전에 사람 이태석이 할 수 있는 건 오로지 '나눔' 뿐이었다. 그의 열정을 나누어 주고, 그의 믿음과 재능으로 톤즈 사람들에게 희망을 나누어 주었다. 의사였으나 몸의 질병만 보지 않고 함께 톤즈 사람들의 삶의 고통을 함께 아파하고 먼저 안아주었다.

자신의 생이 얼마 남지 않았음을 알면서도 톤즈로 돌아가서 그들과 함께하지 못함을 더 아파했다. 신부로서 종교를 전파하기보다 그들의 삶 속으로 들어가 예수의 가르침을 직접 몸으로 보였다. 이태석은 가난하고 마음이 부서진 톤즈 사람들과 끝이 보이지 않는 길을 동행하며 그들의 몸과 영혼을 치유함으로써 '생명의 다양한 측면을 양육하는 양생'[44]의 길을 걸었다. 그는 타인의 십자가를 기꺼이 나누어 짊으로써 삶에 내재한 고통에서 자유로워지는 법을 우리에게 보여준 것이다.[45]

4. 맺음글

　이태석이 지향한 삶은 '한 알의 밀알 같은 사랑'이었으며, 그 사랑의 발로는 양생의 힘을 지닌 이타성이었다. 타인을 향한 신부 이태석의 사랑은 톤즈에서 만난 '예수의 모습'이었고, 의사 이태석의 사랑은 육체의 질병과 아픔뿐만 아니라 톤즈 사람들의 삶의 고통까지 기꺼이 함께하는 치유였다. 이 두 가지 소명의식으로 그가 걸은 길은 관심과 배려와 나눔이었으며, 그 사랑은 사람들의 삶을 변화시키는 향기였다. 이태석의 향기는 인제대학교 의과대학의 교육목표인 '인술제세(仁術濟世)·인덕제세(仁德濟世) 정신을 토대로 생명을 존중하고 인간을 사랑하는 의사' 이태석과 수련자 요한에서 사제 요한이 되는 과정에서 작성한 청원서의 '청빈, 정결, 순명'의 서원을 지키며 톤즈 사람들과 함께한 신부 이태석이 뿜어내는 사랑이다.

　전쟁과 기아가 주는 현실적인 고통은 톤즈 사람들에게 세속적인 존재의 진정한 실재, 자신의 생명, 비전 등에 대한 사유를 마비시켰다. 하지만 이태석은 오히려 이러한 문제를 자신의 믿음과 수행을 통해 현실에서 해결하고자 했다. 톤즈에서의 생활과 그곳에서 만나는 인연들이 그의 믿음을 성숙하게 했으며, 이태석은 자신의 믿음이 위태롭지 않도록 늘 기도했다. 이태석의 삶은 기도 그 자체였으며, '나를 녹여 너를 살리는' 양생의 길이었다. '살린(산)다'는 건 생물학적인 생명 유지와 함께 삶에 목적과 희망을 준다는 의미도 있다.

극빈한 환경으로 무력감에 빠진 톤즈 사람들에게 삶이 가치 있음을 실천으로 일깨워준 이태석의 사랑은 나와 다른 삶을 사는 타인을 이해하며 소통하고 공감하는 치유적 영성과 맞닿아 있다. 영성은 일반적이며 보편적인 현상을 넘어서는 초월적인 내적 생명력을 말한다. 몸의 아픔을 넘어 삶의 고통을 함께 치료하고자 한 의사 이태석, 성당보다 아이들의 교육을 먼저 생각하는 요한 신부, 자신의 아픈 기억으로 타인의 행복을 먼저 추구하는 사람 이태석의 행로는 삶 속에서 실천하는 삶의 영성, 바로 인술제세의 발걸음이다.

그래서 톤즈에서의 이태석은 고독했지만 외롭지 않은 삶을 살았다. 늘 부족했지만 충만한 삶이었다. 이태석은 저서 『당신의 이름은 사랑』에서 '대화를 하면서 소통하는 데에는 메시지를 보내는 사람, 받는 사람, 그리고 피드백'이 필요하다고 했다. 이태석은 신부로서 의사로서 소명의식에 따라 자신을 이끌었다. 소명은 앞뒤 재고 생각하며 움직이지 않는다. 나를 필요로 하고 나를 부르는 사람이 있으면 본능적으로 달려간다. 그게 소명의식이 사람을 움직이는 방식이다. 그는 소명에 따라 톤즈 사람들에게 메시지를 보냈고 톤즈 사람들은 그의 메시지를 받아 그와 함께 삶을 가꾸었다. 피드백은 지금도 곳곳에서 진행 중이다.

이태석은 "나의 재능은 은총의 선물이며 나는 빚쟁이다. 나는 죽을 때까지 그 빚을 갚아야 한다"[46]고 되뇌었다. "참된 행복은 이 세상에서 이야기하는 자기 중심주의적 행복이 아니라"[47]

타인의 고통을 기꺼이 함께 하면서 누군가의 삶의 행로를 바꾸는 데에 있다. 그러므로 이태석은 재능 많은 빚쟁이였으나 그 빚을 가난한 사람들과 나누었으므로 행복한 사람이었다. '내 것을 버리고 주변 사람들과 사랑하는 친구가 되는 삶을 사는' 이타적 꿈을 가졌었고 톤즈 사람들과 그 꿈을 나누며 사제로 의사로 교육자로 그 꿈을 이룬 이태석은 진정 마음이 가난하여 행복한 치유자였다.

주석

이태석, 양생과 치유의 삶

1. "故 이태석 신부, 남수단 교과서에 실린다.", 조선일보(2017.1.25.); "故 이태석 신부 업적 남수단 교과서에 실린다", 국제신문(2017.1.24.).
2. 김성리, 「한센병력인이 느끼는 차별의 양상과 해소에 대한 고찰」, 『인문사회과학 연구 제19권 제4호』, 부경대학교 인문사회과학연구소, 2018, 553쪽.
3. 무력감은 자신의 운명이 자기 스스로의 통제에 따르지 않고 외적인 힘이나 숙명, 또는 운이나 제도의 작용에 의해 결정되는 듯한 느낌을 의미하며, 무의미성은 세상이나 대인 관계와 같은 모든 활동 영역에서의 이해 가능성 또는 일관된 의미의 부재, 또는 삶에 대한 전반적인 목적 상실감 등을 말한다. 조태성, 「두려움으로부터의 소외, 감성-감정과 정서, 감성의 관계론적 고찰」, 『현대문학 이론연구 제 37집』, 현대문학이론학회, 2009, 215쪽.
4. 『신부 이태석』; 이병승, 『톤즈의 약속』, 실천문학사, 2012; 정희재, 『나눌 수 있어 행복한 사람』, 중앙북스, 2011; 구수환, 『우리는 이태석입니다』, 북루덴스, 2022; 채빈, 『이태석, 낮은 곳에서 진정으로 나눔을 실천하다』, 깊은나무, 2020; 구수환, 『울지마 톤즈 학교』, 북루덴스, 2024; 우광호, 『나는 당신을 만나기 전부터 사랑했습니다』, 여백, 2011.
5. KBS 스페셜 <수단의 슈바이처 故이태석 신부>(2010.4.11.); <울지마 톤즈>(2010.9.9.).
6. 현상학적 연구는 현상의 본질을 밝히는 것과 함께 현상이 존재하는 사회문화적 경험세계의 맥락을 더불어 고려하게 된다. 기다 겐 외, 『현상학 사전』, 이신철 옮김, 도서출판b, 2011, 432~433쪽 참고.
7. 『당신의 이름은 사랑』, 81쪽.
8. 『친구가 되어 주실래요?』, 179쪽.
9. 『친구가 되어 주실래요?』, 179~180쪽.
10. 『친구가 되어 주실래요?』, 255쪽.
11. 『친구가 되어 주실래요?』, 75~76쪽, 128~129쪽; 이태석, 『당신의 이름은 사랑』, 168쪽.
12. 『친구가 되어 주실래요?』, 75~76쪽, 128~129쪽; 이태석, 『당신의 이름은 사랑』, 168쪽.
13. 『신부 이태석』, 112~114쪽에는 한센인 마을을 '라이촉'으로 기술하고 있다. 이태석은 『당신의 이름은 사랑』 167~168쪽에서 '쵸나'로 부른다. 이 글에서는 한센인 마을로 표기한다.
14. 『당신의 이름은 사랑』, 168쪽.
15. 『당신의 이름은 사랑』, 167~168쪽.
16. 『친구가 되어 주실래요?』, 76쪽.

17 『당신의 이름은 사랑』, 168쪽.

18 『신부 이태석』, 37쪽.

19 『신부 이태석』, 154쪽.

20 『친구가 되어 주실래요?』, 96쪽.

21 인제대학교 의과대학 이태석 기념 심포지엄 자료집, 『제3회 이태석 기념 심포지엄 - 이태석의 삶과 가치』, 2013.

22 『친구가 되어 주실래요?』, 96쪽.

23 『친구가 되어 주실래요?』, 100쪽.

24 의사와 환자 사이의 라포 형성에서 비언어적 소통 방식은 매우 중요하다. 이에 대해서 Suzanne M. Kurtz·Jonathan Silverman·Juliet Draper, 『환자와 의사소통하는 기술』, 박기흠·성낙진 옮김, 동국대학교 출판부, 2010, 199~222쪽을 참고.

25 『친구가 되어 주실래요?』, 104쪽.

26 이태석, '형제적 사랑의 연결고리가 되어(『살레시오 가족지』 53호, 2002년 3·4월)', 『신부 이태석』 161쪽에서 재인용.

27 『친구가 되어 주실래요?』, 184쪽.

28 KBS 한민족 리포트 <아프리카에서 찾은 행복: 수단 이태석 신부>(2003.12.29.).

29 "감동 다큐 <울지마 톤즈> 고 이태석 신부 [어머니 신명남씨가 처음 전하는 '바보 아들' 이야기", 우먼센스(2011.1.5.).

30 <태석이는 고통도 은총으로 여겼죠. 뒷북이지만 빚 갚으려고 합니다.> 이태석 친구 안정효의 인터뷰 중에서, 조선일보(2020.1.18.).

31 『친구가 되어 주실래요?』, 185쪽.

32 『친구가 되어 주실래요?』, 168쪽.

33 『친구가 되어 주실래요?』, 169쪽.

34 『당신의 이름은 사랑』, 169~170쪽.

35 삐에르 떼이야르 드 샤르댕, 『인간현상』, 양명수 옮김, 한길사, 2023, 25쪽.

36 『친구가 되어 주실래요?』, 31쪽.

37 "신부님께서 말씀하신 한센병 환자들……. 제가 그들의 육체뿐 아니라 영혼의 치유자가 될 수 있을지도 모른다는 생각이 들었습니다. 저를 톤즈에 데리고 가주십시오." 『신부 이태석』, 101쪽.

주석

38 안동권, 『소 알로이시오 신부』, 책으로 여는 세상, 2020, 50~55쪽.

39 『당신의 이름은 사랑』, 35쪽.

40 『친구가 되어 주실래요?』, 146~147쪽.

41 『친구가 되어 주실래요?』, 137쪽.

42 『친구가 되어 주실래요?』, 31쪽.

43 『친구가 되어 주실래요?』, 85쪽.

44 정우진, 『양생』, 소나무, 2020, 19~38쪽 참고.

45 카를 야스퍼스, 『위대한 사상가들』, 권영경 옮김, 책과함께, 2010, 205쪽.

46 이세바 신부(이태석신부기념관장) 인터뷰(2024.7.9.).

47 맹진학, 『참사랑길』, 도서출판 지평, 2013, 27쪽.

모든 날이 좋았습니다
행복한 사람 이태석

박지영 인제대학교 의과대학 인문사회의학교실 교수

인제대학교 의과대학 교수이며, 한국 근현대 의학사를 전공했다. 의학 지식이 복잡한 사회 속에서 어떻게 만들어지고 실천되는지에 관심을 두고 여러 논문과 단행본을 썼다. 최근 과학기술정보통신부의 지원으로 '한-미-일 지식 네트워크와 해방 후 한국 보건학의 재편'에 대해 연구 중이며, 함께 쓴 책으로 『우리 안의 우생학』, 『공중보건의 시대』, 『건강한 국가 만들기』 등이 있다.

환자를 넘어 사회로
: 의사 이태석의 시선

박지영
인제대학교 의과대학 인문사회의학교실 교수

1. 들어가며

이태석의 삶은 훌륭한 의사의 표본이다. 환자를 향한 그의 헌신과 사랑은 날이 갈수록 각박해지고 상업화되는 한국의 의료 현실에 큰 울림과 감동을 준다. 그래서인지 대중 매체들은 이태석을 이야기할 때 환자와 관련한 에피소드를 주로 다룬다. 이제 이태석이라는 이름은 거의 인술(仁術)의 상징이 되었다.

대개 매체들은 인술을 실천한 이태석의 원동력을 개인적인 배경에서 찾는다. 고아와 가난한 아이를 보살핀 알로이시오 신부의 곁에서 보낸 어린 시절, 한센인을 위해 일생을 바친 다미안 신부에게 느낀 감동과 동경, 그들의 발자취를 따르려는 이태석의 각오와 따뜻한 마음씨 같은 것들이다. 한국에서 의사로 살면서 풍족하고 안락한 삶을 누릴 기회를 버리고 신부가 되어 아프리카로 떠난, 그곳에서 얻은 병으로 삶을 마감한 인생 역징은 이태석의 희생과 고결함을 더욱 돋보이게 한다.

그런 관점은 이태석의 내면을 깊이 이해하도록 도와주는 한편 방해하는 면도 없지 않다. 이태석의 모교인 인제대학교 의과대학에서는 매년 학생들과 이태석에 관한 영화나 다큐멘터리를 시청한다. 시청이 끝나고 소감을 물으면, 종종 학생들은 벅찬 감동을 전하면서도 과연 자신이 그처럼 환자를 위해 모든 것을 다 버릴 수 있을지 모르겠다며 자신 없어 한다. 그들에게 이태석은 범접하기 어려운 신화 속 영웅처럼 여겨지는 듯하다.

이런 감상은 이태석이 평소 추구해 온 가치와는 사뭇 다르다. 널리 알려진 것처럼 이태석이 톤즈 주민들에 비해 좋은 교육을 받은 입장에 서서 이끌기보다 그들과 하나가 되기를 바란 사람이라면, 후배 의사들에게도 가마득한 우상이 아니라 닮고 싶은 선배이기를 원하지 않았을까. 그런 점에서 보면, 이제는 이태석의 내면을 넘어 의사로서의 태도와 우리가 현실적으로 배울 수 있는 점에 주목할 시점이다.

이태석은 환자를 어떻게 바라보았을까? 조금 더 구체적으로, 그는 의사라는 전문가의 관점에서 환자에게 어떻게 접근했을까? 이태석의 진료가 그저 발달한 의술로 톤즈의 주민을 탄복시킨 것이 아니라 그들에게 감화를 주었다면, 의사로서 그가 지닌 남다른 점 또는 특징은 무엇일까? 이런 물음에 대한 답은 실제적 차원에서 이태석에게 어떤 교훈을 얻을 수 있는지, 좋은 의사 나아가 좋은 보건의료인이 갖추어야 할 요건이 무엇인지, 그들의 직업전문성이 어떤 형태로 실천되어야 할지에 대한 효과적인 지침이 될 것이다.

결론부터 미리 말하면, 이태석은 질병을 통해 환자의 삶을 들여다보았고, 나아가 환자를 고통스럽게 하는 근본적인 원인을 그들을 둘러싼 환경에서 찾았다. 이 글에서는 이태석의 관심과 통찰이 어떻게 그 지점에 닿았는지, 그리고 그가 발견한 환자들의 현실이 어떠했는지를 자세히 살펴보려 한다. 그러기 위해 이태석이 가장 빈번하게 접했거나 많은 회고를 남긴 질병들을 중심으로 그의 생각과 활동을 추적해 볼 것이다.

2. 보건의료 자원의 부족과 말라리아

말라리아는 톤즈에서 가장 흔한 병이다. 돈보스코 클리닉에는 하루에 120명에서 130명 정도의 사람들이 찾는데, 그중 말라리아 환자가 80%에서 90%를 차지한다. 톤즈에 머문 7년 내내 이태석은 매일 말라리아 환자를 수십 명씩 만난 셈이다. 심지어 본인이 말라리아에 걸려 심하게 앓기도 했다. 농담 섞인 어조로 그는 이렇게 많은 환자를 보았으니 이제 '말라리아 도사'가 되었다고 자부하다가도 곧 "제 병 하나 못 고치는 의사가 도사는 무슨 도사"라며 자조한다. 이런 기록만 봐도 말라리아는 톤즈에 반

드시 따라오는 존재처럼 보인다.[1]

관점을 달리하면 이는 말라리아의 예방과 치료가 그리 잘 이루어지지 않고 있다는 뜻이다. 그렇게 많은 환자가 돈보스코 클리닉에서 치료를 받았음에도 말라리아의 기세는 좀처럼 수그러들지 않았다. 그래서인지 이태석의 회고에는 말라리아로 심각한 위기에 빠진 환자들 이야기가 자주 등장한다. 중증 말라리아에 걸려 전신 발작을 겪은 소녀 '바끼따'가 그중 한 명이다.

병원에 실려 왔을 때 바끼따는 의식을 잃은 채 경련하고 있었다. 이태석이 급히 진찰해보니 중증 말라리아였다. 말라리아가 심해져서 발작에 이르는 경우를 이미 많이 접해 본 그조차 바끼따처럼 심한 환자는 처음이었다. 곧바로 항경련제를 주사했지만 경련이 멎지 않았다. 이태석은 뒤틀리는 바끼따의 팔다리를 다른 사람들에게 붙잡게 한 뒤 수액과 말라리아 치료제를 정맥으로 주입했다. 하지만 시간이 지나도 경련은 점점 더 심해졌다. 그러자 바끼따의 부모는 말라리아가 아니라 나쁜 신의 장난인 것 같으니 딸을 퇴원시켜 주술사에게 데려가겠다고 했다. 치료를 중단하면 바끼따가 죽을 것이라고 판단한 이태석은 30분만 더 기다려달라고 부모를 설득하며 항경련제를 추가로 투여했다. 초조한 기다림 끝에 경련은 조금씩 잦아들었다. 그러고 나서 깊은 잠에 빠진 환자는 이튿날 빠르게 건강을 회복하여 쾌활한 모습으로 집에 돌아갔다.[2]

말라리아로 인해 사망 직전까지 간 노인이 병원에 온 적도 있었다. 노인을 데려온 사람에 따르면, 길을 가던 노인에게 인사를 건넸는데도 무시하고 지나쳐 갔다고 한다. 섭섭한 마음에 그냥 돌아서려는데, 그 노인이 몇 걸음 더 가더니 갑자기 쓰러졌다는 것이다. 이태석은 노인의 상태를 진찰하고 과거 병력을 확인한 뒤, 실신의 원인이 중증 말라리아일 것이라고 추측했다. 그리고 정확한 진단을 위해 혈액검사를 준비하러 갔다. 그런데 갑자기 환자의 가족이 급하게 불러서 다시 병실로 달려가 보니, 환자의 호흡과 맥박이 멎어 있었다. 재빨리 심폐소생술을 해서 겨우 숨을 돌려놓았지만, 환자가 언제 다시 죽음의 문턱을 밟을지 알 수 없었다. 혈액을 검사할 여유 따위 없이, 이태석은 곧바로 말라리아 치료제를 환자에게 주사했다. 그렇게 한 시간을 기다리자 환자의 호흡이 정상으로 돌아오고 의식도 회복되었다.[3]

건장한 청년도 말라리아의 마수를 피하기는 어려웠다. '치콤'이라는 청년이 중증 말라리아로 혼수상태에 빠져 병원에 실려 왔다. 병원에 도착했을 때 치콤은 심한 마비 상태였고 의사소통은커녕 제대로 사고할 수도 없는 상태였다. 진찰을 위해 말을 걸어도 그저 멍하게 있을 뿐이었다. 혈액 속의 말라리아가 머리까지 퍼져서 뇌막염 같은 증상을 초래한 것이다. 말라리아를 제대로 치료하지 않고 한 달 넘게 방치한 결과였다. 이런 경우 치료를 하더라도 회복 가능성이 낮았다. 이태석은 정맥 주사로 치료제를 투여하고 위 속으로 관을 넣어 영양을 공급하면서 물리치료를 병행했다. 2주가 지나자 치콤의 상태가 조금씩 회복하기

시작했고, 한 달 후에는 혼자 걸을 정도로 건강을 되찾았다.[4]

이대석이 만난 세 환자의 사례에서 밀라리아는 생명을 위협하는 위험한 질병처럼 보인다. 하지만 말라리아가 이렇듯 심한 증상을 보이는 경우는 매우 드물다. 적어도 한국에서는 그렇다. 말라리아는 우리와 거리가 먼 열대성 질환 같지만 사실 꽤 오래전부터 한반도에 존재해 왔다. 말라리아는 전통적으로 학질이라고 불렸다. 일제강점기의 기록에 따르면, 한반도 인구의 말라리아 유병률은 약 15%였다. 한국전쟁 동안 감염자가 늘어나기는 했지만, 이후 꾸준한 예방 사업과 사회적 안정 덕분에 1970년대에 이르면 말라리아는 소강상태에 가까워졌다. 하지만 종식된 줄 알았던 말라리아는 1990년대에 다시 모습을 드러냈다. 경기도 북부 휴전선 부근에서 근무 중인 군인에게서 감염 사실이 발견된 것이다. 이후 말라리아는 20여 년에 걸쳐 남쪽으로 서서히 확산하고 있으며, 2018년부터 2022년까지 5년간 1,998명을 감염시켰다.[5]

말라리아의 흔한 증상은 발열, 오한, 두통, 근육통, 메스꺼움, 설사 등이다. 원충의 종류에 따라 삼일열 말라리아, 난형열 말라리아, 사일열 말라리아, 열대열 말라리아 등으로 나뉘는데, 각각의 증상이 약간씩 다르다. 삼일열 말라리아와 난형열 말라리아는 열이 3일마다 올랐다 내리기를 반복하며, 사일열 말라리아는 4일마다, 열대열 말라리아는 매일 열이 발생한다. 한국에는 삼일열 말라리아가 대부분인 데 비해, 남수단을 비롯한 아프리카 지역에서는 열대열 말라리아가 주로 분포한다. 열대열 말라리아는 다른 말라리아에 비해 증상이 심하고 중증으로 쉽게 진행된다. 중증일 경우 황달, 혈액 응고 장애, 신부전, 간부전, 쇼크 등과 더불어 의식장애, 혼수, 섬망 같은 뇌 증상이 나타나기도 한다.[6] 이태석의 환자 중에도 죽은 이의 환영을 보고 비명을 지르는 사람, 겁에 질린 채 숲에서 2~3일 동안 숨어 있다가 돌아오는 사람, 심한 경련 발작으로 사망에 이르는 사람 등 중증 사례가 여럿 있었다.[7]

톤즈 같은 작은 마을에서조차 중증 말라리아가 적지 않게 출현할 정도로 남수단의 말라리아 상황은 심각하다. 남수단은 사하라 이남 아프리카에서 말라리아로 인한 피해가 가장 큰 국가 중 하나이다. 연중 고온이 이어지며 우기와 건기가 반복되는 기후가 말라리아 매개체인 모기의 증식과 확산에 유리한 환경을 제공한다. 그래서 말라리아는 1년 내내 전국적으로 높은 감염률을 보인다. 특히 우기 직후인 9월부터 11월 사이에 말라리아 발생은 최고조에 이른다. 2010년대 초의 통계에 따르면, 말라리아는 남수단에서 발생한 총 질병의 20%에서 40%를 차지하며, 보건의료시설 내 사망 원인의 20% 이상, 전체 입원 원인의 약 30%를 점한다. 말라리아로 인한 피해는 5세 미만의 어린이와 임산부에서 더 크게 나타난다. 이런 상황을 타개하기 위해 남수단 보건부는 여러 국제기구로부터 원조를 받아 말라리아 방역 사업을 전개하고 있다. 하지만 남수단의 모기는 살충제인 DDT

에 저항성을 갖고 있으며 말라리아 원충도 주된 치료제인 클로로퀸과 설파독신-피리메타인에 대해 높은 내성을 보이고 있어서 난관을 겪고 있다.[8]

남수단에서 이렇게 말라리아가 만연하는 이유는 무엇일까? 이태석은 개별 환자의 문제를 넘어서 그들을 둘러싼 사회적 환경에서 말라리아 유행의 근본적인 원인을 찾는다. 그는 그 원인을 크게 두 가지 측면에서 바라본다. 첫 번째는 보건의료 자원의 부족이고 두 번째는 미신에 대한 의존이다. 그런 시각은 "하루 이틀 안에 병원에 찾아오기만 하면 완치될 확률이 거의 백 퍼센트이건만 거리가 멀거나 아니면 무당을 찾아가거나 그것도 아니면 이것저것 민간요법을 시도하다 뒤늦게 찾아오는 사람들도 있어 안타까울 때가 많다"는 그의 말에서 잘 드러난다.[9]

첫 번째부터 살펴보면, 돈보스코 클리닉이 톤즈 일대의 유일한 의료기관이었을 만큼 남수단에는 보건의료 자원이 빈약했다. 그래서 돈보스코 클리닉은 늘 환자들로 붐볐다. 3~4일을 걸어서라도 병원에 올 수 있는 환자들은 그나마 다행이었다. 그보다 더 멀리 사는 사람들은 아픈 몸을 끌고 병원까지 올 수가 없어서 진료의 기회조차 얻지 못했다.[10] 2012년의 조사 결과에 의하면, 남수단에는 총 1,147개의 보건의료시설이 10,500,000명이 넘는 인구를 담당하고 있었다. 2016년에는 1,747개로 늘어났지만 그중 294개는 제대로 운영되지 않았다. 기본적인 보건의료서비스를 적절히 이용할 수 있는 사람은 남수단 전체 인구의

25%에서 33%에 불과하며, 보건의료시설 이용 빈도는 1인당 연간 0.2회에 그쳤다.[11]

진료하는 이태석 신부

이태석은 조금이라도 더 많은 사람에게 보건의료서비스를 제공할 방도를 모색했다. 톤즈에 간 지 3년 만에 움막이었던 진료소를 시멘트 건물로 바꾸고 진료실, 주사실, 검사실, 입원실을 비롯한 총 12개의 공간으로 확장한 것은 그런 노력의 일환이었다.[12] 이후 돈보스코 클리닉은 톤즈의 일차의료센터(primary health care centre)로서 기능했다. 남수단의 보건의료체계는 인구 15,000명을 대상으로 기초적인 질병 예방과 치료를 담당하는 일차의료단위(primary health care unit)와, 그 상위기구로서 50,000명의 인구를 담당하는 일차의료센터, 그 상위기구인 카운티병원(county hospital)과 주립병원(state hospital), 그리고 최고위인 수련병원(teaching hospital)으로 구성되어 있었다. 여기에서 일차의료센터는 일차의료단위의 모든 기능을 수행하면서 실험실 검사 설비, 입원 시설, 신부인과 시설 등을 추가로 갖춘 의료기관이었다.[13]

두 번째로, 이태석은 미신에 지나치게 의존하는 풍습이 건강을 해치는 요인으로 여겼다. 그가 보기에 미신에 의지해서 질병을 이겨내려는 시도는 실제로 별 효과가 없을 뿐 아니라, 적절한 치료시기를 놓치게 돼 건강의 회복을 방해했다. 하지만 미신에 대한 믿음은 톤즈 지역에 널리 퍼져 있었다. 치콤의 경우 돈보스코 클리닉에 오기에 앞서 이미 6명의 주술사를 만나 치료를 시도한 상태였다. 그 과정에서 말라리아로 인한 증세는 점점 더 악화됐고, 결국 의식을 잃은 채로 병원에 옮겨졌다. 바끼따의 경우도 질병에 대한 미신의 막강한 영향력을 드러냈다. 바끼따의 어머니는 돈보스코 클리닉에서 근무하는 간호사였다. 그럼에도 딸의 증세가 좀처럼 호전되지 않자 주술사에 의지하려는 모습을 보였다.

미신에 대한 비난을 쏟아 부을 법도 한데 이태석은 유독 그에 대해 말을 아꼈다. 과거 한국에 근대의학을 도입하려던 의사들이 질병 예방 또는 치유와 관련된 전통적인 풍습을 두고 미개하다 비판하며 혁파를 주장했던 것과는 대비되는 모습이다. 그런 차이는 어디에서 오는 것일까. 이태석은 근대의학에 대한 톤즈인의 무지를 안타까워했다. 하지만 그러면서도 그들의 미신적 질병관을 비문명적이라고 낮잡아 보기보다는 전통적인 문화로 받아들였다. 오히려 가끔은 그것을 활용해서 가톨릭 교리를 톤즈인들이 이해하기 쉽게 설명하기도 했다. 근대의학에 대한 판단은 그의 진료를 접한 사람들의 몫이었다. 이태석은 자신의 신념을 강요하기보다는 타인의 문화를 존중하고 그들의 입장에서 필요한 일을 할 따름이었다.

3. 빈곤과 한센병

한센병은 이태석의 아프리카행에 중요한 계기를 제공한 질환이다. 아프리카에서 선교 활동에 종사하겠다는 의지를 교단에 피력하기 시작했던 1999년, 이태석은 톤즈를 방문해 달라는 제의를 받았다. 어렵고 복잡한 과정을 거쳐 도착한 톤즈에서 그는 '진짜 아프리카'를 만나게 되었다. 하루에 한 끼밖에 못 먹는 가난, 전기가 들어오지 않아 해가 떨어지면 불을 밝히기조차 어려운 환경, 박쥐와 부대껴야 하는 잠자리 등 암울한 일투성이였지만, 그중에서도 이태석에게 가장 큰 충격을 안겨준 것은 한센병 환자촌의 실상이었다.[14]

톤즈에서 약 10km 떨어진 라이촉은 한센병 환자들이 모여 사는 마을이었다. 감각이 마비된 손발에 가득한 상처, 흙바닥에 누운 채 죽음을 기다리는 사람들, 그들의 움막에서 나는 심한 악취는 그곳의 처참한 상황을 드러냈다. 특히 몸을 가누지 못하는 환자들의 용변이 그대로 남아있는 움막의 냄새에 이태석은 결국 구역질을 참지 못하고 멀리 떨어진 수풀로 도망가 주저앉았다. 곧 마음을 추스르고 다시 마을로 돌아왔지만, 처음에 환자들을 피해 도망쳤던 일은 스스로에게 날카로운 수치심이 되었다. 그 수치심을 극복하려는 마음, 그리고 라이촉에서 만난 환자들의 혹독한 삶까지 포용하겠다는 의지가 이태석을 나중에 다시 톤즈로 향하게 한 핵심 동력이었다.[15]

2001년 12월의 톤즈에서도 한센병 환자들의 삶은 크게 다르지 않았다. 그들은 여전히 외부로부터 고립된 채 소외당하고 있었다. 한센병 환자에 대한 배제와 차별은 톤즈에 국한된 문제는 아니었다. 한센병 환자들은 세계 곳곳에서 부당한 대우를 받아 왔다. 한국에도 조선시대 또는 그전부터 한센병 환자를 '문둥이'라고 멸칭하고 일제강점기부터는 그들을 가족과 마을로부터 격리하여 수용소에 가둔 아픈 역사가 있다.[16] 다행히도 한국에서는 치료법의 보급으로 환자가 크게 줄었지만, 남수단에는 2023년까지도 인구 100만 명당 약 191명의 환자가 있고 연간 877명의 새로운 환자가 발생할 정도로 한센병이 여전히 널리 퍼져 있다.[17] 많은 한센병 환자들이 변형된 외모와 그들이 병을 옮길 것이라는 과장된 우려 때문에 살던 곳에서 쫓겨나 직업을 잃고 고립된 생활을 한다. 하지만 실제로 한센병은 적절히 치료받기만 하면 완치가 가능하며 전파력도 낮다. 결국 그들을 고립시키는 것은 의학적 이유가 아닌 사회적 편견이다.[18]

이태석에 의하면 톤즈에는 약 700명의 한센병 환자가 수십 명씩 집단을 이루어 마을로부터 멀리 떨어진 숲속에서 거주한다. 그들은 마을 쪽으로 잘 나오지 않으며 병원을 방문하는 일도 적다. 그런 탓에 한센병이 진행되어 환부가 심각하게 문드러진 경우나 그 위에 생긴 상처를 제때 치료를 받지 못해서 덧난 경우가 많다. 이태석은 이런 의학적인 문제를 살피면서, 동시에 그것을 야기한 근본적인 원인을 찾고자 한다. 그의 눈에 포착된 요소는 '원수 같은 가난'이었다.[19]

이태석은 한센병 환자를 "모두가 가난한 곳이지만 그중에서도 정말 찢어지게 가난한 사람들"이라고 일컫는다. 톤즈의 평범한 사람들은 주로 목축을 한다. 토질이 좋지 않아 농사로 식량을 자급자족할 수는 없다. 부족한 물건들은 모두 외부에서 구입해야 하지만 그것들은 부르는 것이 값일 만큼 몹시 비싸다. 톤즈 주민들의 주식은 수수에 소금과 식용유를 약간 넣어 만든 반죽 같은 음식과 목축을 하면서 아주 가끔 얻는 약간의 고기이다. 그것도 하루에 한 끼 정도만 먹을 수 있다. 주거의 문제도 심각하다. 억새나 지푸라기로 이은 지붕에 1m 높이의 나무 막대들을 이어서 세워놓은 것이 집이다. 생활 집기는 거의 없고 화장실도 별도로 마련되어 있지 않다. 그런 허술한 주거는 기상현상, 야생동물, 오물 등으로부터 거주자를 보호하기 어렵다. 생산 기반이 없는 한센인의 형편은 이보다 훨씬 더 열악했다.[20]

빈곤은 건강에 지대한 영향을 미친다. 의식주의 결핍은 영양실조를 야기하는 등 건강을 취약하게 하고 의약품의 부족은 간단한 치료조차 적절하게 이루어지지 못하게 한다. 이런 상황을 두고 이태석은 가난으로 인해 톤즈, 나아가 남수단 사회가 인간의 기본적인 인권조차 보장하지 못한다고 탄식한다. 이는 단지 인간의 기본권인 건강권이 지켜지지 않았음에 대한 한탄이 아니다. 그것을 넘어 이태석은 가난으로 인한 인간성의 파괴를 걱정한다.[21]

한센인 마을에 진료를 나갔을 때, 이태석은 예닐곱 살 정도로 보이는 딸을 데려온 한 여성을 만났다. 그 여성은 딸의 몸에 난 반점들을 보여주며 한센병이 아니냐고 물었다. 검사 결과 아이의 병은 체부백선, 즉 곰팡이균 감염이었다. 항진균제 연고를 바르면 금방 나을 수 있는 병이다. 이태석은 다행히 한센병이 아니라며 축하의 인사를 건넸지만, 여성은 서운한 기색을 감추지 않으며 돌아섰다. 그제야 이태석은 여성의 손에 들린 비닐 포대와 작은 깡통을 보았다. 한센병 환자에게 배급하는 약간의 강냉이와 식용유를 담아가기 위한 것이었다. 굶주린 가족의 끼니 문제 때문에 자녀의 건강을 기뻐하지 못하는 비정한 현실은 인간으로서 느껴야 마땅한 감정과 인간성을 왜곡시켰다. 이를 두고 이태석은 "원수 같은 가난이 사람을 이렇게도 비참하게 만드는구나"라며 분노했다.[22]

톤즈 일대의 주민들을 이토록 참혹한 지경에 빠뜨린 원인은 남수단의 경제 파탄이다. 남수단은 석유 자원이 풍부한 산유국이다. 그럼에도 석유의 수출을 수단이 관할하는 파이프라인 수

송로와 항구에 전적으로 의존하고 있기 때문에 큰 이익을 축적하지는 못하는 실정이다. 수송로 사용을 위해 남수단은 수단에 막대한 비용을 지불하고 있으며, 외교 관계에 충돌이 있을 때 수단이 수송로를 차단하는 바람에 석유 수출에 큰 손해를 입은 경우도 있었다. 그마저도 석유 개발로 인한 경제적 혜택은 극소수의 집권층에 집중되고, 나머지 국민은 극심한 빈곤에 시달린다. 경제 개발에 필수적인 인프라 시설이 매우 빈약한 데다, 내전이 완전히 안정되지 않아 지역 곳곳에서 벌어지는 무력 충돌이 기존 인프라 시설과 시장을 파괴하는 일도 적지 않다. 이런 상황으로 인해 남수단은 전세계에서 가장 취약하고 발전이 더딘 국가의 명단에 이름을 올리고 있다.[23]

이태석은 한센인 환자에 대한 자신의 역할이 진료에만 있다고 보지 않았다. 그는 환자의 건강 문제를 해결하려면 먼저 그들의 생활환경과 경제 상태를 개선해야 한다고 생각했다. 그에 따라 이태석은 매주 수요일마다 한센병 환자 마을로 순회 진료를 나가면서, 약품뿐 아니라 약간의 식량과 옷을 환자들에게 지급했다. 환자들에게 집을 지어주거나 작물을 재배할 수 있도록 소규모 농업 용지를 마련해주기도 했다. 물론 이런 조치들이 한센병 환자가 처한 문제를 완전히 해결해주진 못했지만 조금이라도 환자들의 삶이 윤택해지기를 이태석은 바랐다.[24]

이태석은 환자들의 건강이 나아지려면 그들의 삶에 무엇이 필요한가에 관심을 기울였다. 한센병 환자들이 신을 수 있는 신발 제작도 그런 고민의 발로였다. 맨발로 아무렇게나 땅을 딛는 한센병 환자는 발에 상처를 입기 쉽고 그런 부상이 반복되면서 병변이 점점 더 확대되어 절단되는 신체 부위가 늘어난다. 이를 방지하려면 발을 보호할 신발이 필요하지만, 환자들에게 신발을 살 경제적 여유가 없는 데다 발가락을 비롯한 여러 부위가 떨어져서 제멋대로인 발 형태에 맞는 신발도 없었다. 그런 문제를 파악한 이태석은 동료 성직자들과 각 환자들의 발 모양에 맞춘 신발을 만들어 제공하기로 했다.[25]

한센병에 관한 에피소드들을 통해 엿보이는 이태석의 특징은 치료가 필요한 사람을 위해 그가 언제나 진료실 벽 너머를 보고 있었다는 점이다. 병원에 방문하기 힘든 상황을 위한 순회 진료, 건강에 앞서 기본적인 삶의 영위를 위한 식량 배급, 한센병의 악화를 막기 위한 맞춤 신발 제작 등은 모두 진료실 밖에서 이루어졌다. 단순한 신체적 치료를 넘어 건강에 영향을 미치는 요인을 환자의 삶에서 찾고 그에 필요한 것이 무엇인지를 검토한 결과였다. 이는 진정한 건강 향상은 환자의 생활을 고려할 때에야 가능하다는 이태석의 시선을 잘 드러낸다.

4. 전쟁의 폭력과 외상

돈보스코 클리닉을 자주 방문하는 사람 중에는 외상 환자가 있다. 지역 내 유일한 의료기관에 외상 환자가 많이 오는 것은 특이한 일이 아니다. 사고는 어디서나 일어나고 부상자가 생기기 마련이기 때문이다. 하지만 외상이 특정한 원인에 집중되어 있다면 이야기는 달라진다. 예컨대 한국에서 외상의 최대 원인은 교통사고이다. 이는 도시 문제와 경제 수준을 보여준다. 남수단의 경우는 총과 창 등 무기에 의한 외상이 가장 많다. 이는 무엇을 의미하는 것일까. 이태석의 시선은 환자의 상처를 넘어 그들에게 무기를 겨눈 그 사회를 향한다.

한 소년이 다리에 총을 맞고 돈보스코 클리닉에 왔다. 이름은 '마뉴알'로 열다섯 살 정도이지만 벌써부터 군인으로 일하고 있었다. 다리에서는 피가 철철 흘렀고 입에서는 술 냄새가 풍겼다. 다른 군인과 술을 마시고 보초를 서다가 동료의 실수로 발사된 총알이 다리를 관통했다고 한다. 대량 출혈로 인한 쇼크가 우려되는 상태여서 이태석은 재빨리 수액 주사를 놓고 혈관과 상처 부위를 봉합했다. 환자는 상처가 아물 때까지 돈보스코 클리닉에 입원하게 되었다.[26]

마뉴알이 병원에 머문 약 2개월간 이태석은 그의 생활을 지켜보았다. 이태석의 시선은 일차적으로 상처에 닿았고 그다음으로는 피부 너머에서 느껴지는 아픔을 향했다. 마뉴알은 살기가 가득한 눈을 하고 있었다. 그는 평소 거의 말을 하지 않았고 주위에서 일어나는 일들을 가만히 응시하는 경우가 많았다. 특히 그는 공부를 하러 병원에 오는 아이들, 악기 연습을 하는 아이들, 운동장에서 뛰어노는 아이들을 자주 바라보았는데, 그러면서도 그들에게 다가가지는 않았다. 이런 관찰을 통해 이태석은 마뉴알의 삶이 어떠했을지, 어떤 일들을 경험했는지, 얼마나 어려웠는지를 이해하고자 했다.[27]

자신의 삶을 이해하려 애쓰는 이태석의 노력에 감화가 되어서인지, 마뉴알은 스스로의 이야기를 털어놓았다. 그는 9세에 군대에 끌려갔다. 자신의 몸무게 남짓한 총을 들고 훈련을 받았으며, 다른 군인들로부터 욕설을 들으며 잔심부름을 했다. 실제 전투에 참여했을 때는 무서워서 눈을 감고 총을 쏘거나 살기 위해 도망 다니기도 했고 적군을 죽이기도 했다. 그런 가혹한 상황에서 버티며 마뉴알은 마음의 상처를 숨기고 이른 나이에 어른이 되었다. 이태석은 이런 이야기를 듣고 마뉴알의 총상 이면에 그보다 깊은 심리적 트라우마가 깔려 있으며, 그것이 남수단의 전쟁과 밀접한 관련이 있음을 포착했다.[28]

총알 흔적이 뚜렷한 남수단의 학교

남수단은 분쟁 중인 나라이다. 오랜 정치적, 종족적 갈등 끝에 2011년 수단으로부터 분리되어 독립국이 되었다. 하지만 국경 지역에서는 여전히 무력 충돌이 그치지 않고 있으며, 남수단 내부에서도 정치 세력 간 반목으로 인해 내전이 계속되고 있다. 전쟁 동원을 위해 많은 민간인들이 징집되어 왔다. 한 가족당 최소한 한 명은 의무적으로 군대에 가야 한다. 그리고 그가 죽으면 다시 한 명이 차출된다. 성인 남성이 없는 집안에서는 여인과 아이들이 대신 군대에 간다. 마뉴알의 입대 또한 이런 맥락에서 이루어졌을 것으로 짐작된다.[29]

전쟁의 잔혹함은 참전한 군인의 정신에 깊은 흉터를 남긴다. 전쟁을 겪은 군인들에게서 외상 후 스트레스 장애(PTSD)가 빈번하게 발생하는 것은 어찌 보면 당연한 일이다. 성인도 그럴 것인데, 어린 나이에 군에 입대한 소년병에게는 전쟁의 잔인함이 훨씬 더 크고 누렵게 다가올 것이나. 이태석에 의하면, 전쟁은 소년병에게 단순히 물리적, 신체적 상처를 입힐 뿐 아니라, 도덕적, 심리적 상처까지 야기했다. 그들은 어린 나이에 보호자도 없이 수많은 범죄와 폭력에 노출된다. 이들의 심신 회복을 위해서는 심리 상담과 같은 치료가 필요하지만, 그러기 어려운 환경에서 환자에게 해줄 수 있는 최소한의 일은 같이 있어 주고 투정을 받아주는 것이었다.[30]

다른 한편으로 오랜 전쟁의 여파는 폭력의 일상화라는 형태로 나타난다. 톤즈에서 20km 내지 30km 정도 떨어진 지역에서 싸움이 일어나 많은 부상자가 돈보스코 클리닉에 왔다. 소와 관련된 가족 간 갈등이 마을 간 전쟁으로 커진 결과였다. 한 마을이 다른 마을을 공격하면 이튿날에는 공격당한 쪽이 보복을 하는 일이 반복됐다. 사람들의 관심이 전날 당한 것보다 더 많이 갚아주는 데에만 집중되면서 싸움의 발단은 잊히고 갈등을 해소하려는 시도 또한 사라졌다. 사람들은 총과 창을 사용해서 서로를 마구잡이로 공격했다. 이태석은 그로 인한 부상을 치료하면서 사람들을 폭력에 매몰시키는 원인이 무엇일지 고민했다.[31]

집단 폭력 사태는 남수단에서 빈번한 일이었다. 톤즈에서 100km 정도 떨어진 곳에 위치한 아강그리알에서 선교 활동을 하던 다른 신부도 비슷한 일을 겪었다. 성당 주위에서 군인들과 목동들 사이에 교전이 벌어졌다. 격렬한 총성이 오갔고 민가는 불탔으며 상점은 약탈당했다. 목동들이 압수당한 무기를 돌려받으려고 군인에게 항의하는 과정에서 발생한 폭력이 순식간에 걷잡을 수 없이 번진 결과였다. 그밖에도 소를 둘러싼 종족 간 다툼이 전투로 비화되어 여러 사상자를 낸 경우도 있었다. 신부에 의하면, 이렇듯 폭력이 쉽게 일어나고 확산되는 것은 딩카족의 '동태복수' 전통 때문이었다. 자신의 가족이나 친척이 누군가에게 공격을 당하면 즉각적으로 복수를 해야 한다는 풍습이다. 그는 그것이 보복과 폭력의 악순환을 일으키며 딩카족 사람들은 스스로 무엇을 하고 있는지 모르는 영적인 '무지'와 '결핍'에 빠져 있다고 언급했다.[32]

이와 달리 이태석은 남수단에서 폭력의 만연을 부추긴 계기가 오랜 기간 지속된 전쟁이라고 생각했다. 과도한 폭력의 뿌리를 동체복수라는 딩카족의 관습으로 보는 관점은 폭력을 특정 종족의 문제로 한정 짓고 그 관습이 형성된 과거에서 문제의 원인을 찾는 경향이 있다. 폭력이 평화를 중시하는 현대의 정신에 맞지 않는, 시대에 뒤쳐진 전통 때문이라는 것이다. 이에 비해 전쟁은 실시간으로 진행 중이며 다종족으로 구성된 남수단 사회 전체에 해당하는 문제이다. 이태석은 전쟁을 조장하는 일부 정치 세력에 의해 민중 대다수가 입는 피해를 안타까워하며 전쟁으로부터 파생되는 심리적, 사회구조적 악효과를 우려했다. 그에 의하면 전쟁의 잔혹함은 사람들을 폭력에 무감하게 만들고 하나의 폭력이 또 다른 폭력을 야기하는 악순환을 만든다.[33]

폭력의 일상화가 낳은 가장 참혹한 결과는 애꿎은 생명의 죽음이었다. 돈보스코 글리닉에는 폭력 시대에 기담했다기 층에 맞은 한 학생이 실려 왔다. 그날 톤즈 시내에서는 공립학교 학생 수백 명의 데모가 있었다. 교사의 임금을 착복하고 교육을 제대로 실시하지 않는 학교 당국에 항의하려는 목적이었다. 데모는 곧 폭동으로 바뀌었다. 폭력에 익숙한 학생들은 시장으로 가서 기물을 부수고 물건을 탈취했다. 그들을 진압하기 위해 마을 경찰이 투입되었다. 수적으로 열세였던 경찰은 두려운 나머지 학생들에게 총을 난사했다. 두 명의 학생이 총탄에 맞았고 학생들의 분노는 걷잡을 수 없이 커져서 결국 군대가 투입되었다. 이때

다친 두 학생 중 한 명이 돈보스코 클리닉에 온 것이었다. 하지만 병원에 도착했을 때 그는 이미 사망한 후였다.[34]

이태석은 학생의 기본권인 배움의 권리를 요구하다 목숨을 잃은 환자를 보고 참담함을 느꼈다. 병원에서 외상을 치료하더라도 폭력이 반복되는 이상 피해는 끊이지 않을 터였다. 부상을 막기 위해 진정으로 필요한 것은 의료자원이 아니라 전쟁의 종식이었다. "고귀한 인간의 목숨을 대수롭지 않게 간단히 해치울 수 있는 이 병든 사회의 내적 상처"를 치유해야 비로소 부상의 발생을 궁극적으로 막을 수 있다는 것이다. 그런 의미에서 이태석은 진료실의 문제와 사회의 문제를 불가분의 관계로 여겼다.[35]

5. 나가며

지금까지 의사의 전문직업성이라는 관점에서 이태석의 행적을 살펴보았다. 의료 전문가로서 이태석이 보여준 가장 두드러진 덕목은 환자의 삶과 그들을 둘러싼 사회를 이해하려 했다는 점일 것이다. 그는 당장 필요한 의학적 처치를 넘어서, 질병에서 환자의 인생을 들여다보려 했다. 그럼으로써 환자의 고통과 아픔이 단지 신체적인 문제에서 오는 것이 아니라 사회적인 문제에서 비롯되었음을 깨쳤다. 말라리아 환자들을 돌보며 남수단의 보건의료 자원 결핍이 중증 말라리아를 초래함을 발견했고, 한센병 환자들과 어울리면서 심각한 빈곤이 그들의 삶을 비참하게 만듦을 깨달았으며, 외상 환자들을 수술하면서 남수단의 고질적인 내전이 그들을 죽음의 위기에 몰아넣고 있음을 통감했다. 그런 통찰을 토대로 이태석은 톤즈 환자들에게 진정으로 필요한 것이 무엇인가에 대한 해답에 한 걸음 다가갔다.

이태석의 실천과 고뇌의 바탕에는 환자들과 하나가 되려는 마음이 존재했다. 환자들을 연민하고 사랑하는 마음은 여러 방식으로 표출된다. 자신보다 못 배우고, 못 가진 사람들에게 동정을 느끼며 수직적인 관점에서 그들을 가르치고 계몽하려는 것도 하나의 방식일 수 있다. 하지만, 이태석은 그것보다 훨씬 더 환자 중심적인 태도를 보였다. 그는 톤즈 주민의 일원이 되려 했다. 톤즈의 미신적 치료 전통을 비난하기보다는, 문화적 다양성을 존중하고 그것을 톤즈 주민에게 다가가는 통로로 활용했다. 그리고 그늘의 시선에서 아픔과 고통을 공감함으로써 진정으로 필요한 것을 주고자 했다. 이태석의 내면과 행동은 환자와 의사의 거리를 좁히는 방법이 무엇인지를 알려주는 실제적인 사례다.

주석

환자를 넘어 사회로: 의사 이태석의 시선

1 문인희, 「아프리카의 한국인 의사신부」, 대한의사협회 프라자 게시글(2003.3.13.)(현재 웹페이지 삭제), 인제대학교 의과대학 인문사회의학교실 소장자료, 파일명: 의사회3, 의사회4; 『친구가 되어 주실래요?』, 98·99·106쪽.

2 『친구가 되어 주실래요』 239~240쪽.

3 『친구가 되어 주실래요』 103쪽.

4 『친구가 되어 주실래요』 95·242쪽.

5 대한감염학회, 「말라리아」, 『한국감염병사 2』, 군자출판사, 2018, 553~560쪽; 김현정 외, 「최근 5년간(2018-2022년) 국내 말라리아 발생 및 환자관리 현황 분석」, 『주간 건강과 질병』, 2023, 852~866쪽.

6 질병관리청, 『감염병의 역학과 관리』, 질병관리청, 2021, 319~322쪽.

7 『친구가 되어 주실래요』 99쪽.

8 Harriet Pasquale et al., "Malaria Control in South Sudan, 2006-2013: Strategies, Progress and Challenges," *Malaria Journal* vol. 12, no. 374, 2013.10., pp. 1-14.

9 『친구가 되어 주실래요』 98쪽.

10 『친구가 되어 주실래요』 69쪽.

11 Richard Downie, *The State of Public Health in South Sudan: Critical Condition*, Center for Strategic and International Studies, 2012., p. 4; Peter M. Macharia et al., "Spatial Accessibility to Basic Public Health Services in South Sudan," *Geospatial Health* vol. 12, no. 1, 2017 p. 512.

12 『친구가 되어 주실래요』 160쪽.

13 Peter M. Macharia et al., "Spatial Accessibility to Basic Public Health Services in South Sudan," p. 513.

14 『신부 이태석』 104~110쪽.

15 『신부 이태석』 111~121쪽.

16 김재형, 『질병, 낙인: 무균사회와 한센인의 강제격리』, 돌베개, 2021, 54~83쪽.

17 WHO, "The Global Health Observatory-Leprosy(Hansen disease)," who.int/data/gho/data/themes/topics/leprosy-hansens-disease.

18 Edward Eremugo, Luka MBBS, MscIH, "Understanding the Stigma of Leprosy," *Southern Sudan Medical Journal* vol 3, no 3, 2010.8.

19 이태석, 「수단에서 보내온 편지」, 『천주교 부산교구 주보』(2002.3.3.), 4쪽; 『친구가 되어 주실래요』, 72쪽.

20 『친구가 되어 주실래요』, 73·166~168쪽; 이재현, 『아프리카의 햇살은 아직도 슬프다』, 성바오로, 2005, 54~56쪽.

21 『친구가 되어 주실래요』, 72쪽.

22 『친구가 되어 주실래요』, 71~72쪽.

23 김동석, 「남수단 내전의 분석과 전망」, 『주요국제문제분석』(2016.2.), 4쪽.

24 『친구가 되어 주실래요』, 68·72·74쪽.

25 이재현, 『아프리카의 햇살은 아직도 슬프다』, 143쪽.

26 『친구가 되어 주실래요』, 140쪽.

27 『친구가 되어 주실래요』, 141~142쪽.

28 『친구가 되어 주실래요』, 144쪽.

29 이재현, 『아프리카의 햇살은 아직도 슬프다』, 191쪽.

30 『친구가 되어 주실래요』, 146쪽.

31 『친구가 되어 주실래요』, 173~175쪽.

32 한만삼, 『아부나 뎅딧: 남수단 선교사제 이야기』, 하상출판사, 2013, 211~213·217~227·334~342쪽.

33 『친구가 되어 주실래요』, 176~177쪽.

34 『친구가 되어 주실래요』, 208~213쪽.

35 『친구가 되어 주실래요』, 214쪽.

모든 날이 좋았습니다
행복한 사람 이태석

김택중 인제대학교 의과대학 인문사회의학교실 교수

인제대학교 의과대학을 졸업했으며, 동 대학교 대학원 인문의학협동과정(현 인문사회의학협동과정)에서 석, 박사학위를 취득하였다. 현재 인제대학교 의과대학 인문사회의학교실 주임교수로 재직 중이다. 2012년부터 매년 교내 이태석기념심포지엄을 주관하고 있으며, 이듬해인 2013년부터는 의학과 1학년에 개설한 이태석기념과정을 주관 중이다. 의학과 인문학의 접경 지역에서 의학의 역사와 철학, 그리고 의료와 사회의 관계에 대해 천착하고 있다.
연구 논문으로 「해방 이후 한국 전문의 제도의 기원과 전개 과정」, 「미국 의료시스템과학 교육의 한국 도입과 그 비판」, 「1918년 독감과 조선총독부 방역 정책」, 「경성부립순화병원, 역사적 사실과 그 해석」 등이 있고, 저서로 『한국전염병사 II』(공저) 등이 있다.

식민주의 관점에서 본 이태석
알베르트 슈바이처와 비교 분석을 중심으로

김택중
인제대학교 의과대학 인문사회의학교실 교수

1. 들어가는 말

지난 30여 년 동안 이어진 세계화 시대는 코로나바이러스 감염증-19의 엄습과 함께 갑작스레 막을 내렸다. 대신 강대국들의 자국 우선주의가 지역별 패권주의의 형태로 귀결되면서 미국 일극 체제가 무너지고 새로운 열전(熱戰)의 시대마저 다가올 조짐을 보인다. 미국을 축으로 한 세계화 시대는 그 화려했던 외양과 달리 변형된 모습의 식민 지배가 유지되었던 시대라 할 만하다. 즉, 과거 제국주의 시대 서구 제국들의 정치적, 군사적 패권주의가 연성의 경제적, 문화적 패권주의로 그 형태만 바뀌었을 뿐이라는 얘기다. 이 시기 서구에서 전 지구적 자본주의와 연계된 포스트모더니즘과 더불어 이른바 탈식민주의 담론이 유행했던 것도 이 때문이다.

    탈식민주의란 간단히 말하면 제국의 "식민지에서 나타나는 식민주의 현상을 분석하고 비판하는 이론"[1]이다. 서구의 영향으로 한국 학계에서는 탈식민주의의 사상적 뿌리로서 흔히 포스트모더니즘을 꼽는다. 문제는 이 포스트모더니즘이라는 분석 틀이 바로 서구에서 비롯된 담론이라는 데 있다. 비록 반성이라는 측면을 내포하고는 있으나 결국 가해자의 담론이라는 것이다. 과거 일본 제국의 식민 지배를 겪었던 한국에서 식민주의를 분석하기 위해 가해자인 일본의 시각을 도입하는 것과 같은 꼴이다. 요컨대 피해자의 탈식민주의와 가해자의 탈식민주의는 서로 다를 수밖에 없다. 이러한 까닭에 제3세계의 반식민적 민족주의야말로 탈식민주의의 이데올로기적 뿌리라는 주장도 만만치 않다. 반식민적 민족주의라는 피해자의 '저항'과 포스트모더니즘이라는 가해자의 '반성'은 본질적인 차이가 크기 때문이다.[2]

    사실 '우리'의 식민 피지배라는 역사적 경험을 지배자였던 '저들'의 언어로써 설명하는 데엔 분명한 한계가 있다. 이러한 점에서라면 탈식민주의 담론에 대한 계보학적 이해에 연연하는 것보다는 직접 역사적 식민주의 자체와 맞닥뜨리는 편이 훨씬 더 수월한 선택일 수 있다. 쉽게 잊히는 경향이 있지만 지난 1세기 동안 세계사에서 식민주의 시대의 종말만큼 큰 변화도 없었다. 물론 지금도 물리적 의미에서의 식민지들이 남아있는 것이 엄연한 현실이나, 제2차 세계대전을 전후하여 이전 제국주의 시대의 정치적 식민 질서는 무너졌다. 우리가 살펴볼 무대인 아프리카 대륙만 해도 1950년대 말에서 1960년대 초 사이 대부분 국가가 서구의 식민 지배에서 벗어나 독립하였다. 식민지 보유가 마치 산소 호흡과도 같이 자연스러웠던 서구의 직접적인 식민 통치는 이제 적어도 가시적으로는 완전히 과거의 것이 되었다.

따라서 우리가 이제부터 살펴볼 알베르트 슈바이처(Albert Schweitzer)와 이태석(李泰錫)이 아프리카나 세상을 바라보는 시선은 서로 다를 수밖에 없었다. 식민지 보유가 서구 제국들의 엄연한 현실이었던 시대를 살아간 슈바이처와 탈식민지적 질서가 정착했던 시대를 살아간 이태석의 시대정신이 같았을 것이라 보는 편이 오히려 이상하다. 그러나 우리나라에서는 인술을 펼쳤다고 평가받는 자국 의사들을 가리켜 흔히 '한국의 슈바이처'라 칭하면서 슈바이처와 동일시하는 관례가 있다. 이태석 역시 그가 선교 의사로서 활동했던 국가명을 취하여 '남수단의 슈바이처'라 불리곤 한다. 그렇다면 식민 질서라는 시대적 한계를 극복하지 못했던 아프리카 원시림의 성자 슈바이처는 식민 피지배의 아픈 기억이 있는 우리가 마땅히 존경할 만한 인물인가?

물론 슈바이처와 이태석을 동일선상에 놓고 액면 그대로 비교할 수는 없다. 그만큼 슈바이처는 다재다능한 인물로서 우리가 막연히 짐작하고 있는 것보다 훨씬 위대한 프로테스탄트 신학자이자 목사이자 철학자요 음악가요 의사였다. 만년에는 세계 평화에 이바지한 공로를 널리 인정받아 노벨평화상을 수상하기도 하였다. 게다가 슈바이처가 삼십 대 후반부터 영면한 90세에 이르기까지 평생을 서아프리카 가봉(당시 프랑스령 적도 아프리카)의 랑바레네에 거주하면서 자신이 직접 지은 '독터 슈바이처 병원'에서 아프리카인을 위해 헌신했다면, 이태석이 동아프리카 남수단(당시 수단 남부) 톤즈의 역시 자신이 직접 지은 '돈 보스코 병원'에서 의료선교 활동을 한 기간은 불과 7년 남짓이다. 그러나 이러한 절대적인 물리적 시간의 간극에도 불구하고 이태석은 슈바이처와 확연히 다른 양상을 보여주었다. 이를 식민주의라는 프리즘을 통해 천천히 풀어나가 보도록 한다.

2. 알베르트 슈바이처는 식민주의자였는가?

우선 지적하고 싶은 점은, 슈바이처의 희생정신, 이타성, 생명 외경 사상 등 그의 선의(善意)만큼은 의심할 필요가 전혀 없다는 것이다. 또한 그가 20대 초반에 "서른 살까지는 학문과 예술을 위해 살고, 그 이후부터는 인류에 직접 봉사하기로" 다짐한 것도 진심이었다.[3] 이미 20대에 목사이자 신학자로서 탁월한 학문적 업적을 이룩한 그가 서른의 비교적 늦은 나이에 의사가 되고자 다시 의학 공부를 시작한 것도 이 때문이었다. 그의 견해에 따르면 의사가 된다는 것은 사랑의 종교인 그리스도교 정신을 실제로 '실천'할 수 있는 길이었다. 그러나 의학 공부는 그가 해 왔던 신학과 철학 공부와는 전혀 다른 영역이었다. 졸업하기까지 수년간 피로와의 고투(苦鬪)가 이어졌다. 마침내 의사 시험에 합격했을 때 그는 꿈을 꾸고 있는 게 아니라 실제로 눈을 뜨고 있다는 사실을 수차례 확인해야 할 정도로 의학 공부가 가져다준 무서운 긴장감에 몸서리쳐야 했다.[4]

슈바이처는 아프리카에 가기로 계획한 첫 단계부터 선교사가 아니라 의사로서 가기를 원했으며 또 이를 분명히 했다. 의사가 되고 싶었던 것도 그에 따르면 별로 말을 하지 않고도 일할 수 있기 때문이었다. 한편, 본격적으로 의학 공부를 시작하기 전 단계에 이미 슈바이처는 식민주의에 대한 가장 냉엄한 비판자 중 한 사람이기도 했다. 그는 수 세기 동안 유럽인들이 '유색인'에게 저지른 불의와 잔인함이란 이루 다 말로 표현할 수 없는 것들이었다고 질책했다. 그러므로 이후 아프리카에서 보여준 슈바이처의 행적 중 일부를 과장함으로써 그를 가리켜 인종주의자 또는 인종차별주의자라고 단정하거나 비난하는 것은 분명 큰 잘못이다. 그러나 유감스럽게도 그가 제국주의 시대의 식민주의 질서를 제대로 청산하지 못한 것은 짚고 넘어갈 수밖에 없는 대목이다.

슈바이처에 대한 전기적 사실들을 일괄한 가장 최근의 슈바이처 평전을 저술한 외르만(Nils Ole Oermann)에 따르면 슈바이처는 유럽이 아프리카를 식민지화하는 것에 원칙적으로 찬성했으며, 1950년대의 아프리카 식민지 해방 운동에 대해서도 매우 비판적이었다.[5] 사실 최초 아프리카로 건너가 활동한 1910년대를 그린 슈바이처의 주저 『물과 원시림 사이에서』를 보면 떠나오기 전 유럽에서와는 다른 모습을 보이는 점을 확인할 수 있다. 비록 아프리카의 옛 전통과 권리들을 존중해야 하고 원주민을 있는 그대로 인정해야 함을 역설하고는 있으나, 서구의 식민지 운영 자체를 문제삼지는 않는다. 오히려 아래의 인용문에서도 볼 수 있듯—비교적 온건한 접근이긴 하지만—그 악명 높은 식민주의의 문명화 사명 이데올로기에 일정 정도 경도된 듯한 모습까지 드러낸다.

> *"우리 유럽 사회는 인도주의 과제를 의무로 인정해야 한다. 자원한 의사를 도움이 될 만큼 충분히 보내고 그들을 후원하여, 식민지 주민까지 의료 혜택을 누리는 그런 때가 반드시 와야 한다. 그때에야 비로소 우리에게 인류 문명의 계승자로서 주어진 흑인에 대한 책임을 깨닫고 이행할 수 있다. …… 순수하고 인간적인 성품을 유지하면서 윤택한 삶과 문화를 전하는 존재로서 자신을 지키기란, 원시림에서 살아남는 것만큼이나 어려운 일이며, 이것이 백인과 흑인 사이에 놓인 커다란 비극이다."* [6]

외르만도 지적한 바이지만, 막상 랑바레네 현지에서 원주민에게 일을 시키는 입장에 서게 되자 태도가 바뀐 것이다. 더욱이 목격자들의 증언에 따르면 슈바이처는 원주민과 함께 일을 할 때 그의 지시를 제대로 이행하지 않으면 벌로 원주민의 따귀를 때리거나 엉덩이를 걷어찼다고 한다. 가혹한 매질이 일상화되어 있던 당시 상황에 비추어 이러한 행동이 결코 심하다고 볼 수는 없으나, 확실히 열대의 성자라는 이미지를 퇴색시키는 것만은 분명했다.[7] 이는 '백인과 흑인의 관계'에 대한 슈바이처의 독특한 가부장적 시각을 통해서도 표출된다. 그는 '흑인'을 가리켜 '어린아이'와 같다고 보았다. 그리고 권위가 없으면 어린아이에게는 아무것도 가르칠 수 없다며, '흑인'에게 다음과 같은 말로써 자신의 권위를 주입하였다. "나는 당신의 형제이다. 그러나 당신의 형이다." 요컨대 그에게 있어 진정한 권위란 동생인 흑인이 형인 백인을 존경할 때 비로소 획득될 수 있는 것이었다.[8]

이러한 연장선상에서 슈바이처는 미개 부족 출신의 원주민에게 광범위한 학교 교육은 불필요하다는 결론을 내렸다. 아프리카에서 문명화의 시작은 지식이 아니라 수공예 기술과 농업이라 보았던 그는 이를 통해 높은 수순의 문화를 위한 경세적 토내를 먼저 마련할 수 있다고 생각했다.[9] 따라서 그는 원주민 의사나 간호사의 양성에 관심을 가지지 않았으며, 자신의 병원을 원주민에게 이전하려는 노력도 하지 않았다. 이러한 까닭에 슈바이처 병원의 의료진은 전부 자원봉사 형식으로 온 구미 각국의 백인들과 극소수의 일본인 또는 한국인 등 아시아인으로만 구성되어 있었다.[10] 식민주의라는 시대정신을 완전히 극복하기란 슈바이처와 같이 내로라하는 세기의 사상가에게조차 버거운 과제였던 셈이다.

이상과 같은 슈바이처의 행태는 그의 생전인 1963년 랑바레네의 슈비이처 병원을 직접 방문했던 한 한국인 여행가의 수기를 통해서도 가감 없이 드러난다. 한국의 대표적인 제1세대 세계 여행가인 김찬삼(金燦三)은 슈바이처 생전인 1963년 11월부터 12월까지 보름간 병원에 머물면서 슈바이처와 그의 병원의 실상을 관찰할 기회가 있었다. 한국인으로서는 목사이자 의사였던 이일선(李一善)에 이어 두 번째 방문자에 해당했다. 김찬삼이 아프리카 여행 중 굳이 슈바이처의 병원을 방문한 이유는 바로 슈바이처에 대한 존경심 때문이었다. 그는 일제강점기였던 중학생 시절 학교 도서관에서 슈바이처 전기를 읽은 뒤부터 슈바이처를 숭배하게 되었다. 그러나 보름간 허드렛일을 하면서 병원에 머무는 동안 그는 뭔가 석연치 않은 광경들을 목격하게 된다. 어쩌면 식민 피지배자로서의 실존적 체험이 이러한 점들을 더더욱 예민하게 느끼게 해 주었는지도 모른다. 수기 곳곳에서 그러한 의문이 꼬리를 물고 나타난다.

> "한 가지 아쉬운 점은 백인과 흑인을 너무 구별하는 듯이 보이는 것이었다. 비록 흑인이 지적 수준은 낮지만, 20, 30년 동안이나 이 병원에서 고락을 같이 하며 봉사해 왔다는 흑인 조수들에게 책임 분야가 없고 그저 백인 아래서 일할 뿐이다. 보수는 백인들처럼 물론 없으며 백인 직원에 비하여 물질적인 대우도 떨어진다. 나는 곰곰이 생각해 보았다. 박애주의자로서의 쉬바이쩌 박사님이 다스리는데

이와 같은 모순이 있을 수 있을까! 딴 원인, 즉 분에 넘치는 대우를 해 주면 흑인들 자신에게 좋지 못한 결과를 가져올지도 모른다는 생각에서 그런 것이 아닌가 하고 생각해 보기도 했으나, 어쨌든 납득이 가지 않았다. 기어이 그 까닭을 물어본다고 하면서도 기회를 놓치고 말았다."[11]

"한편, 일부 사람들은 박사님에 대하여 '민족주의에 대하여 방관적이다', '일종의 독재자다', 또 '쉬바이쩌의 인도주의에도 종말이 왔다'고 한다. 쉬바이쩌 박사님이 아니면 50년 동안을 백인들이 흑인들에게 진 부채를 갚는다고 온갖 자기의 영화(榮華)를 버리고 이런 곳에 와서 불행한 흑인들을 도울 사람이 없는데 공연히 시비만 한다. 그러나 비방하는 이들의 말에도 일리가 있을지 모른다. 보름 동안 여기서 같이 살아 보면서 느낀 것인데, 박사님도 인간이니 결함이 없지 않겠지만 그의 훌륭한 인류애와 그것을 실천하는 모습은 누구보다도 위대하다는 것이었다."[12]

"박사님의 사상은 생명의 외경, 즉 목숨을 존중하는 것인데 이것이 윤리의 본질이라고 한다. 철망에 걸린 모기까지를 살려서 밖으로 내보내는 이 박애주의! 그러나 이 병원의 짧은 생활에서 느낀 것이지만, 백인이 기르는 개, 침팬지, 고양이들은 흑인들이 좀체로 먹지 못하는 우유, 살코기 요리를 먹고 지내는 것이었다. 흑인들은 평생 이런 좋은 음식을 먹어 볼 기회가 오기 어려울 것이니 생명의 외경이야말로 결함이 있는 것이 아닌가 하는 생각이 들기도 했으며, 흑인보다는 가축들을 더 위하는 것이 아닌가 하는 의혹을 자아내게 하였다."[13]

　이러한 지적들은 같은 동료 의사로서 슈바이처 병원에 근무했던 사람들, 가령 한국인 이일선이나 일본인 다카하시 이사오(高橋功), 그리고 미국인 에드거 버만(Edgar Berman) 등의 수기에서는 찾아볼 수 없는 것이다.[14] 물론 슈바이처에 대한 존경심으로 이러한 일들을 알면서도 덮었거나 혹은 대수롭지 않은 것으로 여겼을 가능성이 있다. 김찬삼은 동료 의료진이 아닌 글자 그대로 방문객이었기에 제3자의 입장에서 좀 더 초연하게 슈바이처를 바라볼 수 있었던 듯하다.

　슈바이처의 식민주의와 식민지에 대한 시각은 시간의 흐름에 따라 조금씩 변해 갔다. 1920년대의 그는 서구의 식민지 유지가 불가피하다고 여겼다. 식민지가 독립하면 필연적으로 동족에 의한 노예화로 이어질 것이고, 이렇게 되면 서구가 아프리카에 저지른 죄과를 보상해 주지 못할 것이라고 보았기 때문이다. 따라서 그는 서구가 식민지를 독립시키지 않고 계속 통치하되 그 통치권을 원주민의 행복을 위해 행사함으로써 도덕적 정당성을 통치권에 부여하면 된다고 판단했다.[15] 이러한 시각은 현실 정치의 관점에서 보면 상당히 순진하고 이상적이다. 그러나 그는 정치적인 문제를 윤리적인 문제로 바꿈으로써 식민 통치를 일종의 '속죄' 행위로 승화시키고자 했다.[16] 실제로도 그는 아프리카인들을 착취하거나 수탈하지 않고 대신 치료해 주었다.

만년에 이르러 슈바이처는 식민지의 독립 자체까지 거부하지는 않았던 듯싶다. 다만 독립이라는 것을 '점진적인 과정'으로 보고자 했던 탓에 식민주의를 지지한다는 비난에 직면해야 했으며, 스스로도 이러한 사실을 알고 있었다.[17] 그러나 외르만의 언급대로 아프리카인들에 대한 슈바이처의 기본 입장은 긍정적이었다. 그저 오랜 세월에 걸친 "수많은 업무상의 좌절이 그를 '늙은 아프리카인'으로 만들었을 뿐이다."[18] 문제는 근대 서구의 현실 식민주의가 피지배자를 문화적으로 배려하지 않았다는 특징을 가지고 있었다는 점이다. 문화적 우월성에 대한 확신을 근거로 이교도 전도, 야만인의 문명화, 백인의 짐(the White Man's burden) 등의 수사를 앞세워 폭력으로써 소수가 다수를 지배하고자 했다. 또한 그것은 "하나의 사회 전체가 자체의 역사 발전의 기회를 박탈당하고 타인에 의해 조정"되는 일방적인 관계이기도 했다.[19] 이러한 점에서 슈바이처의 식민지와 아프리카인에 대한 윤리적 접근 및 그의 선의는 분명한 시대적 한계를 안고 있는 것이었다.

3. 이태석은 탈식민주의자였는가?

이태석이 직접 공사하여 정비한 톤즈 학교

　　이태석은 일제의 식민 피지배를 당한 경험이 있는 한국에서 1962년에 태어나 탈식민주의 시대를 살았다. 식민주의의 극성기를 살아갔던 슈바이처와는 당연히 시대 경험이 다르고 시대정신도 다를 수밖에 없었다. 그러나 그렇다 해서 그에게서 탈식민주의자로서의 정치적 각성이나 저항 의식을 찾는 것은 무리이다. 이미 식민 피지배를 벗어나 독립을 이루었고, 내전(內戰)을 거쳐 분단이라는 냉전 질서가 정착한 지역에서 성장한 그에게 일찍부터 탈식민주의자라는 구체적인 자각을 기대하는 것은 아마도 지나친 처사일 것이다. 훗날 비록 내전이 한창이던 아프리카 수단 남부에서 선교 의사로 활동했다고는 하나, 그는 어쨌든 피지배자로서 고통받은 남수단인도 아니었고, 남수단 독립 전쟁의 당사자도 아니었다. 따라서 가령 탈식민주의의 계보를 논할 때 흔히 거론되는 대표적 인물인 알제리의 정신과 의사이자 독립투사 파농(Frantz Fanon) 같은 인물을 이태석과 동일선상에 놓고 비교해서는 곤란하다. 요컨대 이태석은 포스트모더니즘에 포획되기 이전 반식민적 민족주의라는 '저항'으로서의 탈식민주의 담론의 담지자가 아니라는 얘기다.

　물론 이태석은 신군부가 쿠데타로 정권을 장악한 1980년대에 의과대학에 재학했던 까닭에 그 시절 대학가 시대 정신의 영향을 간접적으로라도 받지 않을 수 없었다. 이른바 운동권 논리의 기반인 민족주의와 반식민주의, 반미(反美)-반제국주의, 그리고 마르크스-레닌주의 등이 그것이다. 그래서인지 그는 말년에 처음으로 미국에 갈 기회가 주어졌을 때 이를 그리 달가워하지 않았다. 그것은 일종의 "막연한 반미 감정"에서 비롯된 것이었다.[20] 그러나 그렇다고 사회의 시내 정신에 무조건 경도되거나 설득당하지 않았던 것은 그의 정신적 뿌리가 가톨릭 신앙과 교회에 있었기 때문이다. 또한 10남매 중 아홉째라는 태생적 위치와 홀어머니 밑에서 성장하며 느낀 가난도 역설적으로 그가 시대 정신에 휩쓸리지 않는 방파제가 되어 주었다. 이태석이 남긴 유일한 저서 『친구가 되어 주실래요?』를 보면 어린 시절의 가난에 대한 기억과 함께 사제의 길을 가기로 했을 때 그를 괴롭혔던 이머니에 대한 미안한 감정이 곳곳에 드러난다. "10남매의 학교 공납금을 대기도 빠듯했던 집안 형편" 가운데 늘 가난과 함께하던 그였지만, 교회라는 울타리와 홀어머니에 대한 측은지심이 시대 정신이라는 파고로부터 그를 지켜주었다고 할 수 있다.[21]

이태석은 정치적 맥락에서든 의식적 차원에서든 탈식민주의자가 아니었다. 그러나 한국을 떠나 남수단 톤즈로 간 뒤의 행적을 살펴보면 식민주의의 한계를 벗어나지 못한 슈바이처와 비교되는 탈식민주의자, 요컨대 후기 식민주의자로서의 면모를 자연스럽게 확인할 수 있다. 그런데 그 배경에는 일찍이 1960년대부터 진행되었던 가톨릭교회 내부의 개혁 운동이 자리하고 있었다. 이태석이 태어난 해인 1962년부터 1965년까지 4년간 진행되었던 제2차 바티칸 공의회가 그것으로, 공의회 개최의 목적은 시대의 흐름에 맞춰 교회를 '쇄신하고 적응'시키는 데 있었다. 그리고 그 결과 중 하나로서 비그리스도교에 대한 존중을 바탕으로 다른 종교의 신봉자들과 대화하고 협력하는 길이 열렸다. 나아가 교회는 보편적 형제애에 기반하여 인종, 피부색, 신분, 종교에 따른 모든 인간 차별과 박해를 배척한다고 선언했다.[22] 이는 공의회가 비그리스도교에 대한 구원의 '가능성'을 인정했음을 시사하는 것으로 그 파장은 실로 컸다. 즉, "비그리스도교 종교들 역시 그들의 제도 안에서 비그리스도교인들을 위한 긍정적인 구원 역할을 수행할 수 있다"는 신학적 사고가 가능해진 것이다.[23]

이러한 지평의 확장은 단순히 가톨릭교회가 시대 정신과 '타협'했음을 의미하는 것이 아니었다. 교회는 그럼에도 불구하고 그리스도를 선포하고 또 끊임없이 선포해야 한다고 재차 강조하고 있기 때문이다. 그러나 제2차 바티칸 공의회의 개최로 인해 가톨릭교회는 적어도 선교에 있어서만큼은 그 이전과 같은 행태를 답습하는 것이 사실상 불가능해졌다. 공의회 이전의 관점에서 보면 비그리스도교인들이란 오직 복음의 선포를 통해서만 구원을 받을 수 있을 따름인 사악한 이교도의 무리, 어둠 속에서 헤매는 무리에 불과했다. 공의회의 비그리스도교에 대한 선언은 식민주의의 잔재라 할 수 있는 문화적 배타주의, 인종적 우월주의에 입각한 과거의 수직적 선교 방식을 일소하는 것이었다. 이태석의 수평적 선교 방식은 제2차 바티칸 공의회의 정신과 잘 어울린다. 원주민을 함부로 대하지 않았으며, 대등한 입장에서 진심으로 존중하고 아끼고 사랑했기 때문이다. 그리고 그것은 마침 아프리카의 수많은 국가가 서구로부터 독립을 쟁취했던 1960년 전후의 시대상과도 부합하는 것이었다. 즉, 탈식민지 시대, 곧 식민주의 이후라는 섬에서 탈식민주의, 곧 후기 식민주의의 선교 정신을 보여준다고 할 수 있다.

실제로도 이태석은 후배 수사와 주고받은 한 편지에서 "…선교 지역에선 다른 문화들(선교 지역 사람들의 문화와의 차이나 같이 살 다른 선교사들의 문화 차이)이나 사고 차이들을 되도록 긍정적으로 받아들여야 하기 때문에, 선교사들에겐 열려있는 마음, 남을 판단하지 않고 쉽게 받아들일 수 있는 너그러운 마음들이 필요합니다"라 하여 이러한 정신을 잘 드러내 보이고 있다.[24] 그러한 가운데에서도 그는 그리스도교의 이른바 토착화에 대하여 "시간이 얼마나 걸릴지 몰라서 대단한 인내심이 필요하겠지만 결국 그리스도교 정신을 이곳의 문화에 뿌리내리게 하는 일이 올바른 토착화라는 것을 잊고 싶지는 않다"라 하여 시종 제2차 바티칸 공의회의 그리스도 선포 정신에 충실하였음을 알 수 있다.[25]

이태석의 탈식민성은 슈바이처와 비교를 통해 더 구체적인 확인이 가능하다. 우선 이태석의 선교지 남수단은 2011년 수단으로부터 독립한, 아프리카에서는 가장 최근의 신생 독립국에 해당한다. 2010년 선종한 이태석은 생전 남수단의 독립을 목격하지는 못하였다. 그러나 1983년부터 2005년까지 무려 22년간 지속되었던 제2차 수단 내전이 2005년 1월 평화협정 체결로 종식되어 수단 남부의 자치가 보장된 순간의 환희만큼은 만끽할 수 있었다. 내전은 수단 남부에서 대략 200만 명의 인명을 앗아갔을 정도로 참혹했기 때문이다. 이태석은 마침내 평화의 시대가 도래했음을 축하하고 기념하기 위해 당장 「슈크란 바바(Shukuran Baba)」라는 제목의 곡을 작사, 작곡하여 오라토리오 음악반 학생들이 연주하게 했다. '슈크란 바바'란 '하느님 감사합니다'라는 의미의 아랍어이다.[26] 한편, 1875년부터 1965년까지 구십 평생을 제국주의와 식민주의의 극성기 가운데 살아갔던 슈바이처는 생전인 1960년 선교지였던 가봉의 독립을 목격하였다. 1960년은 아프리카에서 가봉을 포함한 17개의 국가가 한꺼번에 독립한 해로서 흔히 '아프리카의 해(Year of Africa)'라 불린다. 그러나 슈바이처는 아프리카의 정치적 문제에 대한 기자들의 질문에는 언제나 말을 흐리고 교묘하게 화제를 돌리는 식으로 대응했다. 비록 오랜 기간 아프리카에서 살았지만, 병원이 있는 랑바레네 이외엔 거의 알지 못한다는 식이었다.[27]

다음으로, 이태석의 선교는 톤즈 살레시오 공동체 내에서 사목 외에 크게 병원, 학교, 음악이라는 세 가지 방향으로 추진되었다.[28] 그리고 그 바탕에는 톤즈의 원주민들을 대하는 그의 입장, 곧 사랑과 나눔과 섬김이라는 수평적 비권위주의가 깔려 있었다. 자신과 원주민을 친구라는 동등한 위치에 놓고 보았으며, 슈바이처와 같이 우월한 형의 위치에 서서 권위를 인정받고자 하지 않았다. 이러한 정신은 남수단 사회의 가장 밑바닥에서 가난과 질병과 고통으로 비참하게 살아갔던 한센인들을 대하던 그의 태도를 통해서도 알 수 있다. 그는 한센인들을 가리켜 "조그마한 것에도 감사를 느끼고 그것을 표현할 줄 아는 능력"의 소유자라며 그들을 몹시도 아꼈다.[29] 심지어 톤즈에 유난히 많은 한센인들을 위해 톤즈 외곽 자동차로 30분이 채 걸리지 않는 지역에 마을을 따로 조성해 주기도 했다. 그리고 그들이 형편없이 뭉개진 손과 발 상태로는 병원에 찾아올 수 없음을 알고 틈나는 대로 방문해서 치료해 주고 옷도 나누어 주곤 했다.[30] 마을로 직접 환자를 찾아가는 수고를 마다하지 않은 것이다. 자동차를 이용한 이러한 이동 진료, 즉 왕진은 병원 중심이었던 슈바이처와 비교하면 철저하게 환자 중심적인 태도라 할 수 있다. 슈바이처도 한센인들을 위한 병원을 별도로 지었지만 어디까지나 병원 중심이었고, 환자들을 직접 찾아다니지는 않았다.

이태석은 나아가 매주 수요일을 정기적인 이동 진료일로 정하고 자동차로 각 종족의 마을을 방문하였다. 목적은 단순했다. "운영하는 병원을 찾아오기 위해 하루나 이틀, 또는 삼사일을 걸어야 하는 환자들의 불편을 조금이나마 덜어 주기 위해"서였다.[31] 비록 가봉의 빽빽하고 습한 열대우림 지역에서 활동했던 슈바이처와 달리 남수단의 사바나 초원 지역에서 활동했다는 기후대의 차이, 그리고 자동차라는 문명의 이기를 적극적으로 활용했다는 차이가 이러한 결과를 빚어냈다고 볼 수도 있겠지만, 그럼에도 원주민과 늘 일정 거리를 유지하며 병원 중심의 수직적 사고를 한 슈바이처와 원주민을 격의 없이 대하며 환자 중심의 수평적 사고를 한 이태석 사이에는 큰 간극이 있을 수밖에 없었다.

이러한 간극은 원주민의 교육에 대한 시각에서도 드러난다. 앞서 살펴본 대로 슈바이처는 원주민의 학교 교육이 불필요하다고 보았고, 따라서 자신의 뒤를 이을 원주민 의사 후계자를 양성하려고 노력하지 않았다. 반면 이태석은 달랐다. 그가 청소년 사목과 교육을 중심으로 하는 살레시오회 소속 사제였다는 점을 감안하더라도 그는 남다른 열정과 의지로써 톤즈 청소년들의 학교 교육 정상화를 위해 심혈을 기울였다. 다닐 학교가 없어 온종일 빈둥거리며 거리를 배회하는 톤즈의 청소년들에게서 미래나 희망을 찾아볼 수 없음을 깨달은 그는 톤즈에 부임하자마자 곧

학교 교육을 서둘렀다. 그리하여 내전 중 폭격으로 폐허가 된 살레시오회 돈 보스코 학교 건물을 재건축해 나갔으며, 선교 후반기였던 2007년에는 마침내 초·중·고등학교 12년 체계를 완성해 낼 수 있었다.[32] 또한 당장 교사를 구하기 힘들어 이태석 본인이 고등학교 수학 수업을 담당하기도 하였다.[33] 그리고 이태석은 백인 의료진 최우선으로 병원 인력을 구성했던 슈바이처와 달리 병원 주변 80개 마을에서 의료 보조원으로 일할 만한 사람을 직접 뽑아 가르치고 간단한 시험을 통과하면 해당 마을의 의료 보조원으로 임명하였다.[34] 나아가 원주민 의사 양성에도 관심을 가지고 제자 가운데 두 명을 선발하여 모교인 부산의 인제대학교 의과대학에 유학시켰으며, 이 두 사람은 이태석 선종 이후에도 학업에 정진하여 결국 의사의 꿈을 이루었다.

　　이태석에게 특기할 만한 점은 병원 진료, 학교 교육 외에 음악으로써 선교 활동을 하였다는 것이다. 어린 시절부터 음악에 남다른 재능을 보였던 그는 22년간 지속된 내전으로 심신이 피폐해진 청소년들의 영혼을 치유할 목적으로 음악을 활용하였다. 장기간의 전쟁으로 상처 입은 청소년들에게 총 대신 악기를 쥐여 주고 음악을 통해 상처를 어루만져 치료해 주고자 함이었다. 살레시오회의 창립자 돈 보스코(Don Bosco) 성인의 '음악이 없는 오라토리오는 영혼 없는 육신'이나 다름없다는 정신을 좇아 출발한 톤즈의 오라토리오 음악반은 훗날 35명으로 구성된 브라스밴드부로 성장하였다. 음악이 청소년 사목 및 교육과 일체화한 것이다. 이는 확실히 슈바이처의 음악 활동과는 비교될 만한 것이다. 전문 파이프 오르간 연주자이자 제작자이면서 또한 바흐(Johann Sebastian Bach)를 연구하여 전문 학술서를 출간했을 정도로 음악에 조예가 깊었던 슈바이처는 유럽에서의 파이프 오르간 연주회와 강연회 등을 통해 병원 운영과 생활에 필요한 비용을 직접 조달하였다. 그러나 이태석과 달리 랑바레네의 원주민들을 위해 음악을 활용하지는 않았다. 랑바레네에서는 그저 자신의 지친 심신을 달래고, 영혼을 고양하고, 파이프 오르간 연주 실력을 유지하기 위한 목적으로 혼자 피아노를 연주했을 따름이다.

정리하면, 제2차 바티칸 공의회 이후의 시대를 살아간 이태석은 선교에 있어서 그 이전의 식민주의적 태도였던 배타주의, 우월주의, 진보주의, 인종주의 등으로부터 자유로울 수 있었다. 주어진 살레시오 공동체 환경 내에서 최대한 톤즈의 원주민들과 교류하면서 환자 중심의 수평적 사고로써 청소년 학교 교육과 음악적 치유를 시도했다는 점에서 슈바이처와 달리 탈식민주의, 후기 식민주의적 태도를 보인 사목자요 선교 의사였다고 할 수 있다. 정치적으로 각성한 저항적 맥락에서의 반식민적 민족주의자는 아니었으나, 지금까지 살펴본 대로 그의 사목과 의료선교 활동을 통해 자연스럽게 탈식민주의자이자 후기 식민주의자로서의 면모가 드러나는 것이다.

4. 그러면 너희는 나를 누구라고 하느냐?

이태석은 사람들로부터 왜 신부가 될 결심을 했는지, 그리고 왜 아프리카까지 갈 생각을 했는지에 대한 질문을 자주 받았다. 이에 대해 이태석은 저서를 통해 다음과 같이 답변하였다.

"이런 질문을 받고 나면 돌아서서 혼자 스스로에게 다시 질문을 해 보지만 특별하게 딱 부러지는 답을 찾기가 힘들다. 정말 특별한 이유가 없기 때문이다. 그냥 어릴 때부터 그렇게 살고 싶다는 생각을 해 왔고 지금 그렇게 살고 있을 뿐이기 때문이다. 하지만 가만히 생각해 보면 내가 그렇게 생각을 할 수 있었던 것은 크게 작게 나에게 영향을 끼친 내 주위 사람들의 아름다운 삶의 향기들 때문이 아닌가 싶다.

'가장 보잘것없는 형제 한 사람에게 해 준 것이 곧 나에게 해 준 것이다.'는 예수님의 말씀도 그랬고, 모든 것을 포기하고 아프리카 원주민들이 사는 마을로 들어가 의사로서 정신적인 지도자로서 평생을 바친 슈바이처 박사도 그랬다. 그리고 어릴 적 집 근처에 있었던 '소년의 집'에서 가난한 고아들을 보살피고 몸과 마음을 씻겨 주던 소 신부님과 그곳 수녀님들의 헌신적인 삶의 모습도 그랬으며, 일찍이 홀로 되어 덜렁 남겨진 10남매의 교육과 뒷바라지를 위해 눈물을 뒤로한 채 평생을 희생하신 어머님의 고귀한 삶도 내 마음을 움직이게 한 아름다운 향기였다."[35]

이 발언을 주의 깊게 살피고, 또 그 밖의 이태석에 관한 연구를 종합해 보면 그에게는 생애 시기별로 일종의 역할모델이 존재했음을 짐작할 수 있다. 생애의 시종(始終)을 가톨릭교회의 자장 안에 머물렀던 만큼 가장 중요한 역할모델은 역시 예수 그리스도일 수밖에 없었을 것이다. 이태석의 발언에 따르면 슈바이처 역시 그의 역할모델 중 한 사람인데, 이는 한국에서 의사뿐 아니라 그 누구라도 인술의 대명사라 하면 흔히 슈바이처를 떠올리게 마련이므로 관례적인 발언이라 보아도 무방할 것이다. 이제 남는 사람은 세 사람이다. 그 가운데 일찍이 어머니로부터는 희생정신을 배웠고, 나머지 두 사람으로부터는 선교사로서 실제로 어떠한 길을 갈 것인가에 대한 구체적인 정신을 배웠다. 이 두 사람은 모두 가톨릭 신부인데, 앞서 발언에서 이태석이 '소 신부님'이라 표현한 소알로이시오(Aloysius Schwartz) 신부와 살레시오회의 창립자 돈 보스코 성인이다. 두 사람의 공통점은 각각 한국과 이탈리아에서 사목했다는 지역적 차이에도 불구하고 모두 특히 어린이와 청소년 사목에 심혈을 기울였다는 데 있다.

　소알로이시오 신부는 1957년 미국에서 한국으로 건너와 이태석이 살던 부산 송도 일대에서 가난한 이들을 위한 구호 사업을 펼쳤다. 송도성당의 주임신부이기도 했던 그는 전쟁으로 폐허가 된 한국 땅에 병원을 짓고 학교를 세웠다. 어린 시절 이러한 광경을 지켜보았던 이태석이 소알로이시오의 삶을 자기 삶의 본보기로 삼아 훗날 세상에서 가장 위험하고 가장 가난한 나라였던 수단으로 건너가 역시 병원을 짓고 학교를 세운 것은 자연스러운 결과였는지도 모른다.[36] 또한 이태석은 자신이 소속된 살레시오회의 창립자인 돈 보스코 성인을 닮고자 최대한 노력했다. 살레시오회 소속 사제라면 누구나 창립자인 돈 보스코의 길을 걸으려 노력한다. 톤즈의 살레시오 공동체와 오라토리오에서 이태석이 어린이, 청소년들과 진심으로 즐겁게 어울릴 수 있었던 데에는 청소년의 친구이자 스승이자 아버지였던 돈 보스코의 영향이 절대적이었다 할 수 있다. 그러한 점에서 한국 살레시오회에서는 이태석을 가리켜 '수단의 돈 보스코'라 칭하기도 한다.[37]

이러한 여러 사람의 영향, 곧 향기 가운데 성장해 간 이태석은 결국 자신만의 아름다운 향기를 낼 수 있었다. 그러한 점에서 사실 이태석에게는 어떠한 수식어도 필요치 않다. 그는 그 누구도 아닌 바로 이태석 자신이기 때문이다.

한센인 마을 아이들과 함께

주석

식민주의 관점에서 본 이태석

1. 고부응 외, 『탈식민주의: 이론과 쟁점』, 문학과지성사, 2003, 6쪽.
2. 고부응 외, 『탈식민주의: 이론과 쟁점』, 23~58쪽.
3. 알베르트 슈바이처, 『나의 생애와 사상』, 천병희 옮김, 문예출판사, 1991, 100쪽.
4. 알베르트 슈바이처, 『나의 생애와 사상』, 125쪽.
5. 닐스 올레 외르만, 『슈바이처: 생명을 위해 삶을 던진 모험가』, 염정용 옮김, 텍스트, 2012, 255쪽, 269쪽.
6. 알베르트 슈바이처, 『물과 원시림 사이에서』, 배명자 옮김, 21세기북스, 2009, 14쪽, 201쪽.
7. 닐스 올레 외르만, 『슈바이처: 생명을 위해 삶을 던진 모험가』, 259~262쪽.
8. 알베르트 슈바이처, 『물과 원시림 사이에서』, 195~197쪽.
9. 알베르트 슈바이처, 『물과 원시림 사이에서』, 185쪽.
10. 김찬삼, 『김찬삼의 세계여행 4: 아프리카』, 삼중당, 1976, 220쪽.
11. 김찬삼, 『김찬삼의 세계여행 4: 아프리카』, 221쪽.
12. 김찬삼, 『김찬삼의 세계여행 4: 아프리카』, 222쪽.
13. 김찬삼, 『김찬삼의 세계여행 4: 아프리카』, 223~224쪽.
14. 이일선, 『인간 슈바이처: 슈바이처 방문기』, 聖路學會, 1961; 다카하시 이사오, 『슈바이처 박사와 더불어』, 지명관 옮김, 경지사, 1962; Edgar Berman, *In Africa with Schweitzer*, New Horizon Press, 1986.
15. 알베르트 슈바이처, 『나의 생애와 사상』, 213쪽.
16. 알베르트 슈바이처, 『나의 생애와 사상』, 219쪽.
17. Edgar Berman, *In Africa with Schweitzer*, p. 137.
18. 닐스 올레 외르만, 『슈바이처: 생명을 위해 삶을 던진 모험가』, 269쪽.
19. 위르겐 오스터함멜, 『식민주의』, 박은영·이유재 옮김, 역사비평사, 2006, 32~33쪽.
20. 『친구가 되어 주실래요?』, 229쪽.
21. 『친구가 되어 주실래요?』, 33쪽.
22. 비그리스도교와 교회의 관계에 대한 선언(*Nostra aetate*), 1965.
23. 칼 라너, 「제2차 바티칸 공의회의 영속적 의미」, 김태균 옮김, 『신학전망』 제190호, 광주가톨릭대학교 신학연구소, 2015, 255쪽.

24 백광현, 「돈 보스코 정신과 이태석 신부」, 『톤즈의 돈 보스코 이태석 신부의 삶과 영성 심포지엄 자료집』, 한국천주교살레시오회, 2011, 19쪽에서 재인용.

25 『친구가 되어 주실래요?』, 31쪽.

26 『신부 이태석』, 201~203쪽.

27 다카하시 이사오, 『슈바이처 박사와 더불어』, 252쪽.

28 『친구가 되어 주실래요?』, 8~10쪽.

29 『친구가 되어 주실래요?』, 74쪽.

30 박진홍, 『톤즈를 웃게 한 사람』, 바오로딸, 2019, 84~85쪽.

31 『친구가 되어 주실래요?』, 69쪽; 박진홍, 『톤즈를 웃게 한 사람』, 68쪽.

32 『신부 이태석』, 219쪽.

33 『친구가 되어 주실래요?』, 136쪽.

34 『신부 이태석』, 183~184쪽.

35 『친구가 되어 주실래요?』, 179~180쪽.

36 안동권, 『소 알로이시오 신부 평전』, 책으로여는세상, 2020, 218~219쪽.

37 백광현, 「돈 보스코 정신과 이태석 신부」, 『톤즈의 돈 보스코 이태석 신부의 삶과 영성 심포지엄 자료집』, 25~26쪽.

모든 날이 좋았습니다
행복한 사람 이태석

2부
함께 걷는 길

친구합시다, 이태석 신부님!
김태만 한국해양대학교 동아시아학과 교수

**내가 아는 아프리카의 두 신부,
샤를르 드 푸코와 이태석**
임기대 부산외국어대학교 프랑스어전공 교수

가르침을 아는 사람, 교육실천가 이태석
오현석 부산대학교 국어교육과 교수

모든 날이 좋았습니다
행복한 사람 이태석

김태만 한국해양대학교 동아시아학과 교수

중국 베이징대학에서 박사학위를 수여하고, 한국해양대학교 교수로 재직 중이며, 국립해양박물관장을 역임했다. 한겨레부산국제심포 기획운영위원장, 문재인 정부 대통령직속 정책기획위원, 국가균형발전위원회 자문위원, 부산광역시 문화예술위원회 위원, 문화예술협동조합플랜비 이사장, 영도문화도시 공동대표, 북항재개발 라운드테이블 운영위원장, 북항통합개발추진협의회 위원 등을 역임했다.

「시진핑의 '중국몽(中國夢)'과 문화강대국의 길」「시진핑(習近平)의 문화정책과 '일대일로(一帶一路)'의 문화전략」 등 다수의 논문과 『중국영화로 만나는 현대중국』, 『중국에게 묻다』, 『파미르의 밤』, 『홀로 문을 두드리다 : 오늘의 중국 문화와 예술 들여다보기』, 『다시 루쉰魯迅에게 길을 묻다』, 『해양인문학 : 다시 생각하는 해양문명과 해양성』 등 저역서가 있다.

친구합시다, 이태석 신부님!

김태만
한국해양대학교 동아시아학과 교수

1. 이태석이 내게로 왔다

　TV에서 <울지마 톤즈>를 보고 나서였다. 이름조차 생소한 수단(Sudan)이라는 나라의 후미진 마을 톤즈(Tonj)의 청년들로 구성된 브라스밴드의 공연 모습은 성스러운 기적이었다. 선교를 위해 톤즈에 발을 디디긴 했지만, 우연이라 설명하기는 힘든 필연이었다. 성령의 이끌림으로 도달한 톤즈의 청년들에게 선교보다 시급한 것이 오랜 내전으로 인한 상처의 치유임을 깨닫고 조직한 브라스밴드다. 악기의 가격이나 연습 기간을 따지거나 선율의 질을 평가한다는 것 자체가 사치다. 까만 피부에 초롱초롱한 눈망울을 한 30여 명의 톤즈 청년들이 이루어 내는 선율의 하모니는 오래도록 잊히지 않는 감동과 흥분이었다.

수업 중 학생들과 강물에 뛰어들어 더위를 식히는 모습

이태석이 누구인지 궁금했다. 이리저리 자료를 찾고 뒤져 보니 이미 2010년 1월 14일에 방영한 후였다. 다큐영화 <울지마 톤즈>를 제작한 구수환 PD조차 <한민족 리포트>[1]에서 소개된 영상과 여타의 개인 소장자로부터 받은 영상 등을 재가공해 <울지마 톤즈>를 제작했다고 했다. 다큐 영상만으로 이태석을 이해하는 데는 한계가 있었다. 어렵지 않게 찾아본 이력을 알고 나서 더욱 친근감을 느꼈다. 나보다 한 살 아래인 1962년생으로 거의 동년배나 마찬가지에다 부산의 경남고등학교 출신이었다. 부산고등학교를 졸업한 나로서는 과거의 명문 고등학교 출신이라는 비슷한 처지의 동질감이 더 크게 느껴졌다.

이태석을 좀 더 알고 싶은 욕심에 구수환 PD를 초청했다. 한국해양대학교『월드비전특강』은 매주 한 명의 명사를 초청해 전교생을 대상으로 여는 인문교양 강의다. 주로 사회, 문화, 예술, 정치 등 다양한 분야의 명사를 초청해 학생들의 세계관에 선한 영향력을 미치자는 취지다. 구수환 PD 역시 청년 학생들에게 이태석을 알릴 좋은 기회라 여겨 흔쾌히 강의에 응했다. 2016년 6월 1일, 한국해양대학교 시청각동에서 열린 <내 마음을 움직인 아름다운 향기>[2]라는 주제의 강연은 감동적이었고, 학생들의 반응도 뜨거웠다.

구수환 PD는 사회적 파장이 만만찮았던 KBS <추적60분> 제작으로 명성이 높았다. <추적60분> 700회를 넘기며, "사회고발을 넘어 감동을 통한 사회변화로 전환할 필요성"을 느껴 "'성공한 삶', '행복한 삶'이 무엇인지를 보여주는 프로그램을 구상하던 차, 이태석을 알게 되어 『울지마 톤즈』를 제작했다"고 한다. "세상에서 가장 가난하고 20년 동안 전쟁이 지속된 수단에서 8년 동안 고통받는 주민들을 위해 헌신하다 선종하신 이태석 신부님을 수복했다." 그가 이태석을 만난 건 이태식 신부 신공 이후였다. 그럼에도 불구하고 이태석의 삶을 통해 선한 영향력을 미칠 수 있다면 반드시 다큐영화를 제작해야 한다는 일념으로 주변을 샅샅이 수소문해 자료와 영상을 발굴했다고 한다. 이태석의 행적을 추적하고 추가 영상을 확보하기 위해 톤즈 방문도 마다하지 않으며 『울지마 톤즈』를 어렵사리 제작했다. 다큐는 2011년 설 특집으로 TV에 방송되었고, 국민적 감동을 일으켰다. 맨발의 한센인들에게 맞춤 신발을 만들어 신겨준 헌신적 사랑, 전쟁의 참상으로 상처받고 피폐한 톤즈 청년들의 치유와 공동체의식 회복을 위해 조직한 브라스밴드 활동, 절대적인 전력 부족 상황에서도 페니실린을 위한 냉장고와 학생들 공부방의 전구를 위해 모든 전력을 집중할 정도로 실천적이고 헌신적인 교육 등을 감동 포인트로 강조하면서 구수환은 『울지마 톤즈』를 관통하는 하나의 키워드로 "사랑의 힘"을 제시한다. 가난한 사람들에 대해 '헌신'하면서도 겸손한 자세로 '경청'하는 이태석의 태도는 '섬김'의 모습이 어떠해야 하는지를 보여준다. "너희가 내 형제들인 이 가장 작은 이들 가운데 한 사람에게 해준 것이 바로 나에게 해준 것이다."[3]라는 성경 말씀을 실천하는 이태석의 삶이 더 널리 퍼져나간다면 우리 사회가 좀 더 따뜻해지지 않을까 하는 큰 염원이 영상에 담겨 있었다.

    그후 나는 이태석의 생가를 찾았다. 그를 좀 더 가까이 느끼기 위해서였다. 나야 냉담자이지만 모태신앙인 내 아내와 유아세례를 받은 아들과 함께여서 남다른 의미가 있을 듯했다. 송도에서 천마산 쪽으로 좁다랗고 가파른 구불구불한 골목길을 한참 올라가면 송도성당이 나온다. 송도성당을 등지고 앉은 자그마한 마을이 이태석이 태어나 뛰놀던 동네다. 원래 꼭 같은 모양의 50가구가 계획적으로 지어져 조성된 동네였고, 세월이 지나면서 부수고 다시 짓거나 해서 변형되긴 했지만 원형의 느낌을 느낄 수 있는 고즈넉한 동네다. 내가 가족들과 찾은 때는 이태석신부기념관이 아직 조성되기 전이었다. 생가터임을 알리는 입간판이 서 있는 낮은 지붕의 양옥집 한 채가 독립되어 있어 옛 분위기를 느낄 수 있었다. 마치, "태석아~" 하고 부르면 소년 이태석이 뛰어나와 깔깔거리며 어깨동무라도 할 것 같았다.

나는 이유 없이 이태석에 끌리고 있었다. 나와 동시대 사람이면서 보통 사람들이 감히 이룰 수 없는 사랑의 힘을 발휘하며 수많은 기적을 이룬 이태석이 머리 속을 떠나지 않고 자꾸 맴돌았다. 다시 이태석을 호출해 만나고 싶었다.

당시 나는 일반인을 대상으로 개설한 <국립한국해양대학교 인문학아카데미>를 운영하고 있었다. 학생도 학생이지만, 기업을 하거나 사회지도층 인사들에게 이태석을 알리면 좋겠다는 생각에 아카데미 원우들에게 이태석의 자취를 소개하고 싶었다. 수소문 끝에 당시 기장요양병원장으로 봉직 중이던 양종필 원장을 소개받아 이태석 특강을 요청했다. <부산에서의 이태석, 의미는 무엇인가?>[4]라는 주제의 강의가 진행됐고, 원우들은 '부산 사람 이태석'의 소환에 흠칫 놀라는 인상이었다. <울지마 톤즈>에 이어 상영된 <슈크란 바바> 등의 영상으로 말문을 연 양종필 원장은 근대 초기 우리나라에 들어와 선교(의료 선교 포함)한 외국 선교사들에 대한 이야기로 시작해, 1962년 송도성당에 부임한 알로이시오(Aioysius Schwartz : 1930~1992) 신부, 지금은 철거되고 SK뷰 아파트가 들어선 용호동 한센인 마을을 설립해 한센인들을 구제한 멕켄지(Mackenzie : 1865~1956) 신부와 일신기독병원을 운영한 그의 두 딸 헬렌(Helen : 1913~2009)과 케더린(Catherine : 1915~2005) 등을 예로 들면서 이제 우리는 의료원조를 받는 처지에서 해외로 의료 봉사를 나가는 처지로 성장했다며 이태석을 예로 들었다. 양종필 원장은 이태석과 인제대 의대를 동문수학한 둘도 없는 단짝 친구로 누구보다도 이태석을 잘 아는 사람이었다. "이태석이 나의 종교"라는 그는 여전히 "왜, 이태석이 신부가 되었는지", "왜, 살레시오수도회로 들어갔는지", "왜, 남수단 톤즈로 갔는지" 그리고, 지금 "왜, 이태석이 신드롬이 되었는지"를 질문거리로 던졌다. 그는 이태석에서 희망의 길을 보았고, 이태석이 길이 없는 곳에 희망을 놓았다고 말했다. 이태석이 뿌린 씨가 토마스, 존, 아순타 등 50명의 수단 의사를 탄생시킨 것만으로도 희망을 증명하고도 남는다는 것이다. 아이들이 성장하면서 새로운 세상을 만들어가기 때문이다. 흔히 이태석을 슈바이처에 견주는데 이는 부당한 비유라고 한다. 슈바이처가 제국주의적 자세로 흑인들을 대상화한 의사인 반면, 이태석은 섬김의 자세와 공유 및 공감으로 가난하고 헐벗은 톤즈 사람들과 혼연일체된 의사였다는 점이 큰 차이다. 즉 슈바이처를 이태석에 비유하기에는 범접불가의 태도와 자세가 확연히 구분되므로 비교 자체가 부당하다.

이태석이 남긴 사랑과 헌신의 감동은 지금도 신드롬으로 전해진다. <KBS 한민족 리포트—아프리카에서 찾은 행복: 수단 이태석 신부>(2003.12.29.) 이후, <울지마 톤즈>(2015.3.30), <울지마 톤즈 2 : 슈크란 바바>(2019), <부활>(2022), <이태석>(2023) 등 많은 다큐 영상이 상영됐다. 이태석에 관한 평전류는 아동도서를 포함해 수십 종이 넘게 출판되어 있다. 문제는 연구의 한계다. 보다 학술적인 연구를 위해 필요한 원전이 극히 부족하다. 원전이라 함은 이태석이 직접 저술한 서적이나 논문, 에세이, 편지 등을 들 수 있는데, 이태석이 직접 남긴 것이 많지도 않지만 그나마 공개된 것이 극소수일뿐더러 구하기도 매우 어렵다. 그나마 다행으로 이태석이 직접 지어 출간한 수필집 『친구가 되어 주실래요』와 이태석 삶을 가장 핍진하게 조명한다고 알려진 평전 『신부 이태석』이 남아 있어 많은 참고가 되었다.

다큐 영상을 비롯해 각종 평전성 서적 등도 각자의 관점이나 입장에 따라 이태석을 강조하는 부분이 다양했다. 이태석만큼 복합적이고 다양한 역할과 재능을 보여준 인물도 드무니 당연한 결과다. 신분이 신부(神父) 겸 의사(醫師)였고, 종교사목을 위한 교사(敎師)였다. 톤즈의 병원과 학교 건축 공사 현장에서는 목수(木手)이자 전공(電工)이기도 했고, 브리스밴드를 총지휘하는 음악가(音樂家)였다. 어느 한 가지 분야에서 두각을 나타내기도 힘든 게 대부분 인간의 한계이거늘 이태석은 천 가지의 얼굴과 역량으로 항상 주변의 밝은 빛이 되었다. 도대체 이토록 여러 역할에 매진한 까닭이 무엇일까?

나는 이태석의 천 가지 얼굴을 세 부분에 집중해 보고자 한다. 우선은 신부의 얼굴을 빼놓을 수 없을 것이다. 둘째, 사목을 위한 교사의 얼굴이다. 마지막으로 의료실천을 위한 의사의 얼굴이다. 즉, 30대의 10년 동안 사제의 길로 매진한 '섬김의 길',

사제가 된 이후 40대의 10년 동안은 수단으로 떠나 선교와 의료를 병행하면서 수단 청소년들에게 가르침을 전달한 '베풂의 길', 수단 현장에서 의술을 통한 생명살림의 실천을 행한 '살림[救活]의 길' 등 세 가지 길로 나누어 살펴보고자 한다.

2. 사제의 길 : 섬김

최덕기 주교는 "이태석 신부는 그야말로 '팔방미인'이었다. 음악적인 재능, 전문직인 의사로서, 선교사로 활동할 수 있는 언어 능력, 전기가 없는 수단에서 태양광을 설치하는 기술 등 다재다능하신 분이었다."라 칭하면서도 "사제로서, 살레시오회 수도자로서, 의사로서, 선교사로서 훌륭하게 살다가 떠난 이 세례자 요한 신부를 활동 위주, 업적 위주로가 아니라 영성적 측면에서 조명"[5]하자고 강조한다.

유흥식 주교 역시 "우리에게 참된 사랑을 보여주셨습니다. 인간의 본질이 사랑임을 알려주셨습니다. 그 사랑은 이태석 신부님의 영혼으로부터 묻어나오는 하느님의 모습이었습니다. (……) 우리는 이태석 신부님에게 역동적이고 모험적인 삶을 분출시킨 삶의 원천이 무엇인지를 알아야 합니다. 이태석 신부님의 영성적인 삶의 열매인 사랑의 근원을 연구하고 정리하면서 우리들이 '작은 이태석 신부님'으로 살아갈 길을 찾기를 바랍니다. (……) 이태석 신부님의 삶 속에는 인간, 특별히 젊은이들에 대한 큰 사랑을 지니셨던 돈 보스코의 영성이 있었습니다. 그 영성은 예수 그리스도 안에서 출발한다는 것을 잊어서는 안됩니다."[6]라며 돈 보스코 영성의 발현임을 강조한다. 두 분 주교 모두 이태석을 카톨릭 성당 안에서 발현된 지극한 영성적 차원으로 이해할 것을 주장한다.

이태석은 태어난 지 석 달만인 1962년 성탄절에 어머니의 팔에 안겨 송도성당에 갓 부임한 소 알로이시오 신부에게 유아 세례를 받았다. 세례명은 '요한'이었다.[7] 이태석은 초등학교 1학년 때 첫영성체를 했다.[8] 성령 충만한 카톨릭 가정의 축복 속에 태어났지만 여느 어린이와 다를 바 없는 평범한 소년이었다.

송도성당에서 또래와 함께한 이태석(뒷줄 중앙)

집 바로 뒤의 송도성당은 이태석에게 있어 학교이자 놀이터이자 영성의 씨앗이 배태하는 공간이었다. 1973년, 초등학교 5학년이던 이태석은 천마초등학교로 전학을 갔다. 그러나 여전히 방과후면 성당에 와서 어린이 미사 때 반주를 하거나 주일학교에서 성경을 공부했다. 어느 일요일 저녁, 수녀님이 주일학교 어린이들을 모두 모아놓고 보여준 영화는 이태석의 마음을 송두리째 빼앗았다. 하와이 몰로카이섬에 들어가 16년 동안 그곳에 격리된 한센인들을 돌보다가 본인도 같은 병에 걸려 49세에 선종한 다미안(Damien de Veuster : 1840~1889) 신부의 일대기를 다룬 작품이었다. 이태석이 처음으로 신부가 되겠노라 결심[9]한 계기였다.

신부의 길로 가기까지 많은 갈등이 있었다. 이태석이 고등학교 1학년을 다니던 겨울, 두 살 터울의 둘째 형 이태영이 고등학교를 졸업하고 신부가 되기 위해 수도회에 들어가겠다며 어머니에게 무릎 꿇고 허락을 구했고, 마지못해 동의하는 어머니의 모습에서 자신의 성소(聖召)에 대한 깊은 회의와 갈등을 겪었다. 그는 신부가 되겠다는 꿈을 접고 가난한 집안을 일으키기 위해 의대진학으로 진로를 선회하지 않을 수 없었다. 카톨릭적 신념이었던 "가장 보잘것없는 형제 한 사람에게 해준 것이 곧 나에게 해준 것과 같다"는 꿈의 실현을 위해서 의사도 별반 다른 길이 아니라는 생각에서였다.[10]

군의관 시절

이태석은 1981년 인제대학 의대에 진학해 1987년 졸업 후 군의관으로 부임해 1991년 7월 제대하기까지 의사로서의 길을 차근차근 밟았다. 그러나 그는 전공의 시험에 응시하지 않았다. "의대 친구들 가운데 누구도 이태석이 왜 전공의 과정 시험장에 나타나지 않았는지, 어디서 무엇을 하고 있는지 알지 못했다. …… 그는 성(聖)과 속(俗)의 경계인 수도원 문 앞에서 잠시 걸음을 멈췄다."[11] 1991년 7월 10일, 그의 나이 스물아홉 때의 일이다.

사실 이태석은 군의관 재직시절에도 신앙의 끈을 놓지 않고 부대 인근의 전의성당을 찾아 기도하거나 봉사활동을 해 왔다. 이를 눈여겨본 황용연 신부가 사목의 길을 제시하기도 했었다. 그러나 눈에 밟힌 어머니의 모습에 끝내 결심하지 못하고 방황하던 이태석은 유난히 날씨가 춥던 어느 날 성당에서 기도를 올렸다. 간절한 마음으로 하나님에게 "지금도 나를 기다리고 계십니까?"라고 물었고, 내답처럼 여선히 자신을 옆에서 바라보고 계신다는 생각이 들었다고 했다. 그때 아침 햇살이 성당 유리창 너머로 들어왔고, 그 순간 오후마다 햇볕 아래서 풍금을 치던 어린 시절의 모습이 떠올랐다.

> "그리고 시간이 지날수록 그런 느낌이 점점 강렬해졌다. 신학생들과 이야기할수록 그들의 굳건한 신앙이 부러운 동시에 자신도 그런 삶을 산다면 늘 어딘가 모르게 한구석 비어 있는 마음이 꽉 찰 것만 같았다. 그는 자신의 마음 속에 있는 공허함을 채울 수 있는 건 하느님의 사랑뿐이

라는 확신을 갖기 시작했다. 그렇게 기도하기를 며칠, 더 이상 멀리 가면 안 되겠다고 마음을 굳혔다. 의사의 길이 아니라 사제의 길을 걷기로 결심했다. 봉사의 삶이 아니라 함께하는 삶을 선택한 것이다. 그리고 어머니의 눈물은 하느님께서 닦아주시길 간절히 기도한 후 전공의 시험을 포기했다."[12]

얼마 지나지 않아 1992년 3월 이태석은 광주카톨릭대학에 진학했다. 20대 10년 동안의 의학도적 삶을 뒤로하고 신학도의 삶으로 대전환하는 순간이었다. 2년의 신학과정을 마친 이태석은 1994년 1월 30일 살레시오회 첫 서원을 했고, 1995년 1월부터 2년간 서울 대림동 살레시오청소년센터에서 사목 실습과정을 거쳤다. 1997년 1월에 다시 로마교황청립 살레시오대학교로 유학을 떠났고, 유학을 마치기 직전인 1999년 6월, 여름방학을 이용한 '아프리카 선교 체험 청원서'를 제출했다. 한국 살레시오회 관구장인 현명한 신부는 2개월 동안의 선교 체험을 허락했다. 살레시오회의 동아프리카 관구(케냐, 탄자니아, 수단)에 속한 케냐와 탄자니아의 살레시오 공동체로 떠나는 선교 체험이었다. 마침 수단에 와 있던 살레시오회 제임스 신부를 만나 일주일간의 톤즈 방문 선교 체험을 제안받아 1주일을 보낸 후 로마로 돌아갔다.[13] 그해 12월 31일, 요한 바오로 2세 교황이 집전하는 저녁기도에서 복사를 선 후 제의실에서 교황을 접견하는 영광을 얻기도 했다. 2000년 4월 27일, 돈 보스코의 고향인 이탈리아

토리노에서 살레시오회 종신서원을 했다.

이태석에게 이 종신서원의 의미는 일생에 지울 수 없는 큰 결심이었을 것이다. 구(舊)제도의 붕괴, 산업혁명, 급격한 산업화와 도시화가 진행되던 1800년대 이탈리아 토리노는 격동의 한복판이었고, 그중에서도 가장 큰 문제가 바로 청소년 문제였다. 특히 토리노시 외곽 공장지역에는 살길을 찾아 도시로 유입된 수많은 청소년들이 교육의 기회를 철저하게 박탈당한 채 열악한 근로 환경 속에서 노동 착취를 당하며 산업화의 희생양으로 전락하고 있었다. 바로 이곳에서 가난한 청소년들 안에 머물고 계시는 하느님을 발견한 돈 보스코와 이를 영적 스승을 받아들인 이태석의 마음속 울림은 더없이 컸을 것이기 때문이다.

이태석이 돈 보스코를 직접 언급한 적이 있다. "서울대교구 성소 모임에 나갔는데, 어느 날 함께 모임에 나가던 후배가 영화 『돈 보스코』를 봤다며 너무나 감동적이었다는 이야기를 한참 하더라고요. 저는 돈 보스코가 가난한 청소년들의 교육자라는 이야기를 듣고 가슴이 막 뛰어서 모임이 끝나자마자 돈 보스코 전기를 구입했어요. 그리고 돈 보스코의 삶이 바로 제가 찾던 삶이라는 생각을 했어요."[14]

2000년 6월 28일에는 로마 예수성심대성당에서 부제를 수품했다. 2000년 11월 11일 살레시오회 본부에서 2000년 대희년과 살레시오회 선교사 파견 125주년을 기념하기 위해 세계 각국으로 파견할 선교사 모집에 지원해 선교사 십자가를 수여받았다. 2001년 3월, 그는 사제서품을 신청했다. 30대 10년의 수련 과정의 마지막 관문인 사제서품을 수어해야 비로소 사제로서의 삶을 살아갈 수 있기 때문이었다. 6월 15일, 교황청립 살레시오 신학대학 수료 후 귀국했고, 6월 24일에 이태석 신부는 김수환 추기경으로부터 살레시오회 사제 서품을 받았다.

그는 사제서품식을 준비하면서 오랫동안 기도와 묵상을 하며 '예수님이 등장하는 성화와 사제 생활을 하는 동안 가슴에 품을 성경 구절을 인쇄한 카드'인 자기만의 상본(像本)을 머리 속에 떠올렸다. 그는 "어떤 사제, 어떤 선교사가 되어야 할지 기도하면서 얻은 결론은 자신을 낮추고 톤즈의 청소년들과 주민들을 온전히 섬기고 사랑하는 것"이라 정하고 지거 쾨더(Sieger Köder : 1925~2015)가 그린 <발을 씻어주시는 예수님>[15]을 선택했다. "내가 너희에게 한 것처럼 너희도 하라고 내가 본을 보여준 것이다"(요한복음 13장)나 "가장 보잘것없는 형제 한 사람에게 해준 것이 곧 나에게 해준 것과 같다"(마태복음)도 아닌 "설령 여인들은 잊는다 하더라도 나는 너를 잊지 않는다"(이사야서 49장 15절)를 자신의 사제 서품 성구로 선택했다.[16] 아마도, 나약한 자신이 믿을 곳은 변하지 않는 하느님의 사랑이기에 신자들이 자신을 위해 기도하는 구절로 적합하겠다는 생각이었을 것이다.

그는 선교사를 향한 자신의 꿈이 이루어졌다는 생각에 가슴이 벅차올랐다. 그는 나이로비 수도원 성당에서 십자가를 바라보며 무릎을 꿇었다. 선교사에게 필요한 '믿음', '인내', '기다림'

세 단어를 떠올리며 기도와 묵상을 했다. 그는 자신을 부르고 자신을 그곳으로 보낸 주님의 섭리를 믿었다. 그리고 어떤 어려움이 닥쳐도 포기하거나 물러서지 않고 최선을 다하겠다며 고개를 숙이고 두 손을 모았다.[17] 마침내 이태석은 신부가 되었고, 그해 10월 아프리카 남수단 톤즈로 떠났다.

3. 돈 보스코의 길: 베품

이태석이 태어나던 그 시절 부산은 피란민 분위기가 가시지 않았던 가난과 무질서의 공간이었다. 6·25전쟁 무렵, 한밤중에 부산항으로 입항하던 미군 군함에서 바라본 부산의 전경이 화려한 불빛의 빌딩 숲 같아 놀랐다가 해가 뜨고 보니 그것이 모조리 산비탈에 다닥다닥 붙은 판잣집이란 것을 확인하고 다시 한 번 놀랐다는 얘기가 있을 정도다. 전쟁은 끝났지만 귀향하지 않은 피난민들로 도심은 빈 땅이 없고 산으로 산으로 올라가서까지 판잣집을 짓고 살아야 했으니 그 사정은 미루어 짐작이 간다. 6·25전쟁 때 부산으로 내려왔다가 눌러앉은 피란민인 이태석 가족도 예외는 아니었다. 1962년 9월 19일, 천주교 주택 26호[18]에서 이봉하와 신명남 부부의 아홉 번째 자식이자 셋째 아들인 '이태석(李泰錫)'이 태어났다.[19]

소년기의 이태석은 송도와 자갈치 바닷가는 물론 천마산 자락을 훑으며 이 동네 저 동네를 싸돌아다니는 장난기 많고 쾌활한 성격의 어린이였다. 공동주택의 구불구불한 골목을 따라 신앙심 많은 고만고만한 사람들이 모여 살던 남부민동 산동네는 이태석의 놀이터였다. 스스럼없이 친구도 잘 사귀어 인근의 고아원 '소년의 집' 출신 아이들과도 곧잘 어울리곤 했었다. "골통들의 심리는 엄청나게 복잡한 삼차방정식 같지만 알고 보면 답은 간단하다. X=사랑, 즉 사랑받고 싶어 하는 마음이 바로 정답"[20]이라는 사실을 일찍 터득했었던 것이 아닌가 여겨진다. 학교를 파한 소년 이태석이 가장 즐겨 찾던 곳은 집 바로 뒤 송도성당이었다. 성당은 놀이터이자 공부방이고, 마음을 내려놓고 쉴 수 있는 쉼터이기도 했다. 배려심 많은 신부님들이나 수녀님들이 스승이고 부모고 형제였기 때문이다.

이태석은 유달리 음악에 두각을 보였다. "초등학교 시절 목소리가 가늘고 높아 청년 성가대의 소프라노로 활약을 했고 중학교 땐 음악 선생님으로부터 독창과 작곡을 배워 콩쿠르에 나가 여러 번 입상"[21]을 하기도 했으니 음악적 재주를 타고 났나 보다. "풍금 연습을 위해 오후 대여섯 시쯤 성당에 가곤 했는데 풍금은 진노랑 오후 햇살이 내려앉는 그런 곳에 놓여 있었고, 묘하게도 제대 위 십자가의 예수님 시선도 풍금이 있는 곳에 닿아 있었다. 풍금을 치면서 내 얼굴을 강하게 비추던 오후 햇살을 자주 의식하곤 했고 때로는 내 얼굴을 비추던 것이 햇살만이 아니라 십자가 위에서 바라보던 예수님의 따스한 시선이기도 했던 기억이 난다."[22] 늦은 오후의 햇살이 풍금 위로 비스듬히 들어오며 이태석의 얼굴을 비추었고, 눈부신 햇살에 고개를 들면 제대 위에 있는 십자가의 예수님과 시선을 마주치곤 하던 이태석은 자신의 얼굴을 비추는 것이 그저 햇살이 아니라 예수님의 눈길인 것 같다고 생각했다. 그럴 때마다 그는 예수님의 자애로운 눈빛에서 돌아가신 아버지의 모습을 떠올리곤 했다[23]고 한다.

천성적으로 운동을 좋아해 시간 날 때면 탁구나 축구를 하면서도, 음악을 놓지는 않았다. 대신중학교 시절 그의 음악적 재능을 알아본 음악 선생님이 이태석에게 따로 독창을 가르쳤고, 나중에 부산시 교육청에서 개최하는 음악경연대회 성악 부문에서 장려상을 받았다. 변성기가 된 중3 때는 노래 대신 작곡법을 가르쳤다. 그해 11월, 부산시 교육청의 음악경연대회 작곡 부문에서 우수상을 받았다.[24] 청소년 시절 몸으로 체득한 음악적 소양은 그의 사제생활을 보다 윤택하게 만드는 자양분이었다. 특히, 가난하고 도움이 절실한 청소년들에 대한 우선직 시명을 보여주는 살레시오 사제로서 역할하기에 음악은 더없이 훌륭한 도구였다. "사랑과 복음 전파를 보다 필요로 하는 가난하고 버림받고 위험 중에 있는 젊은이들에 대한 우선권을 재확인하며 특히 보다 가난한 지역에서 일했던"(회헌 26조) 사부 돈 보스코의 정신을 실천하기에 적합한 수단이자 방법이었다. 이태석은 사제로서 자신의 소년기 때 송도성당의 신부님들과 수녀님들이 그러했듯 특히 청소년에 대한 관심과 사랑을 더 크게 실천했다.

다음의 편지는 이태석 신부가 톤즈의 선교사인 제임스 신부를 만나기 전에 나이로비에서 한국의 관구장 신부에게 보낸 것이다.[25] 이태석 신부기 제임스 신부와 힘께 톤즈에 도착했을 때 아프리카의 참모습을 보았고, 아프리카로부터 거대한 문화 충격을 받았다. 그는 곧바로 아픈 환자들을 맞이하기 위한 준비를 하는 와중에도 사제관 공터 앞에 할 일 없이 서성대는 아이들을 위해서 학교 교육의 필요성[26]도 절감하고 있었다. 이태석의 시선이 멈춘 곳이 바로 청소년들이라는 점을 주목할 필요가 있다.

> *"정말 전부가 부족하고 모든 것이 필요한 막다른 골목 같은 세상이었습니다. 하지만 그곳의 맑게 뛰어노는, 그리고 밝은 모습들의 많은 젊은이들을 보면서 '희망'이라는 단어를 떠올릴 수 있었습니다. 돈 보스코가 우리들에게 물려준 올바르고 참다운 교육, 이성의 교육, 사랑의 교육이면 그들의 미래도 어둡지만은 않겠다는 생각을 할 수 있었습니다."*[27]

이탈리아 토리노에 있는 발도코의 오라토리오야말로 이태석의 사랑 실천에 있어서 가장 강력한 정신적 뿌리였다. 이태석 신부는 돈 보스코의 마음이 고스란히 남아 있는 발도코의 오라토리오를 여러 번 순례할 기회를 가졌다. 그는 무릎을 꿇고 평생토록 '돈 보스코의 아들'로 살 것이고, 더 나아가 '제2의 돈 보스코'가 되겠노라 결심했을 것이다. 그 후 그는 수단의 톤즈 마을을 발도코의 오라토리오의 마음이 그대로 전해지는 곳으로 만들어 갔다. 톤즈는 마음 둘 곳 없는 가난한 사람들 중에서도 특히 가난한 청소년들을 맞이하는 '집'이자 영혼과 육신의 병을 치유하는 '병원'이요 천진한 아이들이 뛰어노는 '운동장'이고 삶을 준비하는 '학교'였으며, 주님께 모든 부족함을 맡기고 그분의 자비로운 사랑을 체험하는 '본당'인 오라토리오가 되었다. 1854년 콜레라가 토리노 전역에 퍼졌을 때 돈 보스코는 자발적으로 지원한 오라토리오의 청소년들 30여 명과 함께 병원과 가정에서 죽어가고 있는 자들을 헌신적으로 돌보아 많은 병자들을 구했다.[28] 이태석 신부도 지천에 누워있는 환자들을 위해 병원을 먼저 지어 그들을 치료했다. 그의 의료 활동에는 지역의 긴박한 필요성에 우선적으로 응답하는 살레시오 정신이 깃들어 있었다. 아울러 아이들의 미래를 준비할 교실을 지어 그들에게 희망을 주는 스승[29]이기도 했었다.

이러한 돈 보스코 성신은 이태석 신부의 생애 안에서 반복적으로 되풀이된다. 그는 청소년들 가운데서도 보다 가난한 청소년들, 어려운 청소년들에 대한 각별한 애정을 자주 표현했다. "나는 왠지 '꼴통'들에게 은근히 정이 간다. 괜히 그들에게 가까이 다가가서 장난을 걸고 싶고 시비를 걸어 반응을 보고 싶어 하고 또 그것을 은근히 즐기는 것을 보면 나도 혹시 꼴통이 아닌가 하는 생각이 들 때도 있다. 예수님께서 끝까지 우리를 기다려주셨듯이 우리도 끝까지 우리의 '꼴통'들을 기다리다 보면 작은 기적들이 일어날 수도 있으리라 생각된다."[30]

"음악이 없는 오라토리오는 영혼이 없는 육체와 같다"고 할 만큼 음악을 중요하게 여겼고, 음악이 아이들의 정서적 성장에 중요한 영향을 미친다고 생각했던 돈 보스코처럼 이태석 신부도 톤즈의 아이들에게 음악을 가르치면서 전쟁과 가난으로 인해 생긴 아이들의 상처를 어루만지고 치유하고자 했다. 그는 마치, '핏줄 속에 음악이 흐르고 있는 듯' 음악에 대한 선천적 재능을 가지고 있었던 아이들을 모아 기악반을 만들어 지도했다.[31] 그가 가르친 기악반은 4년 뒤에 서른 다섯 명으로 구성된 수단 최고의 브라스밴드로 성장한다.

어느 날 이태석 신부는 제임스 신부에게 오라토리오 아이들의 음악 실력이 많이 늘었으니 크리스마스 전에 청소년 축제를 열면 어떻겠냐고 제안했다. 이태석은 한국에서의 사목실습생 시절부터 아이들의 놀이를 조직할 정도로 기획력이 뛰어났다. 제임스 신부가 흔쾌히 동의하자 그는 먼저 축제의 주제어를 '평화'로 정했다. 아직도 가끔 총성이 들리고 부족 간 싸움이 벌어지는 톤즈에 가장 필요한 단어는 다름 아닌 '평화'였다. "예수님께서도 '어떤 집에 들어가거든 먼저 이 집에 평화를 빕니다' 하고 말하라"(루카복음 10장 5절)고 할 정도로 성경 곳곳에 나오는 단어이기도 했다. 이태석 신부는 '너에게 평화를 주노라(give you peace)!'라는 주제로 2박 3일 동안의 축제를 준비했다.[32] 이처럼 배고픔이나 신체적 아픔보다 배움에 더 굶주려 있는 아이들을 위해 이태석 신부는 톤즈 수도원의 원장 제임스 신부와 함께 초

중학교 재건을 시작해 마침내 2007년엔 톤즈 유일의 고등학교도 세웠다.

이태석 신부 생전에 톤즈에서 의료봉사에 참여했던 의사 신경숙 선생은 "톤즈에서 이태석 신부를 기억하며 떠올릴 때, 가장 먼저 그리고 많이 떠오르는 모습은 아이들과 함께 있는 모습이다. 같이 악기를 연주하고, 공부를 가르쳐 주시고, 게임을 같이 하거나, 장난을 치는 모습들이다."[33] 라고 증언했듯이, 이것이 아이들과 함께하는 이태석의 본래 모습이다. 또한, "'졸리 신부님은 내 편이 될거야'라는 믿음이 아닌, '그분은 내 말을 가장 잘 들어줄 수 있을 거야'란 생각으로, 아이들은 분쟁이 있을 때마다 신부님을 찾아오곤 했다."[34]는 아이들의 증언에서 경청하는 '졸리' 이태석 신부의 참모습을 발견할 수 있다.

음악으로 톤즈의 청소년들을 교화하고 공동체의식을 회복한 이태석의 노력은 돈 보스코의 교육사상인 '베풂'의 실천이나.

톤즈 브라스밴드와 이태석

4. 치유의 길: 살림

2001년 12월 7일, 이태석은 아프리카 남수단 톤즈 마을에 신부이자 의사로 부임했다. 병원은 눈코 뜰 새 없이 바빴지만, 아무리 월급이 많아도 올 만한 의사가 없는 사정이었다. 도시적 환경이나 복지는 꿈도 꾸지 못할 공간일 뿐 아니라 말라리아 같은 풍토병이 창궐하는 톤즈는 봉직의(pay doctor)가 아니라 그리스도적 사랑과 사명감이 있는 의사를 필요로 하지만, 인연 닿는 의사가 없었다.[35] 마흔을 넘긴 이태석은 2006년 당시에도 여전히 오전마다 200~300명의 환자를 진료하고 일주일에 일곱 시간씩 8학년 학생들 수학 강의는 물론 오라토리오 활동의 일환인 밴드부 연습까지 매진하고 있었다. 그것도 모자라 저녁에는 학생들 자습을 도와주거나 야간 응급환자를 맞을 때면 자정이 넘어서 잠자리에 들곤 했다. 그럼에도 이태석은 가진 것 하나 없는 불쌍한 환자들이라는 생각에 밤중에 찾아오는 예수님을 맞이하듯, 기쁘게 그리고 최선을 다해 치료했다. 그 덕분에 기적적으로 살아서 퇴원하는 환자들을 보면 큰 보람을 느끼곤 했다.[36]

알려진 바와 같이, 이태석은 1999년 여름 한 달 동안 톤즈를 방문해 선교체험을 한 적이 있다. 아프리카 수단에서 활동하다가 휴가차 로마로 와서 제리니 공동체에 머물고 있던 공민호(Giacomo Comino) 수사의 제안이었다.

"요한 형제님, 아프리카, 특히 수단은 죽음과 절망의 땅입니다. 30년 넘게 내전이 계속되어 수많은 사람이 죽고 다쳤어요. 굶어서 죽고, 물이 없어서 죽고, 말라리아나 장티푸스 같은 열대 풍토병을 치료해 줄 병원이 없어 길에서 죽어가는 곳입니다. 한센병 환자도 많은데 돌볼 시설이 없어 그대로 방치된 채 죽음을 기다립니다. 수단은 아프리카 중에서도 가장 열악한 지역이어서 우리 선교사들이 할 일이 너무 많은 곳입니다."

톤즈로 향하려는 열망과는 달리 아직 신학생인 이태석에게 내전 중인 수단으로의 선교 체험은 쉽사리 허락되지 않았다.[37] 그러나 이태석의 체험을 적극적으로 지지한 주변의 청원[38]으로 마침내 톤즈행이 열렸다. 그때 이태석은 씻을 수 없는 치명적 한계를 보였다. 당시 제임스 신부와 함께 방문했던 라이촉 마을의 한센병 환자들을 첫 대면한 후 보인 행동은 스스로에게 매우 실망스러웠다. 이태석은 한센병 환자들이 누워 있는 움막에서 풍기는 심한 악취에 입을 틀어막았다. 옷을 걸친 이가 거의 없는 한센병 환자들과 움막에서 올라오는 악취에 온몸이 감전된 것 같은 충격에 빠졌다. 의대 다닐 때의 해부학 실습은 오히려 애교였다고나 할까? 50여 명의 남녀노소가 흙바닥에 누운 채 죽음을 기다리는 모습은 너무나 처참해 차마 바라볼 수가 없었다. 눈에서는 하염없이 눈물이 흘렀다. 어디로 가는지도 모른 채 계속 뛰어가다가 수풀 옆에 주저앉았다. 숨을 고르며 자신이 본 처참한 광경을 떠올렸다. 그리고 외쳤다. "주님, 어떻게 아직 이런 곳이 존재합니까……?"[39]

2년여 만에 다시 찾은 톤즈에서 이태석은 완전히 다른 정신으로 무장하고 있었다. 분초를 다투는 응급 상황에 먹질 못해 뼈만 앙상히 남은 사람들, 손가락 발가락 없이 지팡이를 짚고 돌아다니는 한센인들, 삐쩍 마른 엄마 젖을 빨다 결국 지쳐 울어 대는 아기들……. 그중에서도 특히 마음을 더 아프게 한 것은 다닐 학교가 없어 하루 종일 나무 밑에 앉아 그냥 시간을 때우던 아이들의 모습이었다.[40] 이태석은 환자들을 치료할 병원과 공부할 곳이 없어 배회하는 청소년들을 맞이할 학교 건설에 눈을 돌렸다. 그곳에서 맑게 뛰어노는, 그리고 밝은 모습의 많은 젊은이를 보면서 '희망'을 떠올렸다. 그는 현명한 신부에게 보낸 편지에서 "돈 보스코가 우리에게 물려준 올바르고 참다운 교육, 이성의 교육, 사랑의 교육이면 그들의 미래도 어둡지만은 않겠다는 생각을 할 수 있었습니다."라고 썼다.[41]

> "그동안 들어왔던 '선교사는 바라보는 사람이 아니라 함께 살아가는 사람이어야 한다', '내가 그들 안으로 들어가 낮아져야 한다', '내가 배운 것, 갖고 있는 것을 우선시하는 마음이 있으면 현지인들이 못나 보이고 부족해 보이기 쉽다', '선교사의 삶을 살기 위해서는 겸손한 헌신뿐 아니라 용기도 필요하다' 등의 말들이 비수처럼 날아왔다. 그는 톤즈처럼 열악한 지역의 선교사가 되기 위해서는 얼마나 많은 준비를 해야 하는지, 선교사의 길이 얼마나 험난한지 통절히 새겼다. 그리고 '헌신'과 '용기'라는 단어를 되뇌며 뛰어온 길을 향해 천천히 발걸음을 옮겼다."[42]

예수님의 길은 높음이 아니라 낮음, 교만이 아니라 겸손, 큼이 아니라 작음, 강함이 아니라 연약함의 길이었다. 예수님은 당대 가장 작고 보잘것없는 이들의 친구가 되어주었다. 또한 이태석은 가난한 사람들 가운데서도 가장 가난한 사람들에게 사랑을 베푸는데 아낌없이 자신을 바쳤다. 특히 톤즈의 주민들 가운데서도 더 소외된 삶을 살아가던 한센인들에 대한 그의 각별한 사랑과 우선적인 선택은 주목할 만하다.

"모두가 가난한 곳이지만 그중에서도 정말 찢어지게 가난한 사람들이 있다. 바로 나환우들이다. 감각을 못 느껴 손과 발에는 항상 많은 상처들이 있고 고름이 터진 상처 때문에 악취 또한 대단하다. 차마 집이라고 할 수조차 없는 움막에서 기거하는 이들은 가족으로부터, 그리고 사회로부터 버림받아 마음의 상처 또한 깊다. 이들에게 식량을 배급하고 집을 지어주며 간단한 농사를 지을 수 있도록 땅을 마련해주고 가끔씩 마을에 들러 치료도 하고 이런저런 이야기를 나누며 그들이 친구가 되도록 노력하고 있다."[43]

톤즈 사람들에게 이태석은 신부이자 교사이자 의사이며, 무엇보다 함께 어울리며 애환을 들어주는 진정한 친구였다.

5. 영원한 친구 : Everything is good!

　이태석의 삶을 신부, 교사, 의사라는 세 가지 측면에서 조명해 보았다. 그러나 이 모든 것을 관통하는 하나의 가치는 '평화'로의 지향이 아닐까? 이태석은 남녀노소, 흑백인종, 환자나 청소년, 카톨릭이나 개신교나 이슬람을 구분 짓지 않고, "도움이 필요한 사람에게는 도움을 주고, 희망을 잃은 이들에게 희망을 주며, 사랑을 잃은 이들에게 사랑을 주는"[44] 사람이었다. 그의 지향은 인간으로서 잊지 말아야 할 "진정한 고향, 그리고 영원한 고향은 형제자매들의 사랑이 있고 하느님의 얼과 사랑이 넘치는 곳, 바로 '하늘나라'"[45]라 강조하며 가난과 불평등이 사라지고, 평화와 평등의 하나님 세상을 진정한 고향이라 여겼다. 신부로서 한치의 흐트러짐도 없는 참된 사제의 모습은 기본이다.

　이태석이 다니던 남부민초등학교에는 '소년의 집'[46]이 '집'인 학생들도 있었다. 어떻게 보면 불우하거나 그래서 불량한 청소년들이었기에 일반적으로는 어울리기 꺼려하는 대상이었을지도 모른다. 그러나, 이태석은 오히려 그런 친구에게 다가갈 줄 알았다. 초등학교 3학년이던 소년 이태석은 거칠고 사나운 같은 반 친구 '영수'에게 먼저 말을 건넨다. 주일학교에서 배운 "가장 보잘것없는 형제 한 사람에게 해준 것이 곧 나에게 해준 것과 같다"(마태복음 25장 40절)라는 성경 말씀을 들은 후 용기를 내었다고 한다.[47] 도둑질하고 싸움질하고 냄새나는 남루한 옷에 거친 말투를 쓰는 '영수'의 헤진 바지를 꿰매주고[48] 대화를 주고받았던 이태석에게는 '소년의 집'을 세운 알로이시오 신부님처럼 가난하고 불쌍한 아이들을 돌볼 수 있는 신부적 자질이 이미 배태되어 있던 것이 아닐까?

남상헌 신부는 "여러 곳에서, 여러 사람들이, 그가 보여준 가난하고 도움이 필요한 젊은이들에게 아낌없이 베푼 그의 사랑을 칭송하며 따르고자 합니다. (……) 섣부르게 그를 이 시대의 영웅으로 만들고자 하려는 모습도 있습니다. (……) 그것은 마땅히 이태석 신부에 대한, 그리고 그로 하여금 그러한 아름다운 삶을 살게끔 이끈 그의 특별한 하느님 체험에 대한 객관적이고 정확한 앎을 전제하는 것이 아닐까 합니다. 다른 말로, 그의 삶과 활동의 토대가 된, 그를 그이게끔 만든 것이 과연 무엇인지 아는 것이 무엇보다 더 중요한 일이 아니겠는지요. 직설적으로 말해보자면, 그를 사랑하고 따른다는 것은 하나의 자연인 혹은 이러저러한 복석으로 만들어진 영웅 이태식이 아닌 살레시오회 수도자이며 사제인 이태석의 삶과 그 뿌리인 영성을 따르는 것을 의미하는 것이겠지요"[49]라고 지적하면서 그의 삶이 온전히 살레시오의 가르침에 대한 사제로서의 실천 그 이상도 이하도 아니라고 강조한다. 맹목적인 이태석 영웅화나 무분별한 이태석 신드롬에 대한 경계와 비판임에 틀림없다.

문용린은 이태석 신부의 감동을 세 가지로 정리하면서, 이태석 신부의 삶을 한마디로 거룩한 감동 그 자체라 주장한다. 하나는 그 감동이 그리움이나 슬픔 때문이 아니라, 우리가 이태석 신부님처럼 열심히 희생하고 양보하고 헌신하면 이 세상이 훨씬 좋아질 수 있을 것이라는 희망과 안도감을 동반하는 감동이라는 것이다. 둘째로는 그 감동이 대단히 보편적 가치인 양보와 희생에서 발생하기에, 이태석 신부의 삶을 진지하게 들여다본 사람이라면 연령, 남녀, 인종, 종교, 문화에 상관없이 감동받는다는 것이다. 셋째 특징은 그 감동이 감동 그 자체로 끝나지 않고, 선한 행동에 대한 강박관념을 일으킨다[50]는 것이다. 그래서 이태석의 삶에서 감동받은 자는 뭔가 좋은 일을 하지 않으면 안 될 것 같은 절박감을 그 자신의 삶 속에서 느끼게 된다. 즉 이태석은 우리의 삶 속에 선한 일을 위한 긴장감의 강도를 높이라는 메시지를 감동스럽게 던지고 가셨다고 주장한다.

양보와 헌신, 보편적 가치에 대한 지향과 선한 행동에 대한 강박 등등이 감동의 원천이라 지적한 문용린 교수의 분석이 살레시오회 수도자로서의 영성에만 국한시키는 남상헌 신부의 주장보다는 훨씬 유연해 보인다. 필자는 이태석의 실천하는 삶을 맹목적으로 찬양하는 것도 불편하지만, 이태석의 인간적 면모를 살레시오적 영성에만 가두는 것도 경계해야 한다고 여기기 때문이다. 필자는 이태석의 삶과 실천을 동서고금의 인류 역사 속에서 발현되었던 수많은 철학적, 종교적, 인간적 성찰 속에서 그 좌표점을 찾고 싶었다. 필자는 이태석의 삶에서 인류사에 족적을 남겼던 수많은 철인이나 성인들의 모습이 완전한 복합체로 융합된 완전인격체 그 자체가 아니었는지 여긴다. 그리고 이는 서양보다 동양적 고전 철학사상에 그 뿌리를 두고 있는 건 아닌가 추정해 본다. 현재 인류가 상상하고 구현한 거의 모든 철학적 성찰이 발현되고 실험되었던 중국 선진(先秦) 제자백가(諸子百家) 사상 중에서도 특히 보편적 사랑과 실천, 그리고 평등과 평화를 근본으로 삼았던 춘추전국 시대의 사상가이자 철학자인 묵자(墨子)[51]의 모습을 읽었다면 지나친 견강부회(牽強附會)일까?

묵자 사상의 핵심은 한마디로 겸애(兼愛)로, 이는 "하늘의 뜻을 따른다는 것은 차별(別)이 아니라 함께(兼)한다"는 것이다.[52] 즉, 하늘은 뜻이 있어서 천하의 모든 사람들이 함께 아우르기를 원하는데, 여기서 함께한다는 것은 '약자의 마음을 챙기고 살피는 것'을 '의로움'으로 여긴다는 것이다. 농민이나 노동자, 전쟁과 기아로 인한 피난민과 고아, 그리고 부양받지 못하는 노인들을 '묻지도 따지지도 않고(不問不分)' 배려하고 봉양하는 것을 주요 사상으로 삶았었다. 공자(孔子)의 유교가 지나치게 운명론적이고 허례허식에 집착했던 반면, 묵자는 하층민들과 함께 하면서 목수, 기계 제작자, 성곽 조성 및 '구름 사다리' 설계 등 탁월한 실용적 기능을 지녔던 사상적 지도자였다. 묵자는 사적 이득이나 개인적 삶과 죽음에는 관계없이 모든 열정을 사람들의 선(善)을 위해 소진했다. 사회에 대한 지칠 줄 모르는 공헌이었다. 이는 춘추전국 시대 당시의 근본적인 사회적 변화를 극복하기 위한 철저한 만민의 공동 연대와 그를 통한 상호 이익 증진의 열망에 다름 아니었다.

묵자에게는 '천명(天命)'이 아니라 인간 스스로 자기문제의 해결을 위하여 힘쓰면 언젠가 문제가 해결된다는 믿음이 더 컸기 때문일 것이다. 참사랑이 부족해 세상이 혼란스럽다고 판단하고, 사람들이 평등하게 서로 사랑하고 남에게 이롭게 하면 하늘의 뜻과 맞닿아 평화가 이루어진다는 묵자의 '겸애사상'을 이태석은 간절히 실천했다. 겸애사상은 유가(儒家)의 인(仁)이나 불가(佛家)의 자비(慈悲) 등과 유사해 보이지만, 신분이나 관등이나 직책의 상하 관계에 의거한 서열을 과감히 파괴할 줄 안다는 점에서 훨씬 혁명적인 사상이었다. 동양고전에서 이태석의 '사랑'이라는 개념에 해당하는 단어를 찾는다면 인(仁)이나 친(親)이나 애(愛) 등을 들 수 있다. 가족, 집단, 사회에서의 관계에 따른 공경, 존경, 배려 등의 의미를 포함[53]하면서 공동체에 대한 헌신과 봉사의 열정을 실천한다는 점에서 이태석의 삶에 많이 닿아 있지 않나 여겨진다. 특히, "하나를 열로 나누면 1/10이 아니라 10배, 100배로 확산"되는 것이라 주장했던 이태석의 생각이 바로 묵자의 '절용(節用)' 개념과 그대로 일치하는 점도 흥미롭다.

이태석과 함께 웃는 수단인들

묵자 사상의 핵심인 '겸애'야말로 집단과 사회에서 각 개인의 상호 관심과 배려를 가리키며 혈연이나 친소관계의 여부와 무관하며 귀천을 가리지 않고 '남을 사랑하기를 자신을 사랑하는 것처럼 하는' 보편적 사랑이며, 가장 큰 특징이 곧 '서로 이롭게 해주는' 공리주의적 사랑이지 않은가? 궁극적으로 묵자의 사랑은 가족, 집단, 사회, 국가에서의 평화가 실천적 목표였다는 점이 이태석과 그대로 오버랩된다는 점에서 또 다른 이태석 관점의 단초가 아닐까 여긴다.

그래서 이태석이 자신의 수필집 제목을 "친구가 되어 주실래요"라고 명명한 까닭이 사제, 교사, 의사로서의 수직적 권위를 뛰어넘어 평등과 평화로 가고자 했던 수평 대등한 친구로 살고자 했던 자신의 선명한 철학에 있지 않을까 한다.

주석

친구합시다, 이태석 신부님!

1. 강성욱 PD, KBS 설특집(2000)
2. 한국해양대학교 월드비전특강 기획운영위원회, 『청년들, 지성에게 길을 묻다』 7~8합본, 2016, 호밀밭.
3. 마태복음 25·31~46.
4. 『CEO, 인문학을 말하다』, 한국해양대학교 최고인문학과정 엮음, 2021.2.19., 부산.
5. "이태석 신부의 삶과 영성을 조명하는 심포지엄 개최를 기뻐하며…", 《톤즈의 돈 보스코 이태석 신부의 삶과 영성 심포지엄》(2011.6.24.).
6. "안심하십시오. 돈 보스코가 여러분을 축복하셨습니다.", <톤즈의 돈 보스코 이태석 신부의 삶과 영성 심포지엄>(2011.6.24.).
7. 『신부 이태석』 23쪽.
8. 가톨릭에서 첫영성체는 일곱 살 이후의 어린이가 영성체의 의미에 대한 적절한 교육을 받은 뒤, 처음으로 성체(축성된 제병(祭餠) 혹은 '빵')를 받아 모시는 것을 뜻한다. 『신부 이태석』 24쪽.
9. 『신부 이태석』 32~33쪽.
10. 『신부 이태석』 36~37쪽.
11. 『신부 이태석』 58~59쪽.
12. 『신부 이태석』 47쪽.
13. 『신부 이태석』 91쪽.
14. 『신부 이태석』 68쪽.
15. 지거 쾨더가 그린 <발을 씻어 주시는 예수님>을 상본 성화로 선택한 이유는 자신을 낮추고 톤즈 청소년들과 주민들을 온전히 섬기고 사랑하는 선교사가 되겠다고 각오했기 때문이었다. 그래서 톤즈에 와서 힘이 들 때면 예수님께서 최후의 만찬을 마친 후 제자들의 발을 씻겨주시며 "내가 너희에게 한 것처럼 너희도 하라, 내가 본을 보여준 것이다"라는 말씀과 "가장 보잘것없는 형제 한 사람에게 해준 것이 곧 나에게 해준 것과 같다"는 성경 구절을 떠올리며 마음을 다잡곤 했다. 『신부 이태석』 176~177쪽.
16. 『신부 이태석』 143~144쪽.
17. 『신부 이태석』 150쪽.

18　1960년 3월, 오스트리아 가톨릭 부인회에서 부산의 난민 주택 건립 사업을 위해 7만 달러(현재 가치 100만 달러, 한화 12억 원 이상)를 보내기로 결정했다. 당시 중앙성당의 장병화 주임신부는 그 돈으로 땅값이 싼 남부민동 언덕에 50채의 주택을 지을 땅을 구입해 이듬해에 완공했다. 그러나 50채는 당시 성당 신자 중 판잣집이나 천막집에 사는 가구 수에 비하면 턱없이 적었다. 어쩔 수 없이 장병화 신부는 표 뽑기 추첨으로 입주자를 결정했다. 당시 중앙성당 신자이던 이태석의 부모인 이봉하·신명남 부부도 추첨에 참여해 26번이 적힌 표를 뽑았다. 1962년 2월 초, 부부와 8남매는 남부민동 천주교 주택 26호인 17평 함석지붕 집으로 이사했다.

19　『신부 이태석』 21~22쪽.

20　『친구가 되어 주실래요?』 57쪽.

21　『친구가 되어 주실래요?』 32~34쪽.

22　『친구가 되어 주실래요?』 32~34쪽.

23　『신부 이태석』 30~31쪽.

24　『신부 이태석』 34~35쪽.

25　백광현, 「돈 보스코 정신과 이태석 신부」 『톤즈의 돈 보스코 이태석 신부의 삶과 영성 심포지엄 자료집』 한국천주교살레시오회, 2011.

26　백광현, 「돈 보스코 정신과 이태석 신부」

27　『친구가 되어 주실래요?』에서 재인용, 「이태석 신부의 편지」 관구문서고, 2쪽(1999.10.5.)

28　M. Winh, 『살레시오 역사』 45쪽 참조.

29　백광현, 「돈 보스코 정신과 이태석 신부」

30　양승국 신부, 「이태석 신부의 영성」 『톤즈의 돈 보스코 이태석 신부의 삶과 영성 심포지엄 자료집』

31　백광현, 「돈 보스코 정신과 이태석 신부」

32　『신부 이태석』 184쪽.

33　신경숙, 「선교사, 이태석 신부」 『톤즈의 돈 보스코 이태석 신부의 삶과 영성 심포지엄 자료집』

34　신경숙, 「선교사, 이태석 신부」

35　『신부 이태석』 193쪽.

36　『신부 이태석』 213쪽.

37　『신부 이태석』 88~89쪽.

주석

38 『신부 이태석』, 32~33쪽.

39 『신부 이태석』, 111~112쪽.

40 『친구가 되어 주실래요?』, 128쪽.

41 『신부 이태석』, 117쪽.

42 신부 이태석』, 113~114쪽.

43 양승국 신부, 「이태석 신부의 영성」.

44 『친구가 되어 주실래요?』, 194쪽.

45 『친구가 되어 주실래요?』, 237쪽.

46 소년의 집은 1969년 소 알로이시오 신부가 송도성당 주임 자리에서 물러난 후 세운 시설이었다. 소 알로이시오 신부는 남부민동 옆 암남동(현재 감천로 237)에 소년의 집을 짓고, 문제를 일으켜 '영화'이라는 시설에 수용되었던 7~12세의 이른바 불량소년 300명을 받아들여 본격적인 소년 교화와 교육 사업을 시작했다. 『신부 이태석』, 27쪽.

47 『신부 이태석』, 24쪽.

48 이태석 신부는 『살레시오 가족지』 99호(2009.11~12.) 인터뷰 기사 '보잘것없는 형제 한 사람을 찾아 나선 길'에서 이렇게 말했다. "어릴 적에는 집 근처 성당에서 거의 살았어요. 복사 서고, 새벽 미사에 매일 참석하면서 자연스레 신부님의 모습을 보았고, 그 모습을 대하면서 신부님이 되어야겠다는 꿈을 키웠죠. 초등학교 2학년 때인지 3학년 때인지 '가장 보잘것없는 형제 한 사람에게 해준 것이 곧 나에게 해줄 것과 같다'는 성경말씀이 가슴에 와닿았어요. 성경 말씀대로 살고 싶었어요. 아마 그때 처음으로 사제가 되고 싶다는 생각을 구체적으로 했던 것 같습니다."

49 남상헌, 「"톤즈의 돈 보스코 이태석 신부의 삶과 영성" 심포지엄을 열며」, 『톤즈의 돈 보스코 이태석 신부의 삶과 영성 심포지엄 자료집』.

50 문용린, 「왜 이태석 신부에게 감동받는가?」, 『톤즈의 돈 보스코 이태석 신부의 삶과 영성 심포지엄 자료집』. 문용린 교수는 현재 서울대 교육학과 교수이며, 가톨릭교육자연합회 회장을 맡고 있고, 교육부장관(2000)을 역임한 바 있다.

51 묵자[BC480(?)~BC390(?)]는 피부색이 검어 직접 노동하는 사람 즉 농민이었거나 혹은 이마에 먹을 새기는 묵형을 받았다고 알려져 있는데, 이를 통해 하층민이거나 하층민으로 떨어진 귀족이었다고 추측되는 인물이다.

52 『묵자』에서 '애(愛)'는 250여 차례 보이며 즉 구체적 내용은 '겸애'이다. '겸(兼)'은 고문에서 "한 손으로 두 개의 벼를 쥔 모양"이다. 묵가의 용어에서 '체(體)'는 부분이며, 각 부분

으로부터 하나의 전체가 된 것이 '겸'이다. 각 부분은 평등한 것이므로 '겸애'는 곧 전체에 대한 평등한 사랑이다. 묵자가 말하는 '겸'의 기본적 의미는 "두루 배려하다"는 것이며, 확장된 의미로는 '보편'과 '전체'를 가리킨다. 한편 '겸애'는 '별애(別愛)'와 대비된다. 묵자는 '겸(兼)'과 '별(別)'을 다음과 같이 대비시키고 있다. 천하에서 남을 미워하며 해치는 것을 별도로 이름 붙인다면 '겸'과 '별' 가운데 어느 것인가. 반드시 '별'이라고 할 것이다. 그렇다면 서로 '별'하는 것은 과연 천하의 대해(大害)를 만드는 것이며, 따라서 묵자는 '별'은 잘못이라고 말한다. …… 천하에서 남을 사랑하며 이롭게 하는 것을 별도로 이름 붙인다면 '별'과 '겸' 가운데 어느 것인가. 반드시 '겸'이라고 할 것이다. 그렇다면 서로 '겸'하는 것은 과연 천하의 대리(大利)를 만드는 것이며, 따라서 묵자는 '겸'이 옳다고 말한다.

53 윤무학, 「묵가 겸애(兼愛)의 원리와 실천」, 『한국철학논집 제55집』(2017.11.), 한국철학사연구회.

모든 날이 좋았습니다
행복한 사람 이태석

임기대 부산외국어대학교 프랑스어전공 교수

프랑스 파리7대학 박사(언어역사인식론). 부산외대 아프리카연구소장 및 중앙도서관장, 유럽미주대학 학장, 법무부 난민위원회 자문위원, 제주교육청 국제교류위원, 부산광역시 외교자문위원 등을 역임하고 있다.
저서로 『베르베르문명』, 『7인 7색 아프리카』 외 다수를 집필했다. 한국프랑스학회장, 한국연구재단 인문한국(HK)3.0 과제 주관 연구소 연구 책임자를 겸임 중이다.

내가 아는 아프리카의 두 신부, 샤를르 드 푸코와 이태석 신부

임기대
부산외국어대학교 프랑스어전공 교수

1. 다른 피부, 같은 헌신의 삶

"그는 사막의 광대함 속에서 숨겨지고 '쓸모없는' 존재가 되더라도, 나사렛 예수와 가능한 한 가까이, 가장 작은 자 가운데 자리를 잡기로 선택했습니다."

(Giancarlo Pani 2022)[1]

"1999년 8월 1일, 이태석 수사는 마촐라리 주교, 제임스 신부와 함께 6인승 세스나기에 몸을 실었다. 빈자리에는 톤즈로 갖고 가는 짐이 가득 실렸다... 이태석 수사는 드디어 진짜 아프리카로 간다는 생각에 가슴이 설렜다."

(『신부 이태석』 104쪽)

필자가 샤를르 드 푸코(Charles de Foucauld, 1858~1916) 신부를 접하면서, 그리고 이대석(1962~2010) 신부 관련 책자를 읽으면서 가장 눈에 들어온 대목 중 한 부분이다. 누구나 사하라 사막을 여행하고 거쳐갈 수 있다. 하지만 현지에서 누군가를 위하며 살아간다는 일은 또 다른 문제이다. 사하라 사막은 그저 『어린왕자』에 나오는 사막 지대에 국한되는 곳이 아니라 극한 지역이기 때문이다. 이곳에서 평생 헌신적인 삶을 살다가 간 사람은 샤를르 드 푸코 신부이다. 그가 거주했던 사하라는 오늘날까지 신비의 공간으로 일반인들의 접근을 쉽게 허용하지 않고 있다. 사하라 바로 아래에 있는 사헬(Sahel)[2]은 세계에서 가장 열악한 지역이자 오늘날 전 세계가 떠안고 있는 문제인 기후환경, 빈곤, 내전, 테러, 각종 밀매 등이 빈번한 곳이다. 이 사헬과 맞닿아 있는 곳에 이태석 신부가 머문 톤즈(Tonj)가 있다.

필자는 이 두 인물을 아프리카 현지와 부산에서 각각 알게 됐다. 푸코 신부가 사막의 한가운데에서 어떻게 살아갔는지를 현지에서 접하며 그의 이타적인 삶에 숙연해질 수밖에 없었다. 반면, 이태석 신부가 처음 아프리카에 도착한 장면을 떠올리자니 필자가 아프리카에 처음 도착한 순간과 교차되는 묘한 감정을 느꼈다. 묘한 감정과 두려움, 호기심, 한숨, 경이로움 등 만감이 교차하는 이 아프리카 땅에 다른 피부를 가진 그들은 왜, 그리고 무엇을 위해 갔을까.

아프리카를 떠올릴 때 무수히 많은 사람을 연상할 수 있다.

넬슨 만델라와 같은 위인, 슈바이처와 같이 성자의 칭호를 받는 사람들, 게다가 악명높은 수많은 독재자까지 인류사에서 아프리카에는 알려지거나 알려지지 않은 많은 사람이 있다. 그중에서도 푸코와 이태석 신부는 동양과 서양인으로 아프리카의 척박한 땅에서 가난하고 소외된 사회적 약자를 위해 자신의 삶을 바쳤다는 점에서 많은 사람의 존경을 받고 있다. 그들은 또한 나자렛 예수님을 유일한 본보기로 삼고 세상 끝까지 약자를 위해 헌신하려 한 고독하고 순례자적인 삶을 살았다. 마지막으로 그들은 다른 성인과는 달리 미지의 땅 아프리카, 그중에서도 수단과 알제리라고 하는 가장 위험하면서도 혼란스러운 곳에서 사랑으로 신앙을 실천했던 인물들이다. 그들은 식민 지배와 내전으로 상처를 입은 지역민들과 함께 일상의 생활을 했다는 점에서 헌신적인 삶을 살았다. 자신들의 삶을 제쳐두고 온전히 현지인과 교감했다는 섬에서 그들은 공동된 고귀한 삶을 살았다.

그들이 이런 고귀한 삶을 살아갈 수 있는 이유는 무엇이었을까? 적어도 두 사람의 삶의 방식에서 찾아볼 수 있을 것이다. 그들은 아프리카, 그중에서도 가장 정세가 불안하고 척박한 환경의 지역, 사회로부터 유리된 곳에서 헌신적 삶을 살았던 사람들이다. 또한 그들의 성장 과정은 달랐지만 종교적 삶을 실천하려는 강한 의지가 누구보다도 강했기 때문이었으리라. 헌신적인 삶을 산다는 것은 지역민과 같은 공동의 운명체를 자각했다는 뜻이다. 식민 지배지에서 푸코 신부는 알제리 무슬림과 평생을 같이 살았고 그들의 언어와 문화를 이해하며 헌신하였다. 그가 추구한 이상은 '보편적 형제애'의 이상을 실현하는 것이었다.[3] 톤즈(Tonj)에서 이태석 신부는 한센인 마을에서 헌신하며 예수님의 존재를 자각했다. 이와 같이 헌신의 사람을 산 두 사람이지만 다른 점은 이태석 신부가 의사였고, 푸코 신부는 식민 지배를 하고 있던 프랑스 성직자라는 점이다. 이태석 신부가 평범한 가정 출신으로 신부가 되었다면 푸코 신부는 귀족 출신으로 젊은 시절 신앙을 잃었다가 나중에 회심하여 사제가 되었다. 이태석 신부가 수단과 특별한 관계가 없던 대한민국 국적의 사제였다면 푸코 신부는 식민 지배 국가의 성직자였다.

가톨릭은 물론 일반인에게 있어 샤를르 드 푸코 신부는 이태석 신부보다 훨씬 높게 평가받는 아프리카의 성자이다. 교황에 의해 2022년 성인으로 시성된 점, 로마가톨릭의 '장녀'로 불리는 프랑스인이라는 사실 등이 그를 교계에서 유명한 인물로 알려지게 했다. 영상과 몇몇 자료로만 알게 된 이태석 신부에 비해 필자는 푸코 신부의 삶과 그의 발자취를 사하라 곳곳에서 발견할 수 있었다. 당연히 푸코 신부에게 더욱 추앙심을 가질 수밖에 없었다. 반면 이태석 신부는 그저 한국에서 파송된 선교사 신부, 의사 정도로만 생각했으니 나의 무지에 대해 누구를 탓할 수 있으랴. 그렇다면 대체 푸코 신부의 삶은 어떠했길래 더 많은 사람에게 회자되고 성자로 추앙받는지, 더불어 이태석 신부가 실천한 봉사와는 어떤 차이가 있는지, 삶의 궤적은 어떠했는지 등을 알아보는 일은 뒤늦게나마 이태석 신부를 알게 된 미안함을 복원하는 과정이라 생각한다. 동시에 개인적인 차원에서뿐만 아니라 이 두 인물의 삶에 대한 인식론적(epistemological) 가치를 되새겨봄으로써 '소수자'의 삶을 살아간 이태석 신부를 새롭게 재조명하는 일이 될 것이다.

2. 샤를르 드 푸코 신부는 누구인가?

샤를르 드 푸코 신부는 성직자라는 신분 이외에도 군인, 탐험가, 은둔자, 수도사, 언어학자 등으로 살아간 인물이다. 그의 삶은 어린 시절부터 다양한 삶의 궤적을 보여주고 있다. 1858년 프랑스와 독일의 접경지대인 스트라스부르의 귀족 가정에서 태어난 푸코 신부는 6세 때 고아가 된 후 부유한 할아버지 밑에서 성장하였다. 유복한 할아버지 밑에서 자라면서 그는 타인과의 관계에서 다소 거만한 태도를 보였다고 한다. 할아버지는 푸코를 교회에서 키우려 했지만 신앙을 거부한 그는 예수회가 운영하는 기숙 학교에서 성장했다. 하지만 학교와 기숙사의 종교적 준수와 금욕적 관행에 거부감을 드러냈고, 심지어 그는 이런 생활을 혐오스럽게까지 생각했다. 그를 처음 접했을 때는 철없는 어린아이, 반항아적인 청소년의 모습이었다.[4]

어쨌든 어렵사리 학위를 취득하고 학교를 떠난 후 모험에 목말라 있던 그는 프랑스 군에 입대하면서 기독교와 거리를 둔 삶을 살아갔다. 군 장교 시절 그를 아는 사람들은 푸코 신부를 가리켜 타락한 플레이보이라고 할 정도로 종교와는 무관한 삶을 살았다. 군 생활 중 할아버지가 돌아가셨을 때 그는 많은 상속 재산을 받았지만 짧은 시간에 많은 재산을 탕진하였다. 즐겁고 사교적이며, 옷차림이 세련되고 우아하며 맛있는 음식을 먹는 것을 좋아하는 푸코 신부는 군사 훈련을 받지 않을 때는 라틴어와 그리스어를 배우는 걸 좋아했다. 성실하지는 않지만 자신이 좋아하는 언어 공부는 이후 사하라에서 무슬림 현지인의 언어를 배우고 그들과 살아가는 데 큰 도움을 준 것 같다.

23살에 군을 떠난 푸코 신부는 모로코에서 아프리카의 북부 지역을 탐험하기 시작했지만 무슬림들의 위협으로부터 프랑스로 돌아온다. 1882년에는 알제리로 파견 갔지만 애인을 데리고 가는 바람에 부대에서 해고되기도 했다.[5] 자유분방한 삶으로 많은 사람의 지탄을 받았지만 그래도 모로코와 알제리에서의 생활은 그에게 엄청난 세계를 맛보게 해주었다. 이 모든 것은 식민지를 통치하는 프랑스가 아니었으면 가능하지 않았을 것이다. 1886년 프랑스로 돌아와 다시 가톨릭 신앙으로 복귀하면서 스스로가 하나님을 위해 사는 것 이외에는 달리 할 수 없음을 깨닫게 된다. 이후 프랑스와 시리아의 트라피스트, 아크베스 수도사로 지냈고, 1890년에는 나자렛의 가난한 성 클라라 수녀원 근처에서 은둔자로 살아갔다. 종교적으로 무엇을 해야 하고 어떻게 살아야 할지를 이때서야 비로소 깨닫기 시작한 것이다. 깨달음의 소명은 철저하게 겸손한 사람과 공동체를 만드는 일에 투신

할 수 있게 해주었다. 이렇듯 그의 인생은 방탕한 삶과 여행에서 얻은 세상의 지식, 군인으로서의 삶에서 이후 종교적 타자를 위한 중보 기도를 통해 다시 태어난다. 세상의 가장 험지인 사하라 사막에서 헌신적이고 고독한 삶을 살게 된 것은 이때부터이다. 나자렛 예수의 삶을 본받아 가난한 이들과 함께 하려는 삶, 설교보다는 모범을 통해 복음을 전파하려는 선교 방식을 생각한 것도 이때부터다.

1901년 43세의 나이로 사제 서품을 받고 푸코 신부는 사하라의 투아레그(touareg)[6] 사람들을 위해 봉사하기로 마음을 먹었다. 그리고 가장 외진 곳에서 버림받았다고 생각하는 사람들 사이에서 살고자 사하라로 떠났다. 사하라에서 기독교, 이슬람, 유대교, 이교도 등 모든 사람을 환영하고 그들 각각의 신앙과 문화를 깊이 존중했다. 사하라에서도 가장 오지라 할 수 있는 타만라셋(Tamanrasset)[7]의 험순한 호가드(Hoggar)[8] 시억에서 13년 동안 투아레그 사람들과 생활하면서 현지 주민과 하나가 되어 살 수 있었다. 그가 투아레그어를 익혀 배운 내용을 토대로 쓴 투아레그-프랑스어 사전(Dictionnaire touareg-français, 2005. L'Harmattan)은 그가 얼마나 현지인의 생활에 깊이 들어가 살았는지를 알게 해준다. 그가 만든 사전은 오늘날 그 어떤 언어학자의 작업 이상으로 위대한 학문적 업적이 있는 사전으로 평가받는다. 필자 또한 그의 사전으로 현지 언어를 공부하곤 했다. 푸코 신부는 사전 작업 이외에도 투아레그 사람들의 시와 속담을 프랑스어로 번역하기도 했다. 그가 번역한 시와 속담은 오늘날까지도 투아레그 사람들의 문화를 일 수 있는 귀한 작품으로 평가받고 있다.

푸코 신부는 호가르 산맥의 가장 높은 지점인 아세크렘을 은거지로 사용했다. 그는 성체성사(聖體聖事)와 복음을 자기 삶의 중심에 두었으며, "나의 삶으로 복음을 외치고 싶다"[9]고도 했다. 사하라에서 13년을 보낸 그는 이 지역에 살고 있는 무슬림을 비롯한 타 종교를 믿는 모든 사람들에게 추앙을 받았다. 누구보다 그 지역의 문화와 언어를 사랑하고 지역민들과 함께하려 했기 때문이었다. 또 이런 행동이야말로 가톨릭을 무슬림에게 가장 잘 전파할 수 있다고 여기고 언어를 배워 복음서로 번역했다. 설교보다 헌신적이고 환대하는 삶의 모범으로 현지인들이 그렇게 하듯이 자신도 같은 삶을 살았다. 이는 그의 '보편적 형제애'의 이상을 실천하는 구체적인 방법이기도 했다.

푸코 신부가 세운 사하라의 교회

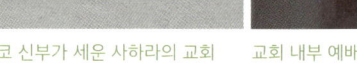
교회 내부 예배당

푸코 신부와 기독교인 묘

1916년 12월 1일 샤를르 드 푸코 신부는 사하라의 무슬림에 의해 머리에 총을 맞고 순교했다. 그가 죽었을 당시에는 그를 기억하는 사람들은 별로 없었다. 그는 그렇게 사하라의 사제이자 은둔자로 머물기를 원했고, 그것이 하나님에게 큰 영광을 돌리는 길이라고 믿었다. 지금도 그의 묘지는 아무도 찾지 않는 사하라 한복판에서 교회 홀로 과거의 기억을 외롭게 지키고 있을 뿐이다. '은둔자'라는 이름에 맞게 사후에도 사하라에서 자신의 소명을 다하고 있는 것 같다. 사막에서 그의 헌신으로 여러 종교 단체가 생겨났다. 가장 유명한 단체는 "예수의 작은 형제회"(Little Brothers of Jesus)와 "예수의 작은 자매회"(Little Sisters of Jesus), 그리고 그의 카리스마에서 영감을 받은 수많은 평신도 협회들이 있다.[10] "작은 형제회"는 1933년 파리에서 5명의 신부 주도하에 창립하여, 푸코 신부의 삶을 추구하고자 했다. 1969년에는 한국에도 진출하였다.[11] "작은 자매회"는 1939년 창립되어 인종과 문화, 종교를 초월하여 가난한 이들과 함께 살며 연대 해가는 실천적 삶을 강조했다. 한국에는 1965년에 진출하였다.[12] 두 수도회 모두 푸코 신부의 나자렛 영성을 바탕으로 하며, 가난한 이들과 함께 살며 노동하는 삶을 통해 예수님의 삶을 본받고자 했다. 그들은 작은 공동체를 이루어 살면서 주변의 가난하고 소외된 이들과 연대하고, 그들과의 우정을 통해 복음을 실천하고자 했다는 점에서 푸코 신부의 삶과 흡사하다.

푸코의 삶은 상기 언급한 수도회를 통해 전 세계적으로 알려졌으며, 2005년 11월 13일 교회 베네딕트 16세에 의해 시복되었고, 2022년 5월 15일 로미의 성베드로 광장에서 프란체스코 교황에 의해 시성되었다.

3. 푸코 신부에 비춰 본 이태석 신부

샤를르 드 푸코 신부와 이태석 신부는 성직자라는 것과 북아프리카(알제리, 수단) 오지에서 현지인과 생활을 같이했다는 공통점이 있다. 하지만 상술한 바와 같이 푸코 신부의 삶과 이태석 신부의 삶은 시대와 개인적인 성장 과정의 차이, 게다가 언어학자와 의사라는 전문 분야에서도 차이가 있다. 개인적으로 늦게 알게 된 이태석 신부의 삶이 푸코 신부에 비해 훨씬 이채롭고 헌신적이라고 생각하지만 그에 관한 평가를 할 수 없을 정도로 너무도 훌륭한 삶을 살다 간 분들이다. 분명한 점은 세계적으로나 종교적으로 이태석 신부가 덜 알려져 있음은 부인할 수 없는 사실로 보인다. 왜 그럴까? 먼저, 상대적으로 기간이 짧다. 이태석 신부가 2001년부터 2007년까지 남수단에서 활동한 것에 비해 푸코 신부는 십수 년을 사하라에서 생활했다. 동양인이라는 점도 상대적으로 이태석 신부를 덜 알려지게 한 원인이 될 것이다. 영어나 프랑스어와 같이 글로벌한 언어로 기록되는 선교사에 비해 이태석 신부의 삶은 한국어로 기록되었기에 인지도 면에서 제한적일 수밖에 없다. 이 점에서 한강이 노벨상에 기여한 외국 번역가들을 생각하며, 언젠가 이태석 신부의 존재감도 널리 퍼지는 날이 오기를 희망한다. 역사적 맥락에서 서구의 선교사는 오랜 역사를 기록하고 연구했지만 한국의 경우 최근의 일로 노출 빈도가 적었다. 그렇다 보니 세계의 이목을 끌지 못했음은 당연한 일이다. 이외에도 서구중심주의적 지역주의와 종교관 등 쉽게 규정할 수 없는 다양한 요소들이 이태석 신부를 덜 알려지게 한 요인이 될 것이다. 그럼에도 불구하고 이태석 신부는 푸른 눈의 유럽인과 비교해볼 때 대체 무엇이 더 숭고해보이게 하는가.

이태석 신부를 마주할 때 가장 인상적이었던 건 그의 선한 모습이다. 영화나 책 등은 물론 그의 생가를 방문했을 당시에도 가장 눈에 들어온 모습은 그의 미소였다. 누구보다도 아이들을 사랑했던 이태석 신부는 그 자체로 어린아이의 순수한 모습을 보여준다. 마치 그가 톤즈에 처음 도착했을 때 밤하늘 별들의 향연을 보면서 느낀 모습이 그의 얼굴을 닮은 듯해 보인다.

- *(제임스 신부와의 대화 중에서)* "밤하늘이 아름답지요?
- 예, 신부님. 제 생전에 이렇게 많은 별은 처음 봅니다.
- 저도 톤즈에 처음 왔을 때 존 형제님과 같은 생각을 하며 밤하늘을 바라봤습니다. 나이로비에서는 이런 별들이 보이지 않습니다.[13]

그의 눈빛은 가진 것이 너무 많은 우리 자신을 되돌아보게 한다. 이태석 신부는 나눔이 줄어드는 게 아니라 무한히 생성된다는 점을 일깨워 준다. 그래서 그의 얼굴은 늘 기쁨과 선한 얼굴의 이미지로 우리에게 다가온다. 동료들은 그의 눈을 가리켜 '보석을 알아보는 눈'이라고 말하기도 했다.[14] 사막의 아이들을 대하거나 진료할 때 그의 눈은 밤하늘의 별처럼 영롱함을 가졌으리라. 나눔을 실천함으로써 삶을 행복하게 이끌어 준 그의 삶은 은둔자로 사막에서 살아간 샤를 드 푸코의 삶과는 다른 듯하다.

이런 삶은 그가 영적 스승으로 삼았던 돈 보스코(Don Bosco, 1815~1888) 신부에게서 온 것이라 한다. 이탈리아 출신의 돈 보스코 신부는 평생을 가난하고 소외된 청소년들의 교육과 구제에 헌신한 인물이며 살레시오 수도회를 창립했다. 이태석 신부가 1991년 살레시오 수도회에 입회한 것도, 특히 남수단에서 교육과 의료에 헌신한 것도 이런 연유에서이다. 실제로 그는 톤즈에서 '돈 보스코 학교'를 설립하여 청소년 교육에 심혈을 기울였다.[15] 이렇듯 교육과 의료에서 조건없는 사랑과 나눔의 실천은 많은 아이들이 돈 보스코와 이태석 신부에게 다가갈 수 있도록 했다. 아이들은 누구보다 자신을 사랑하는지, 그렇지 않은지를 잘 안다. 그들은 돈 보스코가 자신들을 가장 사랑해 준 사람이란 걸 알고 있다. 그렇기에 돈 보스코 신부는 늘 웃고 즐거웠을 터이다. 이태석 신부도 마찬가지이다. 그와 삶을 같이 나눠본 적이 없는 필자는 그의 영상과 책, 사진을 보고만 있어도 그가 얼마나 선한 의지를 가지고 나눔을 실천했는지를 알게 된다. 그는 아이들과 있을 때 미소 짓지 않은 적이 없는 것 같다. 아무리 아이라 할지라도 사람에 대한 소중함을 누구보다 잘 알고 있기에 이태석 신부는 매 순간 열정과 정성을 다했으리라.

이태석 신부가 처음 국내 언론에 소개한 톤즈의 사진이 공개되면서 큰 방향을 일으켰다. 일반적으로 아프리카에 대해 많은 사람들이 알지 못했던 당시였고, 생각보다 열악한 현지의 상황을 보며 이런 곳에서 헌신하는 성직자가 있다는 것에 많은 사람들이 놀라지 않을 수 없었다. 부정부패로 가득한 국내 소식과 경제적인 어려움, 하지만 전기조차 제대로 없는 톤즈의 상황을 본 사람들은 살레시오회 아프리카 후원 계좌로 성금을 보내기 시작했다.[16] 그가 병원을 짓고 의사로서 본격적으로 헌신하게 된 것도 이쯤이었지만 너무 무리를 해서인지 말라리아에 걸리고 말았다. 하지만 이태석 신부는 이런 상황을 대수롭시 않게 넘기곤 했다. 그가 단순히 봉직의(pay doctor)로 머문 게 아니라 그리스도적 사랑과 사명감이 있는 의사로 남고자 했기에 가능한 일이었을 것이다.

그가 의사로서 보인 이타적인 삶은 종교적 색채를 띠지 않았다. 개신교든 가톨릭, 불교, 이슬람교를 구별 짓지 않는다. 이 점에서는 샤를르 드 푸코 신부와 같은 보편적인 인류애를 지향한다. 프랑스의 사회학자 피에르 부르디외는 개인적 취향이 사회적으로 결정되며 이를 통해 '구별짓기distinction'가 벌어진다고 주장했다.[17] 사회적 '구별짓기'란 곧 계급적 차별화를 의미하며, 부르디외는 사회적 개인으로서 성, 학력, 소득 등이 정치적 의식과 태도를 결정하고 무의식과 습관, 문화에까지 '구별짓기'를 내면화한다고 했다. 이태석 신부에게 보이는 것은 이런 '구별짓기'가 전혀 없다는 것이며, 그래서 그에게 종교적 구분은 별 의미가 없었을 것이다. 도움이 필요한 사람에게는 도움을 주고, 희망을 잃은 사람에게는 희망을 주려고 할 뿐이었다. 사랑을 잃고 방황하는 사람에게 사랑을 주니 종교가 무슨 큰 의미가 있을까. 게다가 한국에서는 중산층 이상의 의사였지만 아프리카의 오지에서 가난한 사람들과 함께 했다는 사실에서 '구별짓기'의 틀을 벗어난 삶을 살았다. 부르디외가 말하는 '문화적 자본 cultural capital' 또한 그에게는 해당되지 않는 경우이다. 이태석 신부는 자신의 의학 지식과 음악적 재능이라는 문화적 자본을 톤즈 주민과 같이 공유했다. 자신이 갖고 있는 문화적 자본을 구별짓기의 도구가 아닌 나눔과 봉사의 도구로 승화시킨 것이다. 이 점에서 그는 진정한 '소수자'이며 '다수자'의 위상을 갖는 존재론적 지위를 가질 수 있다고 할 수 있다.

    푸코 신부가 언어학에 정통하며 이후 자신의 선교 지역에서 언어학자로서 투아레그 사람과 교감한 것처럼 이태석 신부 또한 음악에 재능이 있었다. 초등학생 시절 피아노 소리에 이끌린 이태석 신부는 집안 형편상 피아노를 배울 수 없자 대신 성당에서 풍금을 배웠다고 한다. 두어 달 만에 미사 반주를 할 수 있는 실력을 갖춘 그는 작곡도 시작했다. 초중학교 때는 쉬운 동요도 만들었고, 대회에 나가 성악 부문에서 상을 받기도 했다. 그가 작곡한 <묵상>[18]은 그가 아프리카 오지에서 살아갈 것을 미리 예견한 듯 보이기도 했다. 의대에 다닐 때에도, 이후 신부가 된 이후로도 그는 늘 음악과 함께했다. 2005년 1월 초 남수단과 북수단이 평화협정을 맺으면서[19] 이태석 신부와 같이 있던 주민들이 기쁨에 넘치고, 신부 또한 너무도 감사한 마음에 '슈크란 바바'(토착민의 언어 딩카어로 '하느님 감사합니다')를 작사 작곡하기도 했다.[20]

슈-크란 슈-크란 슈-크란 바-바
슈-크란 슈-크란 슈-크란 바-바
슈-크란 슈-크란 슈-크란 슈-크란 슈-크란 슈-크란 바-바

이 곡을 만든 그날 밤 이태석 신부는 십자가 앞에서 무릎을 꿇고 오랫동안 감사의 기도를 드렸다. 남수단과 북수단의 평화협정 종결도 그렇지만 전쟁과 가난으로 상처받은 아이들을 위해 현지어로 노래를 만들면서 주민들과 소통할 수 있음에 감격했을 것이다. 이태석 신부는 톤즈의 아이들과 운동하고 놀면서 음악이 없음에 의아해했다. 아프리카인의 정신세계는 음악과 불가분의 관계를 맺는다. 신화와 전설은 물론 풍자와 찬미, 특히 심령을 치유하는 도구로서 음악을 일상화하고 있다. 수단과 같은 위도에 있는 말리에서 '그리오'(Griot)는 사회적으로 중요한 계급이 기도 했다. 서아프리카의 역사가, 이야기꾼, 찬양 가수, 시인, 음악가를 겸하는 사람을 일컫는 '그리오'는 오늘날 아프리카의 중요한 문화 파수꾼이다. 이런 전통은 그들이 노예로 이끌려 간 미국이나 유럽에서도 여전히 남아 있고, 북아프리카에서도 독특한 형태의 음악(그나와, 스탕발리, 디완느 등의 이름[21])으로 자리하고 있다. 그야말로 아프리카에서는 음악이 그 자체로 즐거움을 주는 것이다. 하지만 톤즈에서는 전쟁과 폭력으로 아이들은 음악을 잊고 살았다. 이태석 신부는 이런 아이들의 모습을 보며 음악을 가르쳤다. 그 결과 연말 '너에게 평화를 주노라'(I give you peace)라는 주제로 2박 3일 동안의 축제를 준비했다. 500여 명의 젊은이가 참여했고 이 축제에 참석하기 위해 4~5일을 걸어서 다른 곳에서 온 사람들도 있었다고 한다.[22] 이 축제를 계기로 톤즈의 아이들이 얼마나 음악을 좋아하고, 지역민을 화합시킬 수 있는지를 알게 되면서 이태석 신부는 합창단과 그룹사운드를 만들기 시작했다. 그의 삶은 작은 것으로부터 시작된 삶이었지만 단순히 종교에만 국한되지 않고 정서적으로 지역민과 같이 하는 삶, 의술을 통해 봉사함으로써 이타적인 삶을 살다 간 '소수자'의 삶이기도 했다. 학문적인 차원에서의 '구별짓기'를 뛰어넘은 그의 삶은 그 자체로 '소수자'의 삶이었다. 하지만 이 '소수자'는 생성의, 긍정의, 창조적인 '소수자'라는 점에서 그 누구와도 구별될 수 있는 존재이다.

4. '소수자'의 삶, 이태석 신부

수단에서의 8년이 왜 그리도 영향력을 떨칠 수 있었을까? 의사이자 신부인 그의 삶 때문이었을까? 적어도 이태석 신부의 삶에서는 그 이상의 영향력이 있어 보인다. 그가 걸었던 '소수자'의 삶의 길에 동력이 있는 것이 아닐까를 생각해 본다. 그가 걸었던 길은 의사라는 계급을 벗어난 것, 고통의 감수성을 벗어난 인류애적 헌신 등 기존의 질서와는 다른 길, 다른 세계관을 포함한다. 그가 이룬 '소수자'로서의 '차이'는 수동적으로 주어진 것이 아니라 적극적으로 행동하고 모색한 것이다. 자신조차 모르고 오로지 하나님 이외에는 알 수 없는 그런 것을 행동으로 보여준 사람이다. 프랑스의 철학자 질 들뢰즈는 그의 동료 펠릭스 가타리와 더불어 이와 같은 소수자를 가르켜 "생성이자 과정이고 이를 집합이나 상태와 혼동해서는 안된다"(천개의 고원 : 67)라고 강조했다.

이런 의미에서 우리는 '소수자'가 단순히 사회적 약자이거나 보호받거나 보호해야 할 대상이 아님을 직감할 수 있으며, 권력과는 거리가 먼 사람을 지칭할 수 있다. '소수자'는 주변인과 마찬가지로 주류 사회에서 배제의 대상이 되곤 한다. 이태석 신부도 남수단의 어린이들도 이런 대상이었으리라. 그렇다고 '소수자'가 주변인과 동일하다는 것은 아니다. 주변인은 늘 중심에 들어가려 하기 때문에 중심이 가진 척도(부와 명예 등)를 동경한다. 미국 사회에서 히스패닉이나 흑인이 동양인을 타자화하려는 것과 비슷하다고나 할까. 하지만 '소수자'는 사회적인 척도로는 환원되지 않는 '역량'(power)을 갖는다. 주변인이 부러워하는 욕망(부, 권력, 명예 등)을 '소수자'는 절대적인 지향 지점으로 두고 있지 않기 때문이다. '소수자'는 다수자가 욕망하는 그런 삶에는 관심이 없다. '소수자'는 그들의 세계에 없는 것을 얻고자 할 뿐이다. 그런 의미에서 이태석 신부의 삶은 보통의 인간이 추구하는 것과는 다른 진정한 '소수자'의 삶이었다. 희망을 잃은 사람에게 희망의 메시지를 전달해주고 그것이 한 사회, 지역 공동체 등에 미친 파급 효과는 이태석 신부 한 사람의 '소수자'가 다수자의 위상을 확보한 것이다. 주변인이 말하는 권력 이상의 위상을 지닌다는 의미이다. 그의 영향력은 단순히 숫자의 많고 적음으로 고려할 수 있는 것이 아니다. 그런 면에서 이태석 신부는 샤를르 드 푸코 신부와는 훨씬 더 큰 삶의 궤적을 보여주는 것 같다. 물론 푸코 신부가 무슬림의 땅에서 이룬 업적을 과소평가할 수는 없다.

　이렇듯 '소수자'는 흔히 사회적 약자, 소외 계층을 일컬을 때 통용되고 있다. 남아공에서 백인 비율은 10% 남짓이지만 사회 곳곳에서 누리는 영향력에 있어서 그들은 다수자의 위상을 차지한다. 인간은 동물보다 개체 수가 훨씬 적지만 인간-자연의 관계에서는 늘 다수자의 위치에 있다. 이런 면에서 '소수자'는 누군가가 돌봐야 할 대상으로 간주되곤 했다. 그들은 성과 나이, 장애, 인종, 국적, 종교, 사상 등에서 사회의 지배적 가치와 기준을 달리한다는 이유로 차별받거나 불평등한 사람들로 지칭되기도 했다. 이들은 신체적 혹은 문화적 특징 때문에 주류 집단과 구별되어 사회적 자본을 획득하는 데 불리한 위치에 있어 왔다. 들뢰즈의 관점을 통해 비쳐 본 이태석은 단순히 수적인 개념이 아니라 지배적인 권력 구조에서 벗어나려는 '소수자'와도 같았다. 이런 점에서 사회를 통제하는 권력에 의해 결정되는 다수자와는 대비되며, '소수자'는 다수자가 제시하는 정상성의 기준을 뒤흔드는 존재가 될 수 있다. 이태석 신부는 우리 사회에서 누구도 할 수 없는 '소수자'의 삶을 산 인물이다. 그가 다른 사람과 구별되는 것은 누구나가 사는 방식이 아닌 삶을 살았다는 면에서 탈주하는 '소수자'이다. 그런 의미에서 이태석이라는 '소수자'는 창조하고 이타성을 가진 긍정적 삶의 양태로서 '소수자'를 지향할 수 있었을 것이다. '소수자'는 그렇기에 그들만의 문제가 아닌 우리의 문제로 같이 호흡하고 공유될 수 있는 것이다. 단순히 수적인 면에서의 '소수자' 이상으로 이미 그는 '다수자'의 위상을 가질 정도로 그와 많은 사람들이 함께 할 수 있도록 했다.

　신부와 의사, 선교사, 음악가 등으로서의 삶을 살아간 이태석 신부는 분명 우리에게 '차이'의 삶을 주고 갔다. 그가 남긴 '차이'의 삶은 수동적으로 주어진 것이 아니라 적극적으로 기획되고 모색되었다는 점에서 푸코 신부는 물론 다른 수많은 신부와 의사로서의 삶을 산 사람들과는 다른 것 같다. 그것은 시작도 끝도 없는 삶과도 같다. 그렇기에 이태석 신부의 '소수자'로서의 삶은 생성이자 과정이며, 창조적 실천 행위였다. 그가 어떤 삶을 살았는지는 많은 책과 방송, 영화, 기록 일지 등에 나와 있다.

음악가로서의 이태석   친구로서의 이태석

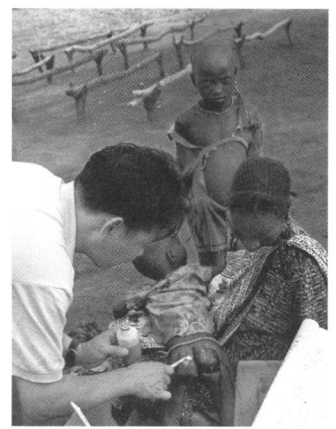

의사로서의 이태석

5. 나가면서

샤를르 드 푸코와 이태석 신부는 개인적으로 아프리카에서 혹은 한국에서 마주한 '소수자'였다. 그들의 삶은 수적인 면에서나 사회적 약자로 볼 수 없는 다른 차원의 관점을 제시해주고 있다. 주지한 바와 같이 푸코 신부는 사하라 사막이라는 곳에서 가장 버림받은 소수자 속에서 보편적 형제애를 실천하며 나자렛 예수의 삶을 본받아 살고자 했다. 반면 이태석 신부는 전쟁과 내전으로 점철된 남수단 톤즈에서 교육과 의료 선교를 통해 사람을, 마을을 주체적으로 변화시키려 했다. 두 명의 훌륭한 신부는 지구상의 가장 오지에서 중심에서 배제된 사람들과 함께했다는 공통점이 있지만, 다른 면이 있다. 특히 이태석 신부는 톤즈 마을을 단순히 수동적인 존재로서 도움을 받는 사람으로 생각하지 않은 것 같다. 오히려 스스로를 변화하고 새롭게 만들어갈 수 있는 주체자로 대했다. 교육을 통해, 운동과 음악을 통해 전쟁과 가난으로 상처받은 아이들에게 브라스밴드를 만들면서 무엇이 사랑이고 행복인지, 창조적 행위가 무엇인지를 끌어낼 수 있도록 했다. 이는 톤즈 사람을 타자화된 대상이 아닌 동반자적인 관계로 생각했기에 가능했을 것이다. 상호영향 관계 속에서 톤즈 사람을 변화시키고 자신 또한 그들과의 관계 속에서 변화하고 성장할 수 있었다는 점에서 기존의 척도로 환원할 수 없는 존재가 되었다.

세계의 오지에는 많은 구호 단체들이 존재한다. 그가 활동을 통해 보여준 또 다른 괸점은 초국가적(transnational) 시대에 전 지구적 차원에서 중심에서 배제된 사람들을 바라볼 필요성을 제시해준다. 동시에 의료와 교육, 문화 등 다양한 영역을 아우르는 통합적 지원을 펼쳤다는 점에서 이태석 신부는 이미 '소수자'의 문제를 융합적 시각에서 바라본 사람으로 평가될 수 있을 것이다. 오늘날 사회는 그 어느 때보다 융복합적 사고방식과 그에 기반한 창의적 인재 양성을 중요시한다. 열악한 환경에서도 그는 새로운 문제 해결 습득 능력을 보였다. 음악 밴드 구성이나 한국 방문 시 산부인과 치료법 습득 등은 융복합 교육에서 강조하는 창의적 문제해결 능력과 맞닿아 있는 것이다. 오늘날 융복합적 인재 양성에서는 다양성과 포용성을 강조한다. 그런 의미에서 그의 삶은 종교와 문화, 인종의 경계를 넘어서 인류애의 실천 행위를 보여주었다.

이태석 신부의 삶은 소수자에 대한 우리의 인식과 접근 방식을 근본적으로 재고하게 만듦으로써, 복잡한 현대 사회에서 어떻게 다양한 역량을 통합하고 실천할 수 있는지를 보여주었다는 점에서 또 다른 선구자적인 혜안을 남기고 간 것은 아닌가 한다. 그의 삶은 샤를르 드 푸코와 같은 서구 성인과는 또 다른 선교자의 모델을 보여주었다는 점에서 여러 시사하는 바가 크다.

주석

내가 아는 아프리카의 두 신부, 샤를르 드 푸코와 이태석 신부

1 Giancarlo Pani, "Charles de Foucauld: Prophet of Universal Fraternity", *CatholicOutlook*(2022.5.14.).

2 아프리카 사헬 지역은 사하라 사막과 사바나기후 지역 사이에 넓게 '띠' 모양으로 분포하는 반건조기후 지역이다. '사헬'은 아랍어로 '가장자리' 또는 '변두리'를 뜻하는 단어로, 대략 북위 12°~20°에 있으며, 약 6,400km에 이르는 길이의 지역이다. 동부의 수단에서 차드, 니제르, 말리, 부르키나파소를 거쳐 서쪽 기니에 이른다. 이중 수단만 영국 식민 지배를 받았고, 나머지 국가는 프랑스의 식민 지배를 받았다(임기대 2023).

3 VaticanNews, ""보편적 형제" 샤를 드 푸코, 성인품 오른다"(2020.5.27.).

4 Britannica, "*Charles Eugène*, vicomte de Foucauld"(2024.11.27.).

5 Pierre. Sourisseau, Charles de Foucauld. 1858~1916. Biografia, Cantalupa (To), Effatà, 2018, 21.

6 주로 사하라 사막에 거주하는 베르베르인의 일파이다. 알제리, 리비아, 말리, 니제르, 부르키나파소에 걸쳐 있으며 인구수는 약 4백만 명 정도를 헤아린다. 이슬람교를 믿지만 남녀가 평등하며 철저히 계급사회를 이루고 있다(임기대 2021).

7 알제리와 니제르에 접해 있으면서 알제리 영토에 속하는 오아시스 도시이다. 인구는 약 10만 명 정도이며 식민 지배 당시 프랑스의 사하라 이남 진출의 군사기지가 있었다.

8 수도 알제에서 약 1,500km 남쪽에 있으며 해발 고도 800m 이상의 암석 사막이 있으며, 최고 높은 곳은 3,000m에 달하는 고지대이다. 선사시대의 유적지가 곳곳에 있어 일반인의 접근이 제한되고 있다.

9 *Catholic News Agency*, "Charles de Foucauld, Catholic 'revert' turned saint" (2022.12.1.).

10 *Catholic News Agency*, "Charles de Foucauld, Catholic 'revert' turned saint" (2022.12.1.).

11 가톨릭 신문, "[교구 수도회 영성을 찾아서] 예수의 작은 형제회(하)"(2023.2.21.).

12 가톨릭 신문, "[영성의 향기를 따라서 - 수도회 탐방] 예수의 작은 자매들의 우애회 - 영성과 활동"(2001.12.2.).

13 『신부 이태석』, 108쪽.

14 "이태석 신부는 진주를 알아봤다", 한겨레(2020.4.24.).

15 "살레시오회 관구장 '남상헌' 신부", 동아일보(2011.6.27.).

16 『신부 이태석』, 167쪽.

17 피에르 부르디외, 『구별짓기』, 최종철 옮김, 새물결, 2005.

18 묵상(이태석 작사 작곡, 생가에서 옮김)
   : 십자가 앞에 꿇어 주께 물었네. 추위와 굶주림에 시달리는 이들 총부리 앞에서 피를 흘리며 죽어가는 이들을 왜 당신은 보고만 있냐고 눈물을 흘리면서 주께 물었네 세상엔 죄인들과 닫힌 감옥이 있어야만 하고 인간은 고통 속에서 번민해야 하느냐고 조용한 침묵 속에서 주 말씀 하셨지 사랑, 사랑, 사랑 오직 서로 사랑하라고 난 영원히 기도하리라 세계 평화 위해 난 사랑하리라 내 모든 것 바쳐

19 수단은 수많은 내전으로 점철된 국가이다. 크게 볼 때 제1차 수단 내전(1955~1972)이 있었고, 제2차 수단 내전(1983~2005)이 있었다. 이태석 신부가 '슈크란 바바'를 만든 해는 제2차 수단 내전이 종식된 해이다. 하지만 수단은 이후에도 지속적으로 분쟁이 발생하면서 아프리카 최대 난민이 발생하고 주변국의 안전도 위험해지고 있다.

20 『신부 이태석』 203쪽.

21 임기대, 「아프리카와 이슬람, 토착문화의 융합 현상 사례 연구: '그나와', '스탕발리', '디완느'를 중심으로」 『아프리카문화연구 2』(2024), 1~22쪽.

22 『신부 이태석』 185쪽.

모든 날이 좋았습니다
행복한 사람 이태석

오현석 부산대학교 국어교육과 교수

부산대학교 사범대학 국어교육과에서 현대문학을 가르치며 미래의 국어선생님을 길러내는 일을 하고 있다.
요산 김정한 소설에 관한 연구로 부산대에서 석·박사 학위를 받았으며 부울경 지역과 지역문학에 대한 관심으로 <해석과 판단> 비평공동체, 『오늘의문예비평』 편집장, <부울경젊은비평가들의모임> 등 비평 활동을 이어왔다. 우리 사회에서 소외당하고 핍박받아 온 존재들에게 관심을 가지고 한센인, 노동자, 수형자, 장애인 등 문학으로 이들의 삶을 살피는 연구를 해나가고 있다.

가르침을 아는 사람,
교육실천가 이태석

오현석
부산대학교 국어교육과 교수

"…가장 작은 이들 가운데 한 사람에게 해 준 것이
바로 나에게 해 준 것이다."
<마태복음 25, 40>
(이태석 신부의 성경소구)

톤즈 아이들의 눈에 비친 세상은 자신이 살아남기 위해 타인을 죽고 죽이는 곳이었다. 비극적이지만 톤즈 아이들의 조국 수단은 어린이의 꿈을 실현할 수 있도록 아이들을 품어줄 여유가 없었다. 생존에 필수적인 먹을 것조차 구하기 어려운 상황에서 아이들은 가족, 사회, 국가의 보호를 받고 자랄 수 있는 상황이 아니었다. 그런 환경 때문에 아이들은 누가 가르치지 않아도 어릴 때부터 자신의 목숨을 부지하기 위해서 타인에 대해, 사회에 대해 생존 본능의 방패막을 작동시켰다. 이처럼 인간 대 인간의 정을 느끼기 어려운 곳을 처음 마주한 이태석[1]은 자신이 "많은 것이 부족해도 뭔가 할 수 있을 것 같은 느낌"[2]을 받고 자신이 있어야 할 자리라고 단언했다. 그리고 그의 나이 마흔에 지천명으로 받아들인 수단의 삶은 후에 그가 단언한 대로 수단 톤즈의 아이들을 위한 실천이자 섬김으로 이어졌다.

수단은 1955년 영국 식민지에서 해방되었지만 인종, 종교, 부족 등의 복합적인 갈등으로 남수단과 북수단의 대립이 표면화되면서 그때부터 수단 내전이 시작되었다. 수단은 문제의 해법을 찾지 못하고 거의 70년이 지나고 있는 지금까지도 내전을 겪고 있다. 한국도 거의 비슷한 시기에 해방을 맞이했고 이념 대립의 과정 속에서 전쟁을 겪었다. 이처럼 수단의 근·현대 역사는 한국의 역사와 비슷한 길을 걸었다. 하지만 한국은 한국전쟁 이후 휴전 상황 속에서 빠르게 국가 재건에 성공했지만, 수단은 여전히 혼란의 상황을 벗어나지 못하고 있다는 것이 오늘날 두 나라의 차이다.

이 글은 이러한 두 나라의 차이를 '교육'의 관점에서 살펴보고자 한다. 교육은 그 나라의 근간이라고 한다. 누구나 알고 있듯 교육은 10년, 20년 후 국가의 근간이 될 자라나는 아이들을 대상으로 미래를 만들어가는 일인 까닭이다. 현대 사회에서 교육시스템이 잘 갖추어진 국가는 유아기부터 10대 후반까지 15년 이상의 교육을 제공한다. 이러한 교육시스템은 아이들이 사회로 진출하는 10년~20년 후 그 사회의 양적, 질적 발전을 위한 투자이다. 즉, 교육은 그 사회의 10년~20년 후 미래를 도모하는 준비 과정이자 지속 과정이므로 어떠한 경우에도 멈추어서는 안 된다. 교육이 멈춘다는 것은 결국 그 나라의 미래가 소실됨을 의미이기 때문이다.

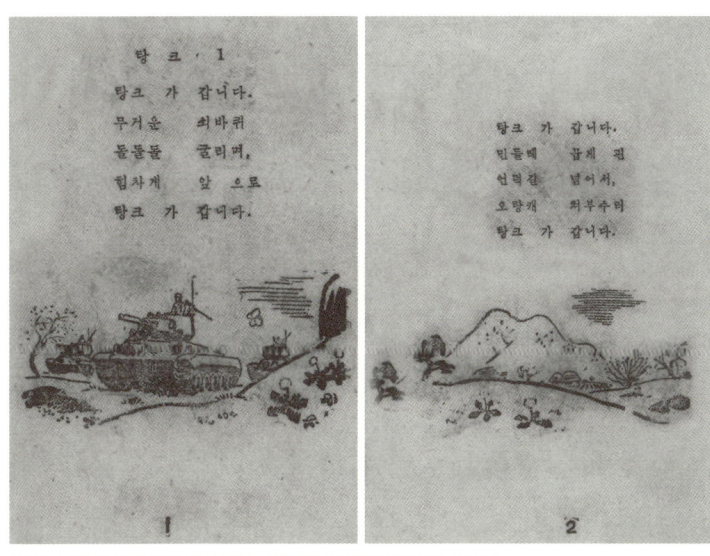

출처 : 문교부, 『전시생활1~2 탱크』, 합동도서주식회사, 1951, 1~2쪽.

대한민국은 한국전쟁기에 국가의 존립과 국민들의 생사의 위기 속에서도 학교 교육을 이어갔다. 피난지 부산에는 천막 학교가 곳곳에 들어섰고, 그조차 어려운 상황에서는 나무 그늘 아래가 학교가 되었다. 극한 상황에서도 한국에서는 교육을 지속하기 위해 당시 『전시생활독본』 등의 교재가 발간, 보급되어 학생들의 학습을 도왔다. 위에 제시된 1~2학년용 『탱크』는 치열하게 한국전쟁이 진행 중이었던 시기에 초등학교 1~2학년 학생들을 위해 발간된 교과서로 당대 독특한 현실을 잘 반영하고 있다. 전시생활독본은 대한민국 교육이 전쟁 중에도 멈춤 없이 지속되었다는 사실을 증명하는 증거이자 교육에 대한 열망을 드러낸 징표이기도 하다.

그런데 이러한 전시 교과서가 아이들의 가치관 형성에 어떠한 도움이나 영향을 미쳤는지는 다시 판단할 일이다. 1~2학년 아이가 『탱크』에 수록된 그림과 "오랑캐 쳐부수러 탱크가 갑니다"는 글을 통해서 어떤 생각과 사실을 배울 것인가? 전시독본으로 공부한 아이가 미래에 어떤 존재로 자신의 국가에 기여할 것인가를 상상해 보면 긍정과 부정이 교차할 수밖에 없다.

교육은 아직 순수함으로 채워져 있는 아이들의 내면을, 또는 비어있는 내면을 무엇인가로 채워가는 과정이다. 더욱 중요한 것은 아이들이 스스로 자신의 내면을 채워갈 무엇인가를 선택할 수 있는 선택권이 그리 많지 않다는 점이다. 그렇기 때문에 교육 제도나 방법, 교육에 대한 사회의 관심이 아이들의 미래를 만드는 데 절대적인 영향을 미친다는 것을 망각해서는 안 된다. 즉, 교육이 아이들의 성장에 영향을 줄 수 있는 다른 가능성을 모조리 제거해 버리고 하나만을 집착한다면, 아무리 전시라는 핑계가 있더라도 그 사회의 미래가 다양성을 상실하고 고착

되는 결과를 낳는다. 그것은 아이들의 의식이나 가치관의 형성에 고정관념을 심어줄 가능성이 크고 이후 사회의 변화를 막아서는 결과를 낳기도 한다.

한국의 전시 상황은 약 3년에 불과했지만 수단은 반세기를 훌쩍 넘어 지금까지 내전이 이어져 수많은 피해를 낳고 있다. 1955년 수단이 독립할 때 태어난 아이들이 이제 70대 노인이 된 지금, 즉, 평생을 전쟁 속에서 대부분의 삶을 살아온 수단의 민간인들은 지금도 여전히 전쟁의 공포 속에서 하루를 버티며 살고 있다. 특히 정치적 이데올로기가 전쟁의 원인이었던 한반도와는 달리 수단 내전은 인종, 종교, 부족, 종교, 경제 등 여러 가지 원인이 중첩되어 첨예하게 각각 권력을 지닌 세력들이 대립했기 때문에 잠시 내전이 해소되었다가 다시 반복되는 등 여전히 그 합의점을 찾기가 어려운 상황이다. 이러한 증오의 고리를 끊을 수 있는 유일한 수난은 수난 사람들의 '넘춤'이나. 하시만 서로 상대 부족, 종교에 대한 부정적, 비판적 의식이 수십 년간 고착되면서 보복의 보복을 낳았다. 물론 긴 시간 동안 정부군과 반군에 의해 수많은 민간인 학살이 자행되어 왔고, 상대 종교, 상대 부족에 대한 테러가 끊이지 않았기 때문에 서로를 불신하고 배척하는 풍토가 만들어진 것은 사실이다. 이 때문에 그들의 내부에 두려움, 분노 등 생존의 본능이 발아, 증폭, 유전되어 DNA 속에 새겨진 것처럼 상대에 대한 폭력성을 작동시켰다.

이러한 극단과 극단이 충돌하던 공간인 수단으로 이태석은 갔다. 시제 시품을 받기 진 빙문했던 남수단 돈즈에서 그는 '가장 작은 이들'을 만나게 되었다. 그곳에서 그는 톤즈 아이들의 미래를 그려보았던 것 같다. "하찮을 수 있는 1%가 누군가에게는 100%가 될 수 있"[3]는 곳이 자신이 있어야 할 자리임을 자각했다. 그는 특히 톤즈 방문에서 그 무엇보다 아이들에 관심이 많았다. 폭격으로 무너진 학교 건물을 보고 아이들이 공부할 수 없는 것을 안타까워했다. 하루 한 끼 먹을 것조차 없어 생존을 걱정해야 하는 아이들이 스스로 미래를 상상할 여유조차 없음을 안타까워했다. 그런 아이들을 도와줄 어른이 없음을 안타까워했다.

이태석은 사제의 길로 나아가기로 결심하고 살레시오회를 찾았다고 한다. 그는 아이들에 관심이 많았고 아이들과 잘 어울렸고 아이들을 잘 알았다. 청소년 사목에 집중했던 살레시오회에 들어간 이유도 아이들에 대한 관심이 있었기 때문이었다. 그는 수도원 생활 중에 아이들과 함께 생활하는 공동체에서 사제로서 성품도 수련했지만 교육자로서의 자질도 키워나갔다. 이태석은 아이들이 신체적, 정신적으로 성장하는 여러 요소에 대해 관심을 가지면서 수도원에서 직접 아이들과 부딪히며 그것을 익히고 깨달았다.

어찌 되었든 전쟁과 같은 예외 상황에 이르게 되면 한 개인이 인간의 존엄성을 유지하면서 주체적으로 자신의 권리를 행사하거나 자유를 누릴 수 없게 된다. 말 그대로 인간성 상실의 상황이 지속되는 것은 성장하는 아이들에게 치명적인 상처를 남긴다. 의식이 신체를 지배하는지, 신체가 의식을 지배하는지에 대한 논의는 철학과 사회학에서 다양하게 전개되었지만 수단에서는 현실 속 위협 받는 신체가 의식을 작동시켜왔다고 할 수 있다. 아이들은 살아남기 위해서 소년병이 되기도 했고, 팔려가기도 했다.

이태석은 톤즈에서 이러한 아이들의 상흔이 지속되는 것을 막고자 했다. 이태석이라는 한 인간이 톤즈의 아이들을 위해 남수단의 모든 것을 바꾸고 문제를 해결해 주지 못했다. 아니, 그는 자신이 유한한 존재임을 알고 처음부터 모든 것을 해결할 것이라고는 생각하지 않았을 것이다. 그렇기 때문에 아이들의 교육에 관심을 가졌다. 교육은 처음부터 열매를 내어주는 것이 아니라 씨앗을 뿌리고, 물을 주고, 풀을 뽑고, 꽃 피우고 수정시키면서 열매를 맺을 수 있는 상황을 만들어주는 것이기 때문이다. 이태석은 자신이 얼마를 내어줄 수 있는 부자나 권력자가 아님을 스스로 너무도 잘 알고 있었다. 단지 그가 말한 것처럼 부자나 권력자가 가지지 못한 교육의 가능성에 대한 신념이 있었다. 이태석은 아주 작은 1%의 힘만 나누더라도 그것이 모여 100%가 될 '미래'를 살펴볼 수 있는 능력을 지닌 선각자였다.

이태석 신부가 세상을 떠난 다음 해인 2011년, 그의 첫 부임지였던 톤즈가 속한 남수단은 수단으로부터 독립한다. 비록 신부는 남수단 톤즈의 평화를 보지 못했지만 1950년대부터 반세기 넘게 이어졌던 수단 내전이 종식되고 톤즈 사람들이 평화롭게 살아가기를 기원했던 그의 바람이 이루어졌다. 그래서 톤즈에 잠시 간의 평화가 찾아왔고 이태석이 10년 가까이 뿌리고 길렀던 씨앗들이 거친 땅에 뿌리를 내리고 그 없이도 각자의 역할을 충분히 해내기 시작했다. 브라스밴드가 한국을 방문[4]해서 한국-아프리카 경제장관회의에서 공연하는 등 남수단 평화 시기에 국제적 지원과 협조를 통해서 톤즈의 아이들이 아이들답게 자랄 수 있는 토대가 마련되었다. 또한 톤즈에서 의사 이태석을 꿈꾼 2명의 아이들은 이태석의 모교 의대에서 의사 수련 과정을 거쳐 전문의[5]가 되었고, 이태석과 함께했던 70여 명의 톤즈 아이들은 의사, 약사, 기자, 공무원 등[6] 수단 사회의 든든한 지지대 역할을 하는 인물로 성장했다. 교육실천가 이태석이 바라본 교육의 미래가 바로 수단의 지금인 것이다.

1. 가르침을 시작하는 마음

'예수님이라면 이곳에 학교를 먼저 지으셨을까, 성당을 먼저 지으셨을까?'

이태석의 답은 "아무리 생각해 봐도 학교를 먼저 지으셨을 것"[7]이었다. 사실 이 질문은 이태석에게 '종교의 가치가 먼저인가, 교육의 가치가 먼저인가'를 확인하는 것이 아니다. 사제의 신앙심, 종교관은 세계 전체이자 자기 전부이기 때문에 이에 대한 논의는 사실 의미가 없다. 오히려 이태석이 톤즈에 학교를 세

우려고 한 것은 종교만큼이나 교육을 중요한 가치로 생각하고 있음을 시사하고 있다는 사실에 우리는 주목할 필요가 있다. 이태석에게 종교와 교육은 목표와 실천을 실현하는 데 필수적인 두 요소이다. 즉, 그에게 가르침은 종교를 품고 있고, 종교는 가르침을 품고 있다. 이태석이 지닌 '가르침'에 대한 마음은 오로지 아이들에게 고정되어 있기 때문에 다른 무엇도 그 자리를 비집고 들어올 수 없었다. 그렇기 때문에 학교가 먼저라는 말을 할 수 있는 것이다.

수단 어린이를 가르치는 이태석

부산 남부민동에서 나고 자란 이태석은 송도성당에서 유년 시절을 보내면서 성당, 신부님, 친구들의 영향을 많이 받았다. 당시 남부민동에는 전쟁고아들을 돌보기 위해서 송도성당에서 운영하는 고아원이 있었다. 전쟁의 고통이 여전히 남아있었던 부산의 피난민촌에서 어린 이태석이 목격했던 비참한 아이들의 현실은 사회를 보는 시각을 길러주었디. 또한 아이들에 대한 애정이 있음을 스스로 자각하는 시간이기도 했다.

가르침의 마음은 대상에 대한 애정에서 시작한다. 지금도 사범대학에서는 무엇보다 교사로서 지녀야 할 기본적인 자질로 '성직자관'을 함양하도록 가르친다. 즉, 어떤 유혹에도 흔들리지 않고 성직자와 같은 포용과 사랑의 마음으로 학생을 대하는 것이 교육자의 기본 역량임을 의미한다. 직업인으로서 교육자로 점점 인식되는 지금 현실에서도 교육에 성직자관이 여전히 필요한 이유는 교육은 기계처럼 전달과 반응으로 학습되는 것이 아니라 인간 대 인간이 교감하고 관계를 만들어 나가는 것에 기반하기 때문이다. 교육에 마음이 없고 가르침과 배움만 존재한다면 그것은 미래가 아닌 현재를 모면하는 임시방편일 뿐이다. 교육은 지금 순간을 위해서 있는 것이 아니라 미래에, 그리고 또 이어질 미래를 도모하는 것이기 때문이다. 마음이 이어져야 다음 세대로 교육이 지속될 수 있음에 이태석은 가르침 지식보다 가르침의 마음이 교육에 더 필수적인 요소라는 것을 알고 있었다.

그래서 이태석은 사제가 되기로 결심하면서 아이들과 함께 어울릴 수 있는 살레시오와 인연을 맺었다. 그가 수도원에서 사제로서의 꿈을 다듬어갔던 시간은 돌이켜 보면 미래의 톤즈를 위해서 가르침을 시작하는 마음을 키우고 가꾸고 펼치며, 교육활동가이자 교육실천가로서 준비의 과정이었던 시기임을 알 수 있다. 이렇듯 살레시오 수도회에서 아이들과의 생활은 이태석이 지니고 있던 가르침의 마음을 실질적으로 키워가는 자양분이 되었다.

> *봉구를 보면서 많은 생각들을 하곤 했다. 처음부터 이렇게 태어나지 않았으니 분명히 누군가가 이렇게 만들었고 그렇게 만든 사람에게 책임이 있다는 생각이 들었다. (…) 실제 범인은 나를 포함한 이 땅의 어른들이 아닌가 싶다.*[8]

봉구라는 아이가 어른을 불신하고 문제아가 된 것이 누구의 잘못인지, 무엇이 문제인지 이태석은 깊이 성찰하고 있다. 이는 어떻게 보면 인간의 아주 근원적인 고민이자 종교와 맥이 맞닿아 있는 고뇌였다. "처음부터 이렇게 태어나지 않"은 아이를 "이렇게 만들었"던 실체는 바로 교육이다. 교육의 부재는 교육이 없음을 의미하지 않는다. 올바른 교육이 없는 공백은 항상 또 다른 비교육적 교육이 파고든다. 왜냐하면 인간은 끊임없이 자신의 외부 세계와 소통, 교감하면서 살아가는 존재이기 때문이다. 가족의 보살핌 없이 알콜중독인 할머니의 손에서 자란 봉구가 배울 수 있었던 것은 자신을 둘러싼 그 세계 말고는 없었다. 봉구가 보아온 세계에서 자신을 보호하고 살아남기 위해 자신이 강함을 보여줄 수 있는 유일한 방법이 문제적 행동이었다고 할 수 있다.

이태석은 살레시오 수도회에서 고민했던 것을 톤즈에서도 고민했다. 상대가 총이나 정글도를 기지고 자신을 언제 해힐지 모를 상황에서 살아온 톤즈의 아이들은 상대의 적대적 눈빛, 손짓 하나가 자신의 목숨을 가져갈 수 있는 상황을 끊임없이 경험했다. 그들은 상대보다 먼저 움직여 상대를 해하는 것이 자신이 살아남을 수 있는 유일한 방법임을 배웠고 실행했다. 이 역시 사회적으로 교육된 결과이다.

　　이태석은 모든 상황이 교육이 문제이자 해결책임을 알고 있었다. 그래서 그는 단순하게 현재의 문제 해결을 위해서 뭐든 '가르치면 된다'는 생각은 효과가 없음을 직시했다. 가르치기 이전에 아이들의 적대적 눈빛을 지워야 했고, 보이지 않는 적대적 마음을 비워내야 했다. 그래서 이태석은 교육을 단순한 수단으로 활용하기 이전에 아이들의 문제가 어디에 연원하고 있는지 관심을 가지고 문제의 해결책을 찾았다. 즉, 근원적 원인에 대한 의문을 통해 문제의 대응책을 찾고자 했으며, 그것을 실천함으로써 그는 현장의 문제를 해결해 나갔다.

　　이태석은 아이들에게 음악, 미술, 수학, 영어를 잘하기 위한 교육을 하지 않았다. 가르침의 시작점에서 먼저 교육자로서 가르침을 시작하는 마음을 다잡으며 아이들을 관찰했다. 톤즈에서 아이들이 비워내야 할 것과 이태석 자신이 채워 넣을 수 있는 것을 고민하고 실천했던 결과 톤즈의 미래를 지속시킬 수 있었다. 만약 그가 교육을 수단화했다면 그가 세상을 떠나면서 자리를 비운 톤즈는 다시 원래대로 돌아갈 수밖에 없었을 것이다. 하지만 그는 톤즈에 교육 내용을 전달하는 전달자에 그친 것이 아니라 가르치는 이가 지녀야 할 마음을 톤즈 아이들이 느끼고 감응할 수 있도록 만들었다. 그 결과 비록 그가 세상을 떠났지만 톤즈 아이들은 그의 마음을 깨닫고 꾸준히 그의 가르침의 방향을 따라서 꿈을 이어갈 수 있었다.

> 전부가 부족하고 모든 것이 필요한 막다른 골목 같은 세상이었습니다. 하지만 그곳의 맑게 뛰어노는, 그리고 밝은 모습의 많은 젊은이를 보면서 '희망'이라는 단어를 떠올릴 수 있었습니다. 돈 보스코가 우리에게 물려준 올바르고 참다운 교육, 이성의 교육, 사랑의 교육이면 그들의 미래도 어둡지만은 않겠다는 생각을 할 수 있었습니다.[9]

몇 년 전 <스카이캐슬>이라는 드라마가 큰 인기를 누렸다. 모든 조건이 갖추어진 환경에서도 교육의 본질을 망각한 교육은 실패한다는 사실을 보여주었다. 반면 모든 것이 부족한 톤즈이지만 '희망'을 품은 교육은 성공할 수 있다는 신념을 이태석에게 발견할 수 있다. 희망과 교육이 결합하여 예상할 수 없는 시너지 효과를 일으켜 교육의 힘을 명백히 보여준 톤즈의 사례는 우리가 이태석을 교육실천가로 보아야 할 이유이기도 하다.

2. 하라: 가르침의 마음

이태석은 아이들의 교육이 '이러이러해야 한다'는 말은 거의 남기지 않았다. 하지만 그가 아이들과 어울리고, 의사로서 진료하고, 학교에서 가르치고, 브라스밴드를 지도하는 장면 장면에서 교육의 진리를 보여주는 체화된 행동들이 드러났다. 그것은 의도하거나 목적성을 지닌 것이 아니라 그저 가르치는 이의 자연스러운 행위일 뿐이었다. 인위적으로 무엇인가 도입하고, 적용하려 했다면 그것은 가르침의 마음이 아니다. 교육은 아이들이 그것을 또 받아들일 마음이 있어야 하기 때문이다. 즉, 이태석은 학생들이게 '이렇게 하라, 이렇게 배워라'가 아니라 자기 자신에게 '내가 해야겠다, 내가 할 것이다'라는 방식으로 교육의 초점을 치환시켰다. 가르치는 사람의 몫은 끊임없이 자신을 만들어가는 것이고, 배우는 이의 몫을 만들어내는 것이 아니라 자연스럽게 따라오는 결과라는 것을 그는 알고 있었다. 그래서 가르치는 사람이 가르침의 마음을 준비하고 발휘하면 그것으로 된 것이다.

이처럼 교육은 의도한다고 해서 의도한 대로 이루어지지 않고, 또 의도하지 않은 효과가 나타나기도 한다. 이태석은 이 지점을 명확히 알고 있었다. 교육은 교육자나 제도가 원하는 대로 오차 없이 만들어지는 상품이 아니기 때문에 어떤 상황에 대비해서라도 교육자는 그에 바로 적응·적용할 수 있는 능력을 길러야 한다는 것이다. 이태석의 삶을 통해서 우리는 체화된 진정한 교육자의 역할, 임무를 확인할 수 있다.

2-1. 준비하라

이태석은 어린 시절부터 아이들에게 관심이 많았다. 자신이 사회에서 해나가야 할 역할을 예측한 것처럼 자기 내부에 가르침의 마음을 실천하기 위한 역량을 쌓아나가기 시작했다. 성당의 성가대 활동을 하면서 스스로 피아노 등 악기를 익히고 그것을 다시 성당 아이들에게 가르침으로써 가르침의 마음을 실행에 옮기기도 했다. 이태석이 지녔던 가르침의 마음의 뿌리는 무엇보다 그가 나고 자란 남부민동의 언덕빼기 송도성당임을 부인할 수 없다. 그는 어린 시절 살았던 동네와 가족을 통해서 신앙의 가르침을 알아차렸다. 또 그 가르침을 실천하기 위해서 가장 중요한 배우는 이와 가르치는 이의 마음을 이해하고 교육의 효과를 극대화하기 위해서 다양한 방법을 활용했다.

신의 가르침을 알아차린 사람

태석이 다니던 남부민초등학교에는 '소년의 집'에서 오는 학생들도 있었다. 소년의 집은 1969년 소 알로이시오 신부가 송도성당 주임 자리에서 물러난 후 세운 시설이었다. 소 알로이시오 신부는 남부민동 옆 암남동(현재 감천로 237)에 소년의 집을 짓고, 문제를 일으켜 '영화숙'이라는 시설에 수용되었던 7~12세의 이른바 불량소년 300명을 받아들여 본격적인 소년 교화와 교육 사업을 시작했다. (……) 초등학교 3학년이던 태석은 그들을 볼 때마다 안쓰러운 생각이 들었지만, 거친 말을 입에 달고 다니는 그들

과 친구 할 용기는 나지 않았다. 그러다가 주일학교에서 "가장 보잘것없는 형제 한 사람에게 해준 것이 곧 나에게 해준 것과 같다"(<마태복음> 25장 40절)라는 성경 구절을 들은 후부터 태석은 용기를 내 같은 반에 있는 소년의 집 원생 영수에게 다가갔다.[10]

이태석이 살았던 남부민동에는 1950년대부터 송도성당을 중심으로 전쟁고아 등을 돌보기 위해서 <성모보육원>, <소년의 집> 등 영유아, 아동·청소년 보육시설이 만들어졌다. 특히 소 알로이시오 신부와 마리아수녀회가 활발하게 활동하면서 부산 서구 일대에 자리 잡은 아동보호시설에서 당시 한국에서 소외되고 장애를 지닌 어린이들이 보살핌을 받았다.[11] 이와 함께 1960년대 부산 장림에 있었던 <영화숙>[12]에서 혹독한 인권유린과 육체적, 정신적 고통을 받았던 아이들이 <소년의 집>으로 전원해 왔다. 이렇듯 어린 시절 이태석은 집 앞 골목에서, 성당에서 이런 아픔을 지닌 아이들과 함께 자랐다. 이태석이 살았던 집이 송도성당 바로 아래 위치해서 성당에서 시설 아이들과 어울리고 같은 학교를 다니면서 유년 시절을 보냈기 때문이다. 그러다 보니 자연스럽게 신체적, 심리적으로 불안을 겪었던 아이들이 이태석의 눈에 들어오기 시작했다. 그래서 어려움에 처한 아이들의 모습을 어린 시절부터 살펴볼 수 있었다.

이태석의 집안 사정 역시 홀어머니가 바느질을 하며 10남매를 키우던 매우 열악한 상황이었다. 그렇지만 이태석은 자신보다 더 낮은 자리에 있었던 시설 아이들에 대한 부채 의식을 많이 지니고 있었던 것으로 보인다. 그것은 가톨릭 신앙을 실천하는 이태석의 집안 분위기에 많은 영향을 받았다. 이처럼 10남매 중 신부가 된 형님과 수녀가 된 누이, 그리고 뒤를 이어 신부가 된 이태석까지 어린 시절 송도성당이 자리 잡은 남부민동은 이들이 타인의 고통에 공감하고 베풀 수 있는 준비를 하는 결정적인 공간이었다.

이태석의 어린 시절 경험은 이후 신부의 길을 걸어갈 때 자신이 지향해야 할 길을 닦아 놓았다. 군의관 근무 중 만난 황용연 신부는 이태석의 길을 이미 내다보고 있었다. "돈 보스코 성인이 청소년과 함께하는 삶을 살면서 창설한 살레시오회가 아이들과 음악을 좋아하는 이태석에게 잘 맞을 것 같다."[13]는 생각을 했지만 황용연 신부는 이태석에게 바로 살레시오를 추천하지 않고 다양한 경험을 할 것을 조언했다. 오히려 다양한 경험은 이태석이 흔들리지 않고 자신의 길을 확신하는 계기가 되었다. 이처럼 이태석에게 신이 가야 할 길을 직업 보여주거나 주변에서 정해주지 않았다. 하지만 이태석은 아이들과 어울리기를 결심했다. 성당과 가족의 영향 아래 스스로 신앙의 의미를 알아차렸기 때문에 이태석은 어린 시절 품었던 꿈—청소년 교육에 대한 열망—을 실현할 수 있었던 행복한 사람이다.

배우는 사람의 마음을 이해한 사람

이태석은 당사자성을 매우 잘 이해하고 실천하는 사람이었다. 자신이 선생님으로, 신부로, 의사로 활동하면서 만나야 할 학생, 신도, 환자의 마음을 이해하는 데 집중했다. 왜냐하면 가르치기 전에 학생이 어떤 수준이며 어떤 생각인지 알아야 하며, 종교를 전하기 전에 신도가 어떤 마음으로 종교를 찾았는지 알아야 하며, 현재 아픈 증상만 치료하기보다는 환자가 어떻게 아프게 되었는지를 파악하여 근원을 치료하는 것이 필요하기 때문이다. 상대의 마음을 잘 알아차리는 것은 교육이든, 치료든 그 효과를 증폭시킨다.

이태석이 톤즈에 유일한 의사로 아침부터 밤까지 환자 진료해야 하는 열악한 상황이었지만 그가 환자 진료를 하면서 가장 중요하게 생각한 것은 무엇보다 환자를 있는 그대로 이해하는 것이었다. 그러기 위해서는 시간이 필요했다.

> *지금도 환자들이 진료실에 들어오면 5초 정도는 환자들이 걷는 모습을 관찰하고 10초 정도는 아무 말 없이 환자들의 눈을 물끄러미 들여다본다. 짧은 순간이긴 하지만 사실은 많은 대화가 오고 가는 진실된 순간이다.*[14]

사실 한국에서는 의사에게 이러한 여유가 주어지지 않는다. 1년에 6,000명이 넘는 환자를 진료해야 하고 환자 1인당 진료

시간도 4분 정도에 불과[15]하기 때문에 한국에서 의사는 환자의 객관적 검사 수치를 바탕으로 빠르게 판단하고 치료를 결정하는 능력이 중요하다. 그래서 잠시 의사가 환자의 얼굴 한번 살필 시간적 여유를 내는 것도 쉽지 않은 현실이다. 하지만 이태석은 환자 바라봄을 진료의 시작으로 삼았다. 누군가를 알고 이해한다는 것은 바라봄이 시작임을 그는 알고 있었다. 실제로 언어로 표현되지 않는 인간의 눈빛과 표정은 많은 정보를 포함하고 있다. 하지만 그 정보를 이해나 해독하는 것이 쉽지 않기 때문에 우리는 일상에서 대부분 언어적 정보에 의존한다. 반면 이태석은 앞서 언급한 바와 같이 타자에 대한 공감, 이해를 위해 끊임없이 사람을 살피기 때문에 환자를 진료하면서 그러한 비언어적 정보에 가치를 두었다.

이처럼 의사 이태석이 실천하고 있는 바라봄처럼 교육 역시 누군가를 이해하는 것에서 시작한다. 도움이 필요한 이, 가르침이 필요한 이의 마음을 알아차리고 공감의 표정과 몸짓만으로도 학생들을 교육의 현장에 몰입시킬 수 있다. 이해가 동반되지 않는 가르침은 사실 현재의 장면을 벗어나면 영향력을 발휘할 수 없다. 즉, 교육의 지속성이 무너지는 것이다.

이태석은 또한 배우는 이의 수준과 상황을 알아차리고 해결책과 대안을 제시하고 준비하는 데 능했다. 가르치는 데 진리는 가르치는 이가 준비한 교육 내용을 전부가 아니라 그 교육 내용과 배우는 이가 만나는 장면에서 비로소 드러난다는 것을 그는 잘 알고 있었다. 그에게 정해진 교재, 정해진 교육방법, 평가는 존재하지 않았다. 오로지 배우는 이의 특성과 능력을 고려하여 그에 맞는 교육을 만들어가는 것이었다. 그가 톤즈에서 아이들을 가르치고 브라스밴드를 지도하면서 이러한 배우는 이에 대한 마음을 이해한 여러 사례가 있다.

> 톤즈의 아이들이 쉽게 부르려면 가사는 쉬운 영어로 써야 했고, 곡조는 간단하면서 흥겨운 게 좋을 것 같았다. 그는 아이들이 '떼창'으로 부르기 좋게 "I give you peace"를 반복하면서 음의 높낮이에 변화를 줬다.[16]

> 악보에 담겨있는 자상함은 보는 사람을 숙연하게 했다. 아이들이 쉽게 곡을 하다가 놓쳤어도 또는 뭐 어디 하는지를 모르고도 다시 중간에 시작할 경우 자 17번 마디하겠습니다. 그러면 아이들이 누가 불어도 어떤 사람이 불어도 이게 이 악보 기호대로 따라 불면 그 곡이 완성될 수 있도록 해놓은 겁니다.[17]

톤즈의 아이들은 이태석이 톤즈로 오기 전까지 악기를 전혀 본 적이 없었다. 물론 악기를 연주해 본 적이 없기 때문에 악보도 볼 필요가 없었다. 노래 역시 톤즈의 전통음악 말고는 접할 기회가 없었다. 그런 아이들에게 노래를 가르치고 밴드를 만들어서 오케스트라 연주를 한다는 것은 망상에 가까운 계획이었다. 그런데 이태석은 이것을 현실로 만들었다.

음악을 받아들이는 아이들

　교육은 하나를 아는 것에 그치는 것이 아니라 아는 것을 바탕으로 학습자가 스스로 적용, 응용하는 데까지 나아가야 학습의 효과가 극대화된다. 여기에 필요한 것이 교수자의 안목과 수준별 맞춤 교육이다. 이태석은 톤즈 아이들의 현재 음악 능력이 아니라 그들이 지니고 있는 음악적 감각을 알아차렸다. 그리고 그러한 감각을 발전시키기 위해 아이들의 수준, 당시의 분위기, 함께 할 수 있는 활동 등 주어진 상황에 적합한 교육 방법을 끊임없이 고민했다. 위의 인용문에서처럼 영어를 잘 모르고 음계를 모르는 아이들을 위해서 가사를 단순화하면서 리듬을 유지하고 음의 높낮이만 변화시켜 합창이 가능하도록 만들었다. 악보를 잘 못 보는 밴드 아이들이 연주에 적응하도록 하기 위해 악보를 보기 쉽게 편곡했다. 이태석이 이러한 활동은 배우는 이의 마음을 꿰뚫고 있기 때문에 가능한 것이었다. 자신이 아는 것을 어떻게 전달할 것인지 아는 것은 가르치는 사람이 지녀야 할 가장 큰 보석이다. 이태석은 스스로 그 보석을 어린 시절, 군의관, 사제의 길을 걸으며 갈고 닦으며 준비했기에 톤즈 사람들의 마음을 얻을 수 있었다.

2-2. 실천하라

교육은 실천이 동반되지 않으면 의미가 없다. 교육 현장에서 교육 목표와 내용이 실천적 행위로 실현되어야만 그 목적을 달성할 수 있다. 교육 현장은 교수자와 학습자의 교류와 교감으로 채워진다. 교육 내용(가르쳐야 할 것)은 동일하지만 교수자와 학습자 사이에 교육 내용이 어떻게 전해지느냐에 따라서 교육의 효과와 성패가 좌우된다. 이태석은 교육 내용의 전달에 있어서 가장 중요한 요소로 '실천'을 중시했다. 시작하지 않으면 얻는 것이 없다는 것은 누구나 다 아는 사실이지만 '시작'을 시도할 수 있는 용기를 지니고 실행하는 사람은 많지 않다. 하지만 이태석은 실천에 있어서 거침이 없는 사람이었다.

기꺼이 함께 하는 사람

이태석은 배우는 이의 마음을 잘 알아차릴 뿐만 아니라 가르치는 이의 마음가짐이 무엇이어야 하는지도 잘 알고 있었다. 그래서 무엇보다도 그는 교수자와 학습자의 거리를 좁히는 데

힘썼다. 가르침과 배움은 다르지만 그 다름을 차이로 인식하면 교수자와 학습자 사이에 막이 생긴다. 그러한 장막은 교육의 자연스러운 오고 감을 막아선다. 이태석은 이런 장막을 걷어내는 방법으로 '함께'하는 교육을 택했다. 이태석은 살레시오 수도원에서 수행하면서 그곳 아이들과 함께 어울리며 '함께 하라'라는 진리를 배운다.

> 이태석은 노승피 신부의 모습을 보며 그에게 농구는 단순한 운동이 아니라, 아이들의 친구가 되기 위해서는 함께 뛰어노는 것도 중요하지만, 자신의 기쁨보다 아이들의 기쁨을 먼저 생각하는 것이 더 중요했다. 이태석은 땀 흘리며 농구장을 뛰어다니는 노승피 신부의 모습을 통해 청소년을 사랑하려면 어떤 마음가짐을 가져야 하는지 배울 수 있었다. 그는 겸손과 양보 그리고 자신을 낮추는 모습을 가슴 속 깊은 곳에 새겼다.[18]

가르치는 자의 마음가짐은 권력자의 마음과 같이 유혹이 많다. 가르치는 이의 몸과 마음이 편할 수 있는 교육의 방법은 수없이 많다. 매번 교육과정이 개정될 때마다 일선 학교에서 채택하는 교과서가 몇몇 출판사에 집중된다는 비판이 있었다. 또 2022년 개정 교육과정에 따른 디지털 교과서도 한창 논란의 중심에 있다. 무엇보다 교과서는 학습자에게 효과적이고 교육적 가치를 잘 전달하는 것이 선택의 기준이 되어야 한다.

그런데 교수자의 몸과 마음이 편하기 위한 교재를 교수자가 선택할 수도 있다. 이것은 교육의 본질에서 어긋난 것이다. 이런 현상이 발생하는 것은 학습자를 교육 현장의 동반자로 인식하지 않고 대상으로만 여기고 전달만 하면 된다는 인식이 존재하기 때문이다. 교육은 현장에서 '함께'하는 것이다.

이태석은 노숭피 신부를 통해서 가르치는 사람의 마음가짐이 실현되는 현장을 경험했다. 잘하든 못하든 그것이 중요한 것이 아니라 교육은 인간이 인간과 함께 만들어가는 것임을 다시 한번 깨닫게 한 현장이었다. 사회에서 문제를 일으켜 수도원에서 생활하는 아이들은 주위에 자신들과 어울리려고 하는 사람들을 접하기 어려울 수밖에 없다. 잘못에 대한 사회의 배타적 시선은 쉽게 사라지지 않기 때문이다. 하지만 수도원의 사람들은 달랐다. 아이들 역시 사회의 일원으로 살아가야 할 존재이기 때문에 사회인으로 스스로 자립할 수 있는 교육이 필요했다. 그 교육의 바탕에 '함께 하기'가 기본적으로 내재되어 있었기 때문에 수도원에서 이태석은 이를 바탕으로 아이들과 어울릴 수 있었다.

그런데 함께 하기 위해서는 마음만으로 부족하다. 아이들이 의심하고, 싫증 내고, 고통스러워 할 때 이를 해결해 줄 능력이 존재해야 함께함의 관계가 지속될 수 있다. 이태석은 아이들과 함께하기 위해서 다양한 지식과 능력을 쌓아나갔다. 고등학교 때 성가대에서 후배들에게 기타를 가르쳐 주기 위해서 본인이 먼저 기타를 독학[19]했고, 로마에서 부제로 공부할 때 자신이

전공하는 신학부 과목이 아니라 교육학부 과목인 청소년사목학, 복음화와 교리 교육, 종교사회학의 강의를 청강[20]했다. 또 톤즈에서 브라스밴드를 조직하기 위해서 본인이 다양한 악기 사용법을 익혔다.[21] 함께 하기 위한 그의 노력은 알아야 가르칠 수 있다는 교육의 기본 명제를 명확하게 보여준다.

교육자 이태석의 능력은 뛰어난 개인의 재능에 기반하고 있음은 부인할 수 없다. 뭇사람들이 볼 때 이태석은 원래부터 뛰어난 사람처럼 보인다. 음악적 재능과 소질이 남달랐고, 운동도 잘하며, 그림도 곧잘 그렸고, 공부에도 재능을 보여 의대에 갈 수 있었다. 게다가 건강한 몸까지 타고난 그는 일반인들이 볼 때 질투가 날 수밖에 없는 사람[22]이다. 하지만 이러한 능력을 모두 갖추었다는 것이 교육의 필수 조건은 아니다. 교육은 단시간 내에 이루어지거나 1회로 끝나는 이벤트가 아니기 때문이다. 이태석은 교육의 특성을 잘 이해하고 있었기 때문에 자신의 능력을 활용해서 교육 효과를 극대화할 수 있는 자질을 스스로 키워나가기 시작했다.

가르침의 힘을 믿고 실천한 사람

이태석은 한계가 있는 인간이다. 모든 인간은 신이 아니기에 한계가 있을 수밖에 없다. 한 인간의 능력을 뛰어넘는 인간 승리는 언제 어디서나 가능한 것이 아니다. 이태석은 자기 능력을 아무리 발휘해도 혼자만의 힘으로 톤즈의 변화를 이끌어가는 것이 불가능하다는 것을 이미 알고 있었다. 그래서 모두의 힘을 보탤 수 있는 교육을 수단으로 활용했던 것이다. 교육은 1명이 2명, 2명이 4명으로 끊임없이 복제와 확산, 발전이 가능한 인간의 고차원적인 능력이기 때문이다. 자신이 뿌리는 하나의 씨앗이 성장해서 열매를 맺고 수십 개의 씨앗을 만들어 다시 그 밭에 퍼져가는 모습을 이태석은 상상했을 것이다. 톤즈에서 이태석은 교육실천가로서 이전에 아이들을 좋아하던 수도원 수사에서 더 나아가야 했다. 이태석은 교육 실천을 통해서 1%가 100%가 될 수 있는 마법을 펼치고자 했다. 특히 혼자 힘으로 다 해낼 수 없는 부분을 찾아서 적재적소에 인재를 배치하고 활용하는 능력이 뛰어났다. 그렇기 때문에 그는 단순한 교육자가 아니라 교육실천가, 교육행정가의 면모를 지닌 존재이다.

> *그때 이동 진료를 다니던 자동차가 너무 낡아 수리 불능 상태가 되었다. 이태석 신부는 임시방편으로 주변 80개 마을에서 의료 보조원으로 일할 만한 사람을 뽑아 일주일에 한 번씩 교육시켰다.*[23]

> *당시 학교에서 가르치는 과목은 영어와 수학이었다. 제임스 신부는 나무 밑에 아이들을 모아놓고 수학을 가르쳤고, 영어는 룸벡이나 또 다른 도시인 와우의 공립학교에서 교사 경험이 있는 청년들을 고용했다. 이태석 신부는 진료를 마치고 방과 후 오라토리오에서 아이들에게 음악을 가르쳤다.*[24]

톤즈에서 이태석은 의사, 신부, 선생님, 지휘자, 수리공, 상담원, 노동자 등 다양한 역할을 했다. 물론 앞서 언급한 바와 같이 다양한 분야에 재능을 지니고 있었기 때문에 가능했다. 하지만 이태석이 모든 문제를 해결하는 것이 톤즈를 위해서 효과적이고 효율적인 것만은 아니었다. 혼자서 쉼 없이 기계처럼 움직이는 것은 인간 이태석에게 불가능한 것이었기 때문에 그는 일을 효율적으로 나눌 수 있는 방법을 찾았다. 그가 해야 할 여러 일을 조화롭게 해내기 위해서는 이태석을 도와 이태석의 일부 역할을 함께 해줄 이들이 필요했다. 그래서 이태석은 여러 마을에 거주하는 젊은이들을 의료 보조원으로 교육시켜 자신의 역할을 대신할 수 있도록 했고 학교 선생님을 뽑아 전공과목의 수업을 맡겼다. 이를 통해 이태석은 조금 여유를 누렸는가? 그렇지 않다. 이태석은 선택과 집중을 통해서 자신을 대신하는 이들이 벌어 놓은 시간을 자신이 가장 잘할 수 있는 밴드와 의사 활동에 집중했다. 즉, 적재적소에 인재를 배치하고 활용할 수 있는 안목을 지닌 이태석은 교육 능력을 나누어서 다른 이들을 통해서 더 큰 교육의 그림을 그렸다고 볼 수 있다.

3. 마라: 가르침의 과정

　이태석 신부가 톤즈에 파견되었을 때 톤즈는 인적, 물적 자원이 거의 갖추어지지 않았다. 물론 앞서 톤즈에서 제임스 신부가 부임해서 활동은 하고 있었지만 수단 정부군과 반군의 전투 과정에서 폭격으로 학교 건물이 파괴되는 등 톤즈는 선교사로서 활동할 수 있는 기본적인 여건조차 마련되지 않은 곳이었다. 톤즈는 이태석인 인내심을 시험하는 장이 되었다.

　이태석은 톤즈 부임 초기에 진료실, 수술실조차 제대로 마련되어 있지 않은 움막으로 되어 있는 톤즈의 진료소에서 환자를 받았다. 하루에도 수십에서 수백 명의 환자들이 진료소 앞마당을 메웠다. 또 미사일 공격으로 파괴된 학교는 잔해만 남아있어서 마을 큰 나무 공터 아래에서 학교를 열어야 했다. 하지만 의료 활동과 교육의 조건이 모두 갖추어져야 의사로서 선생님으로서 임무를 다할 수 있는가 생각해 볼 필요가 있다. 한국 사회에 비해서 절대적으로 열악한 상황에서도 이태석을 필요로 하는 환자들이 있고, 공부를 배우려는 학생들이 존재한다는 것이 다른 무엇보다 중요하다. 이태석은 이들이 있었기 때문에 톤즈를 외면하지 않았고, 포기하기 않았으며, 조급해하지 않았다.

3-1. 사랑하지 마라

교육은 사람이 사람을 대상으로 사람다움을 나누는 인간관계의 종합적 행위이다. 그러므로 교육은 인간에 대한 근원적 사랑이 중요한 역할을 한다. 이태석은 사제로서 박애 정신을 품고 사는 존재이지만 종교적으로 희생, 헌신하는 사랑을 뛰어넘어 교육에 필요한 사랑이 무엇인지 고민을 한 사람이다. 그런데 사랑하는 것은 한계가 있다. 사랑을 주는 것 역시 한계가 존재한다. 이태석은 사랑의 한계를 알고 사랑이 지속될 수 있는 방법을 고민했다. 그는 '원수를 사랑하라'(마태복음 5:44; 누가복음 6:35)는 예수의 말씀에서 더 나아가 원수조차 나를 사랑할 수 있도록 만드는 것이 교육에 있어서 중요하다는 사실을 알고 있었다.

사랑하는 것보다 사랑받는 것이 더 중요하다

사랑하는 것은 주체 중심의 사고에서 나오는 것임을 부인할 수 없다. 나의 사랑을 일방적으로 준다는 것은 희생을 의미하기도 하지만 상대가 나의 사랑을 받을 준비가 되어 있지 않거나 그것을 거부한다면 맹목적인 사랑은 오히려 사랑의 순수한 의미를 잃을 수도 있다. 그래서 사랑을 하는 것보다 사랑을 받는 것이 더 중요하다. 특히 교육은 학습자가 교수자에게 동화되어 교수자에게 공감하고 따르는 것이 매우 중요하다. 아무리 지식이 뛰어난 선생님이 있다고 해도 학생이 받아들일 마음이 없다면 교육이 이루어지지 않기 때문이다. 교육은 교수자가 지닌 교육 내용을 포함한 '분위기'를 학습자가 오롯이 받아들일 때 효과를 일으킨다. 즉, 학생이 그 교육 내용을 자기 내면화할 수 있어야 교육이 의미를 지닌다. 학생의 내면화 과정은 어느 누구도 침범할 수 없다. 기계적인 과정이 아니라 학습자의 내적 작용이기 때문이다. 교수자는 학습자의 내적 작용이 일어나는 그 앞까지 가서 문밖에서 끊임없이 문 안에서 학습자가 스스로 만들어 가는 상황을 독려하는 역할을 해야 한다. 그러한 과정에서 학습자의 사랑을 받는 교수자는 충분히 교육의 목표를 달성할 수 있게 되는 것이다.

> "루아 신부, 자네에게 한 가지만 당부하겠네. 다른 무엇에 앞서 아이들이 자네를 사랑하도록 만들어보게. 결국 최종적으로 가장 중요한 것은 사랑뿐이라네." 아이들을 사랑하는 것도 중요하지만, 더 중요한 일은 아이들로부터 사랑받는 선교사가 되는 것이란 뜻이었다.[25]

그때 특별히 갈 곳 없이 방황하거나 악기 배우는 것에 관심을 보이는 청소년들과는 연락처를 주고받아 그들이 수도원을 방문하도록 했는데, 운동이나 악기를 가르쳐주면서 친구 관계를 이어나갔다. 그는 사도직을 통해 청소년들에게 단순히 자신이 갖고 있는 재능으로 웃음을 주는 데 머무르지 않고, 자신의 재능을 어떻게 나눌까 고민했다. 그래서 청소년들에게 기타나 다루기 쉬운 악기를 가르쳐주며 열심을 다해 자신의 음악적 재능을 나눴다.[26]

돈 보스코 성인이 루아 신부를 오지에 선교사로 파견하면서 당부한 한가지가 "사랑받는 선교사"가 되라는 것이었다. '사랑하라'보다 더 어려운 것이 '사랑받는' 것임을 돈 보스코는 너무도 잘 알고 있었다. 먹을 것, 입을 것, 공부할 것이 없는 오지의 아이들에게 당장 필요한 것은 오늘을 살아갈 빵 한 조각이다. 선교사로서 굶주린 아이들에게 빵 한 조각을 나누는 것은 어렵지 않은 일이다. 하지만 오늘, 내일, 1년, 10년 후까지도 빵 한 조각을 나눌 수 있다고 장담할 수 있는가? 그래서 빵 한 조각을 스스로 만들 수 있는 힘을 길러주는 것이 더 중요한 과업이다.

이를 위해서 필요한 것이 사랑받는 존재가 되는 것이다. 사랑받는 존재가 되기 위해서는 당연히 내가 그들을 사랑하는 마음을 먼저 품고 있어야 하며, 나를 사랑하도록 나의 매력을 발산해야 한다. 또 그것을 위해서는 상대가 어떤 존재인지를 명확하게 파악하고 있어야 한다. 이태석은 수도원에서 만난 아이들에게 사랑받는 사람이 될 결심을 한다. 그 아이들은 사회에서 문제아로 낙인찍힌 아이들이었다. 그런데 이태석은 이 아이들이 '왜 문제를 일으키는 것인가'부터 이해하고자 했다. 대부분 소통이 결여된 환경에서 살아온 아이들이었다. 하지만 인간은 사회적 동물이지 않은가? 아이들은 어릴 때부터 인간이 지닌 본능적 소통 욕구가 억압된 채 살아왔고 억제된 욕망이 잘못된 방식으로 사회에 표출된 것이다. 이태석은 아이들의 소통 욕망부터 풀어 주고자 했다. 악기에 대한 관심은 아이들이 소통하고자 하는 표시였다. 이태석은 이를 잘 포착했고 이 아이들에게 자신이 사랑받을 존재가 될 수 있음을 확신했다. 익기를 매개로 한 소동은 아이들에게 웃음을 찾아줬음과 동시에 숨겨져 있던 음악적 재능까지 발현시켰다. 이태석은 사랑받음으로써 교육적 목적까지 달성할 수 있었던 것이다.

즉, 사랑하는 것도 중요하지만 사랑받는 것이 교육에 있어서 더 큰 효과를 낳는다는 것을 알아야 한다. 아이들은 누구나 각자 개성적 재능을 지니고 있다. 하지만 그것을 '어떻게 아름답게 발현할 수 있느냐'하는 문제는 어른들이 풀어야 할 문제이다.

3-2. 외면하지 마라

이태석은 로마 유학 시절 방학을 기회로 톤즈를 방문했다. 톤즈의 한센인 마을에서 역한 냄새를 참지 못하고 환자의 움막에서 뛰쳐나온 그에게 제임스 신부는 '괜찮다'고 다독였다. 톤즈에서 돌아와서는 말라리아로 큰 고생을 한다. 주변 사람들은 톤즈에서 그렇게 고통을 경험한 이태석이 다시 그곳으로 갈 것이라고 예상하지 않았다. 하지만 이태석은 신부가 되자마자 톤즈로 가기를 희망했다. 그는 톤즈에서 만난 사람들을 잊지 못했다. 자신의 능력을 필요로 하는 그들을 외면할 수 없었다.

쉬움을 찾지 마라

고속도로는 목적지까지 빠르게 이동할 수 있는 '좋은 길'이다. '좋다'는 것은 무엇을 의미하는가? 시간을 줄이는 것, 운전이 편한 것, 속도가 빠른 것 등등을 떠올리게 된다. 그런데 고속도로의 장점이라고 하는 이런 점들이 정말 인간에게 좋은 것인가? 이태석은 자신이 지닌 능력을 펼칠 수 있는 고속도로를 거부했다. 자신이 선택한 길이 속도를 낼 수 없는 울퉁불퉁한 비포장도로임을 알고 있었다. 하지만 그는 그 길이 사람을 살리는 길임을 믿고 그 길을 택했다.

> '좋은 길' 그 자체에 무슨 문제가 있으랴? '좋은 길'은 정말 '좋은 것'임에 틀림없다. 문제는 좋은 길을 나 혼자만의 길인 양 아무 생각 없이 무조건 달리고 남용하는 우리 인간들에게 있는 것이 아닌가 생각된다. (…) 우리가 고생할 줄 뻔히 알면서도 웅덩이가 있고 고개가 있어 쉽게 빨리 달리지 못하는 길, 때로는 진흙탕에 빠져 한참을 한곳에 머물러야 하는 길, 먼지가 나고 불편하기 그지없는 험한 흙길을 우리에게 주시는 이유는, 좋은 길만 보면 탄탄대로라고 마음껏 달리고 마는 인간의 교만에 제동을 걸고 그것으로 인해 타인에게 주는 상처도 줄이며, 때론 함께 손잡고 때론 누군가를 부탁해 주거나 등에 업고 함께 노래를 부르며 갈 수 있는 길, 교육적으로 좋은 길, 미래를 위해서 좋은 길을 주시기 위함이 아닌가 생각된다.[27]

교육에도 지름길이 있고, 고속도로가 있다. 훨씬 효과적이고 경제적인 방법이 존재한다. 최근 교육 현장에도 디지털 기술이 적극적으로 도입되면서 효과와 효율성 문제가 대두되고 있다. 디지털 교과서까지 개발되어 교육 현장에서 사용될 예정이다. 그런데 북유럽의 스웨덴이나 핀란드의 경우 2016년부터 디지털 교과서를 활용하다가 2023년 다시 종이 교과서로 회귀를 결정[28]했다. 왜 북유럽에서는 고속도로를 두고 다시 시골길을 택한 것인가? 교육에는 다양한 변수가 작용한다. 이러한 변수는 아주 짧은 찰나의 순간이 원인이 되기도 하고 아주 장기적인 요인이 영향이 되기도 한다. 교육의 다양한 문제를 해결함에 있어서 쉽게 갈 수 있는 고속도로를 선택하는 것이 해답이 아닐 수 있음을 알아차려야 한다. 그 이유는 고속도로 위에서는 도로 주변의 꽃 한 송이, 풀 한 포기를 자세히 살펴보지 못하고 그냥 스쳐 가야 하기 때문이다. 이태석은 아이가 걸어가는 길을 함께 걸어가면서 아이가 보고, 듣고, 느꼈던 사소한 것을 함께 하면서 아이에게 다가가는 방법을 택했다. 의사로서 환자를 대하는 태도도 마찬가지였다. 물론 그것은 조금 더 오래 걸리고 조금 더 복잡함이 있었지만 이태석은 하나의 문제만 해결하는 것이 아니라 더 크고 넓게 그 사람, 그 아이의 삶의 길에 끊임없이 놓여있는 장애물을 극복하는 방법을 알려주고자 했다. 그가 쉬움을 찾지 않고 어려운 길을 택한 만큼 아이들은 앞으로 펼쳐질 어려움의 길을 극복해 나갈 것이라는 믿음이 있었다.

> 교사를 구하기가 힘들어 나도 고등학교에서 수학을 가르치고 있는데 가르치는 것이 꽤나 재미있다. 수학을 좋아하는 이유도 있지만 한마디도 놓치지 않으려는 초롱초롱한 아이들의 눈망울과 순수한 아이들의 질문 때문에도 더 그렇고 무엇보다도 나 자신의 삶에 특별한 맛을 내게 하는, 교실에서 만들어지는 나와 아이들 간의 특별한 형태의 끈끈한 우정 때문에도 더 그렇다.[29]

교육은 라포 형성이 중요하다. 라포 형성에 필요한 것은 서로의 의지를 만들어가는 것이 중요하다. 이태석은 외면하지 않는 용기를 지닌 사람이다. 톤즈의 아이들의 눈빛에서 갈망하는 열정을 발견했고 자신을 향하는 아이들의 눈빛을 피하지 않았다. 교육은 여기서 시작된다. 톤즈의 상황이 자신의 육체적 정신적 피로를 동반한다는 것을 누구보다 잘 알고 있었지만 그런 걱정과 우려를 뛰어넘었던 것은 아이들의 마음을 외면하지 않았기 때문이다.

우리는 삶의 과정에서 고통을 이겨나가기도 하지만 피해 가기도 한다. 한 개인의 입장에서 고통을 피해 가는 것은 문제를 해결하는 하나의 방법이 될 수 있다. 하지만 교육 현장에서 문제를 외면하는 것은 당장 그 상황을 덮을 수는 있지만 근원적으로 문제가 다시 발생할 가능성을 해결하지 못한다. 결국 작은 거스러미를 빨리 제거하지 않으면 큰 통증을 유발하는 상처나 염증을 만드는 것과 같다. 그래서 외면해서는 안 된다.

> 골통들의 심리는 엄청나게 복잡한 삼차방정식 같지만 알
> 고 보면 답만은 간단하다. 'X=사랑', 즉 사랑받고 싶어 하
> 는 마음이 바로 정답이 아닌가 생각된다. (…)답이야 간단
> 하지만 알고 있는 답이 전부는 아니다. 방정식 속에 꼬여
> 있는 그들의 삶을 인내심을 가지고 풀어 주어야 하기 때
> 문이다. 몇 년이 걸릴 수도 몇십 년이 걸릴 수도 있다.[30]

인간에 대한 이해는 정해진 답이 없다. 인간 사회의 문제를 둘러싸고 있는 원인이 매우 다양하기 때문에 고차원 방정식을 풀어가는 것처럼 해법을 찾아야 한다. '골통'들의 문제행동을 해결하는 방법은 간단하다. 그 행동을 하지 못하게 하면 된다. 하지만 그 행동만 하지 못하게 하는 것은 의미가 없다. 또 다른 방식의 문제 행동이 나타날 수 있기 때문이다. 이태석은 그래서 본질을 외면하지 않고 오히려 쉬운 길에 눈길을 주지 않았다. 그것 자체가 유혹이 될 수 있기 때문이다.

조급해하지 마라: 기다림의 미학

이태석이 아이들과 함께 하는 방식 중 또 하나 신경 썼던 부분은 변화를 조급해하지 않았다는 것이다. 내가 힘쓰는 만큼 즉각적인 반응이 돌아오면 그것만큼 보람된 것이 없다. 하지만 현실은 그렇지 않다. 내가 1달, 1년을 노력해도 그 결과가 돌아올지 알 수 없는 것이 교육이다. 그래서 교육자는 지쳐서는 안 된다. 겉으로 드러나는 변화는 없지만 아이들의 내부에서 끊임없

이 갈등과 고민이 계속되면서 최종적으로 변화를 도모할 수 있는 힘을 응축하는 시간이 아이들마다 다르기 때문이다. 교육은 바로 '기다림의 미학'이다. 변화의 임계치에 다다르면 폭발적으로 그 의지가 분출된다. 이태석은 그런 기다림을 지나고 있는 사람이다. 아이들에 대한 믿음이 있다면 포기할 수 없는 것이 교육이다.

> 저녁 식사 후에는 청소년들을 위한 야간 학습에 들어가 산수나 국어를 가르쳤다. 불우하고 가난한 청소년들을 위한 수업은 돈 보스코가 수도회를 창설할 당시부터 이어온 '예방교육법'의 하나였다. 예방 교육은 청소년이 하느님으로부터 받은 자질과 역량을 모든 차원에서 일깨워 온전하게 성숙한 인간으로 성장하게 하고, 스스로 자신의 능력을 키워 삶의 주인공이 되도록 이끄는 교육법으로, 전 세계 살레시오 공동체를 통해 계승되고 있다. 훗날 이태석이 톤즈의 돈 보스코 학교에서 수학과 영어를 가르치고, 브라스밴드를 만들어 학생들과 음악을 통해 소통한 것은 수도회 초기 양성 기간 동안 공부한 예방 교육의 실천이었다.[31]

이태석이 몸담았던 살레시오회는 돈보스코의 예방 교육을 적극적으로 실천한 단체이다. 교육의 힘을 믿고 아이들의 변화가 실현될 수 있음을 긍정하고 확신하고 끊임없이 교육적 가치를 실행에 옮겼다. 그래서 더욱더 기약 없는 기다림을 아이들이 발전하는 시간으로 인식하고 인고할 수 있는 것이다. 특히 아이들이 스스로 자신의 삶을 살아갈 수 있도록 사전에 예방 교육 차원에서 이루어지는 교육은 성장하면서 청소년들이 문제를 겪더라도 내재한 교육의 힘이 언젠가는 발휘될 것이라는 긍정적인 믿음이 기다림의 미학을 만들어낸다. 이태석은 아이들을 다그치지 않고 아이들이 이태석을 믿고 사랑하는 마음을 가질 때까지 그 자리에서 기다렸다. 그때그때 아이들의 수준에 맞고 관심을 가지는 요소를 적극적으로 활용해서 아이들과 소통하고자 했다. 브라스밴드를 만든 계기 역시 이태석이 발견한 아이들의 음악적 재능 때문이었다. 리듬을 타는 아이들의 작은 몸짓에서 톤즈 아이들의 음악적 DNA를 발견했고 이를 통해서 아이들은 물론 톤즈 사회, 더 나아가 수단 전체 사회에 메시지를 줄 수 있는 기회를 만들었다. 이처럼 기다림과 관찰은 미세하게 숨겨진 가능성을 발견하는 교육자로서의 가장 중요한 마음가짐 중 하나라고 할 수 있다.

> 하루는 저녁 9시쯤 마뉴알이 목발을 짚고 내가 있는 진료실로 찾아왔다. 말이 어눌해져 있었고 입에선 술 냄새가 났다. 야단을 치고 싶었지만 얼마나 괴로우면 술을 마셨을까 하는 생각에 하는 대로 가만히 내버려 두기로 했다. 의자에 앉혀 놓자 처음엔 소리없이 닭똥 같은 눈물만 흘리기 시작하더니 나중엔 주체가 안 되는지 서글프게 엉엉 울어 댔다. 한참을 울더니 묻지도 않은 자기 이야기를 하기 시작했다.[32]

마뉴알은 9살에 군대에 끌려가서 15살이 된 소년병이었다. 사고로 부상을 입고 병원에 입원하고 나서 톤즈 학교에 다니는 또래 아이들의 생활을 보면서 2달을 보냈다. 이태석은 마뉴알에게 그간 삶의 이야기를 먼저 묻지 않았다. 스스로 비슷한 나이인 톤즈 아이들의 삶을 눈으로 보고 느끼기를 기다렸다. 그 기다림은 2달의 시간이 걸렸다. 만약 이태석이 마뉴알에게 자신과 비슷한 아이들이 행복하게 살고 있다는 것을 1시간도 안 되는 이야기로 전했다면 과연 마뉴알이 이태석을 앞에 두고 오열을 할 수 있었을까? 마뉴알의 변화를 이끌어 낸 2달의 시간은 마뉴알의 수십 년 남은 삶을 살아갈 나침반이 되는 내적 성장의 시간이 되었다. 소년병은 퇴원하면서 군대를 나와서 자신의 삶을 살아가기 시작했다.

> "청소년들과 함께 하는 삶의 여성은 맨발로 장미 덩굴을 걷는 것과 같다."는 돈 보스코 성인의 말이 떠오른다. 청소년들과 함께 춤추고 노래하며 사는 삶은 겉으로 보기엔 장미꽃과 같은 화려한 삶처럼 보인다. 그러나 장미꽃에 감추어진 가시들처럼 항상 따르는 크고 작은 많은 어려움과 아픔을 그들과 함께 받아들일 준비가 되어 있지 않으면, 또 그에 필요한 인내심이 있지 않으면 그들과 함께할 수 없다는 것을 많이 느낀다.[33]

기다림의 미학은 스스로 인내심을 수행하는 길이다. 인간이면 누구나 나의 희생에 대한 반응이 있기를 기대하지만 오히려 원망과 한탄이 되돌아 오는 경우도 있다. 교육자는 그것마저도 참고 견디고 기다려줄 수 있는 품성을 지닐 필요가 있다. 특히 청소년들은 시시각각 변하는 감정과 생각 때문에 가르치는 사람이 원하는 방향으로 향하지 않는 경우가 많다. 그런 어긋남의 이유는 앞서 서술한 바와 같이 수많은 요인들로 얽혀있다. 그것이 풀리기를 기다리고, 하나씩 풀어 줄 수 있는 존재가 아이들의 곁에 있는 것이 중요하다. 이태석은 톤즈의 아이들을 위해서 끊임없이 그들이 다가오기를 기다렸다.

4. 다시 시작되어야 할 이태석의 가르침

　　교육실천가로서 이태석은 척박한 톤즈에 학교를 세웠고, 생업에 뛰어든 아이들을 학교로 끌어들였고, 결혼지참금에 팔려 가던 여학생들을 구했고, 소년병들이 총을 놓고 학교로 오게 했다. 또 아이들에게 노래와 악기를 가르쳤고 의사로서 마을 사람들을 치료하고 생명을 구하는 것을 보여주었다. 그는 톤즈에서 생각한 것을 모두 실천하려고 했다. 여건이 되지 않으면 그에 맞춰서 실현하고자 했다. 교육실천가는 결과의 달성도 물론 중요하지만 교육을 실행에 옮기는 시도 자체가 더 중요하다. 왜냐하면 시도 자체가 없으면 그에 따르는 결과도 없기 때문이다. 그래서 이태석은 학교 건물을 짓기로 결심하고 시멘트가 들어오기를, 벽돌이 들어오기를 기다리지 않고 톤즈 사람들과 직접 지붕을 올리고 벽돌을 찍어내면서 건물을 세웠다. 실천을 현실로 만들기 위한 가장 확실한 방법은 직접 자신이 하는 것이기 때문이다.

그리고 이태석은 자신의 결정과 실천을 의심하지 않았다. 톤즈 아이들이 가지고 있는 재능을 명확하게 파악했고, 그것을 실현하는 방법 역시 충분히 계획했다. 그래서 실행에 거침이 없었다. 그의 실천은 톤즈 아이들이 미래를 도모할 수 있도록 안내자의 역할을 했다. 그 결과 톤즈는 이전과는 다른 세계로 변모의 길을 걸었다. 이태석이 세상을 떠난 지 15년의 시간이 흘렀다. 그 사이 톤즈의 아이들은 톤즈를 이끌어 갈 20~30대의 어른이 되었다. 이태석의 아이들은 이태석의 빈자리를 그리워 하지만 그들 나름대로 이태석이 의도한 대로 자신의 마음을 채워나갔다. 한 아이는 이태석을 따라 의사가 되고, 한 아이는 약사가 되고, 한 아이는 회계사가 되고, 한 아이는 간호사가 되고, 한 아이는 신부가 되고, 한 아이는 수녀가 되었다. 수많은 톤즈의 아이들은 이태석과 함께했던 그때의 톤즈를 그리워 하지만 그 시절의 톤즈와 이별했다. 이태석은 그것을 원했을 것이다. 그들은 이제 톤즈의 아이를 둔 아버지 어머니가 되었다. 자신의 아이들이 자신들이 겪었던 어린 시절 톤즈의 아픔을 겪지 않기를 바라는 마음으로 그들은 이태석의 뜻을 따라 현재를 살아가고 있다.

지금 톤즈에서 이태석의 교육 실천이 완전히 성공했다고 말할 수는 없다. 수단의 내전이 이어지고 있기 때문에 언제든 과거로 돌아갈 수 있는 상황이나. 하시만 이미 톤즈 사람들 내부에 녹아든 이태석의 마음은 어떤 무기로도 빼낼 수 없을 만큼 강력한 힘을 발휘하고 있다. 이태석의 전략이 적중한 것이다. 가르침을 위해서 준비하고, 실천하고, 사랑받을 수 있도록 힘쓰고, 외면하지 않고 기다리면 이루어질 것이다.

이태석은 '곧 나에게 해준 것이다'라는 말로써 자신이 쏟아부은 열정을 표현했다. 그가 톤즈에서 행한 것은 톤즈 사람들에게 행한 것이 아니라 자신에게 행한 것이다. 물을 주면 싹이 나는 기쁨이 있고, 아껴주면 커가는 기쁨이 있고, 거름을 주면 실한 열매를 맺는 기쁨을 누릴 수 있다. 이태석에게 톤즈 아이들은 곧 나의 기쁨이었다. 무엇과도 바꿀 수 없는 매력적인 기쁨이었기에 이태석은 톤즈를 사랑할 수 있었다.

이태석은 톤즈 아이들이 사회인으로 성장할 수 있는 길을 마련했다. 바로 톤즈에서 고등학교 교육까지 가능한 시스템을 구축한 것이다. 이를 위해서 <남수단 톤즈의 교육 개선 방안>이라는 문서를 만들어 한국 정부와 한국 기업의 호응을 이끌어냈다. 교육실천가로서의 면모를 여지없이 보여주었다.

남수단 톤즈의 교육 개선 방안[34]

(1) 수단의 살레시오회
(2) 남수단
(3) 톤즈 카운티
(4) 대응 전략
　: (4-1)문명교육 / (4-2) 삶에 필요한 기술 / (4-3) 인성 교육
(5) 대응 전략에 대한 실행
(6) 톤즈 고등학교 프로젝트 요청

이태석이 꿈꾸었던 톤즈의 학교는 지금도 여전히 톤즈에서 또 다른 이태석의 아이들을 길러내고 있다. 게다가 이태석의 뜻을 이어받은 이들이 힘을 합쳐 톤즈의 한센인 마을에 이태석의 이름을 넣은 '이태석 초등학교'를 열었다. 그곳에서 이태석의 제자들이 선생님이 되어 아이들을 가르치고 있다고 한다. 교육실천가 이태석은 지금도 여전히 톤즈 아이들을 위해서 실천을 이어가고 있다.

이태석의 묘소를 찾은 제자들

주석

가르침을 아는 사람, 교육실천가 이태석

1   이 글은 이태석 신부를 교육실천가의 관점에서 살피고자 하는 목적으로 쓴 글이므로 신부 이태석이라는 직함 대신 이태석 또는 교육실천가 이태석으로 호명하고자 한다.

2   <한민족 리포트: 아프리카에서 찾은 행복 - 수단 이태석 신부>(2023.12.29.), 27분 31초~27분 36초(youtube.com/watch?v=O_-IaM_wPzI&rco=1).

3   『신부 이태석』 200쪽.

4   <브라스밴드, 한국에 오다>(2013.9.22.) 이 프로그램을 통해 브라스밴드의 한국방문이 자세하게 방송되었다.

5   "이태석 신부 뜻대로" 남수단 제자 2명 전문의 합격, 경남일보(2024.2.25.).

6   "'울지마 톤즈' 그후… 희망 품은 사람들", 세계일보(2020.6.17.).

7   『친구가 되어 주실래요?』 137쪽.

8   『친구가 되어 주실래요?』 52쪽.

9   『신부 이태석』 117쪽.

10 『신부 이태석』 27쪽.

11 참고로 부산의 대표적인 사진가인 고(故) 최민식 작가는 알로이시오 신부와의 인연으로 1950년대부터 부산의 모습을 카메라에 담았으며 특히 <소년의 집>에서 생활하는 아동의 사진을 많이 찍었다.

12 영화숙의 인권유린과 관련된 문제는 최근에 와서야 그 진실을 규명하는 움직임이 일어나기 시작했다. 장병문, 『잃어버린 자식들』 1983, 문학신조사를 참조할 것. "[부랑인 시설 인권유린 증언] <1>지옥의 삶 들려준 유수권 씨", 국제신문(2022.11.6.).

13 『신부 이태석』 49쪽.

14 『친구가 되어 주실래요?』 100쪽.

15 "1년에 6113명 환자 보는 한국 의사…OECD 국가 중 최다", 문화일보(2023.11.17.).

16 『신부 이태석』 184쪽.

17 <브라스밴드 한국에 오다!>(2013), 8분 49초~9분 14초.

18 『신부 이태석』 55쪽.

19 『신부 이태석』 36쪽. 태석은 후배들이 어느 정도 성가에 익숙해지자 화음을 가르쳐주었고, 기타를 배우고 싶어 하는 후배들에게는 기타 코드를 일일이 적어 설명해 주었다.

20 『신부 이태석』, 135쪽.

21 『신부 이태석』, 208쪽.

22 인제의대 이태석 연구회에서 이번 저서 작업을 위해서 2024년 여름 이태석신부기념관 방문 때 이태석 신부와 함께 사제가 되는 길을 걸었던 백광현 신부와 인터뷰했던 장면이 기억에 남는다. 백광현 신부가 본 인간 이태석은 '질투가 날 만큼 다재다능함을 갖추고 아이들과 어울렸다'고 한다. 그의 재능은 아이들과 어울리는 데 분명 유리한 능력이었다. 하지만 세상에 재능이 뛰어난 이들이 모두 이태석이 되지는 못했다.

23 『신부 이태석』, 183쪽.

24 『신부 이태석』, 194쪽.

25 『신부 이태석』, 132쪽.

26 『신부 이태석』, 72~73쪽.

27 『친구가 되어 주실래요?』, 157~158쪽.

28 "종이교과서로 회귀하는 북유럽", 경향신문(2024.11.26.).

29 『친구가 되어 주실래요?』, 136쪽.

30 『친구가 되어 주실래요?』, 57쪽.

31 『신부 이태석』, 63쪽.

32 『친구가 되어 주실래요?』, 143~144쪽.

33 『친구가 되어 주실래요?』, 125쪽.

34 『신부 이태석』, 217쪽.

모든 날이 좋았습니다
행복한 사람 이태석

3부
감사의 길

평지고화(平地高話): 낮은 땅 높은 이야기
이성철 창원대학교 사회학과 교수

'이태석 영화'에 재현된 사랑과 나눔의 상생 패러다임
백태현 전 부산일보 논설실장

이태석 신부의 친구가 되는 길, 그리고 부산
송교성 플랜비 문화예술협동조합 대표

텍스트, 키워드, 데이터로 본 이태석
박형준 부산외국어대학교 한국어교육전공 교수

모든 날이 좋았습니다
행복한 사람 이태석

이성철 창원대학교 사회학과 교수

창원대학교 사회학과 교수이며, 산업 및 노동사회학을 가르치고 있다.
산업 문제를 문화의 시각에서 바라보려는 관심으로 여러 논문과 단행본을 썼다. 대표적인 저서로 『영화가 노동을 만났을 때』, 『안토니오 그람시와 문화정치의 지형학』, 『노동자계급과 문화실천』, 『경남지역 영화사』가 있다.

평지고화(平地高話)
: 낮은 땅 높은 이야기

이성철
창원대학교 사회학과 교수

1. 들어가며

이태석 요한 신부는 가장 낮은 땅에서 제일 높은 곳의 말씀과 사랑을 실천했다(平地高話). 이태석 신부의 세례명 요한은 광야에서 예수를 예비한 세례 요한의 이름이기도 하다. 세례 요한은 그 자신이 커지기보다는 뒤에 오시는 예수 그리스도의 성령을 받을 수 있도록 사람들의 마음을 준비시키는 역할을 했다. 아프리카의 남수단 땅은 이태석의 광야였다.(맹진학, 2018: 93, 195) 가장 낮은 땅은 인종적 개념이나 지리적 차별의 뜻을 담고 있지 않다. 왜냐하면 하느님의 사랑은 종(하늘)과 횡(땅)이 만나는 십자가 사랑이기 때문이다. 선교사들은 십자가를 목에 걸고 사역에 나선다. 종과 횡이 만나는 그곳에는 수많은 사건이 있었고, 그것은 역사가 되었다. 이태석 신부가 내적 영성을 위해 되새겼던 말이 이를 방증한다. "내가 그들 안으로 들어가 낮아져야 한다."[1]

 이 결단은 그의 성소(聖召, vocatio)가 되었던 마태복음 25장 40절의 말씀과 맞닿는다. 그리고 이태석[2]은 2006년의 한 강론에서 다음과 같이 말한다. "그리스도는 하늘과 땅이 만난 곳이다. 그리고 하늘과 인간이 만난 장소이다. 또한 인간이 하늘로 끌어올려진 사랑의 장소이다." 낮은 땅에 대한 언급도 있다. "톤즈 주위에는 산이 없어 여러분은 산을 실제로 본 적이 없을 것입니다. 산은 평평한 땅 위에 흙더미가 높이 솟아올라 있는 곳을 말하는데, 산상은 그 꼭대기를 의미합니다. 주님은 제자들을 데리고 산꼭대기에 오르셔서 참 행복에 대해 말씀하셨습니다."[3]

 "가장 보잘것없는 형제 한 사람에게 해준 것이 곧 나에게 해준 것과 같다." 마태복음 16장 24절도 그의 신앙 지표였다. "누구든지 내 뒤를 따라오려면 자신을 버리고 제 십자가를 지고 나를 따라야 한다." 이태석 신부의 역사(歷史, 役事)는 여전히 현재진행형이다. 전기나 관련 글들을 보면, 그는 제대 후 의사의 길로 곧장 나가지 않고 청소년과 서민 사목을 위해 설립된 살레시오회(2025년 현재 한국 진출 71주년)에 입회해서 수도자의 길을 걸었다. 그러나 이후의 생활을 살펴보면 의사의 길과 수도자의 길은 하나였다. 봉사의 삶과 가난한 사람들과 함께하는 삶은 일치했고, 그래서 그는 선교 현장의 인턴이 된다. 살레시오회를 창설한 돈 보스코 신부의 세례명도 요한이다(성 요한 보스코, St. Giovanni Bosco, 1815~1888). 이태석은 황용연 신부의 주선으로 살레시오회 대림동 수도원장(노숭피)을 만난다. 그의 한국 이름 노숭피는 본명인 미국 이름 로버트에서 '노', 숭늉과 커피에서 한 글자씩 가져와 '숭피'라는 문화 샐러드(cutural salad 또는 cutural mosaic)와 같은 이름을 작명했다. 한국에 선교로 온 여타 신부들과 마찬가지로, 출신 지역 문화와 선교할 지역의 문화를 아우르겠다는 다짐으로 지은 이름이었다.[4] 이태석은 이후 10년 동안 살레시오회 사제로 양성을 받은 후 아프리카 선교 사제가 된다. 살레시안의 말 중에 '선교는 또 다른 성소이고, 제2의 성소'라는 표현이 있다.[5] 그리고 이태석 신부는 훗날 살레시오회에서 인정한 '수단의 돈 보스코'에 이르게 된다.

2. 슈크란 바바의 길[6]

선교의 길은 예비된 길이다. 앞서 언급한 세례 요한과 이태석의 세례명 요한이 지닌 뜻이기도 하다. 이를 구체적으로 살펴보기 위해 요한 이전의 이태석을 잠깐 회고한다. 이태석이 나고 자란 부산의 남부민동은 이른바 도시빈민 밀집 지역이었다. 대다수의 집은 무허가 정착지였거나 극히 일부만 양성화된 곳이었다. 이러한 사정이 1980년대 초까지 이어진 곳도 많았다. 이태석의 생가는 당시 '천주교 주택'으로 불린 전체 50채의 집단

거주지였고, 각 주택은 17평 규모였다. 1961년 주택지 근처에 남부민 성당이 신축된다. 이태석이 태어난 1962년 송도 성당으로 이름이 바뀐다. 가톨릭 교회 성직자들의 핵심 지표는 흔히 '하느님의 일'(Opus Dei), '성독'(聖讀, lectio divina), '노동'(labor manum)으로 집약된다. 송도 성당의 로고도 '기도하는 신앙과 노동'(pieta et labora)이다. 훗날 기도와 신성한 노동을 통해 거룩한 덕으로 나아간 이태석(맹진학, 2018: 67)의 행적에 큰 영향을 끼쳤을 내용이다.

요한 이전의 이태석에게 영향을 미친 이들에 대해 잠깐 살펴본다. 먼저 어린 이태석의 신앙과 성당 생활에 큰 영향을 끼친 사람은 송도 성당의 2대 주임신부로 부임한, 독일계 미국인 소 알로이시오(Aloysius Schwartz, 1930~1992) 신부였다. 한국명 소재건(蘇再建)은 장병화 신부가 작명한 것이다(안동권, 2020: 119) 한국전쟁 후 각지에서 몰려든 피난민들과 고아들의 생존과 생계를 시급히 재건할 때였음을 생각하면 절박한 이름이었다. 참고로 소재건 신부의 알로이시오라는 이름은 이탈리아 출신의 성 알로이시우스(Aloysius) 신부(1568~1591)를 함께 떠올리게 한다. 성 알로이시우스가 신학을 공부한 지 4년째 되던 1590년 도시 전체에는 흑사병이 퍼졌다. 자신의 몸을 아끼지 않고 병자들을 돌보던 알로이시우스는 이듬해 3월 초 이 병에 전염되어 6월 21일 사망하였다. 성 알로이시우스는 1621년 교황 그레고리우스 15세

(Gregorius XV)에 의해 시복되었으며, 1726년 12월 31일 교황 베네딕투스 13세(Benedictus XIII)에 의해 성인품에 올랐다. 3년 후 알로이시우스 성인은 젊은이들의 주보성인으로 선포되었다. 빈곤과 질병으로부터 벗어나 자립의 길을 가르쳤던 그의 삶은 이태석 신부의 길과 겹쳐 보인다. 이태석은 소 알로이시오 신부로부터 유아세례를 받았다(성은진, 2013: 20).

그리고 어린 이태석의 가슴에 깊은 각인을 남긴 사람은 다미안 신부(Damien de Veuster, 1840~1889)이기도 했다. 어릴 적 성당에서 보았던 <다미안 신부님>이라는 영화는 한센인과 함께하며 종국에는 자신도 한센병에 걸려 임종했던 다미안 신부의 전기영화이다. 이태석은 이 영화를 통해 자신의 소망과 성소 역시 키웠던 셈이다. 잘 알려져 있듯이 이태석은 톤즈에서 선교 생활을 할 때 많은 시간을 한센인들과 함께 했다. 아무도 돌보지 않는 한센인들에게 자신의 무릎을 꿇고 처치를 하고 그들을 위한 신발을 따로 제작해 신겨주기도 했다. 이는 요한복음 13장 5절~8절의 예수께서 제자들의 발을 씻겨주시는 장면과 말씀을 연상시킨다. "이에 대야에 물을 담아 제자들의 발을 씻기시고 그 두르신 수건으로 씻기기를 시작하여/ 시몬 베드로에게 이르시니 가로되 주여 주께서 내 발을 씻기시나이까/ 예수께서 대답하여 가라사대 나의 하는 것을 네가 이제는 알지 못하나 이후에는 알리라/ 베드로가 가로되 내 발을 절대로 씻기지 못하시리이다.

예수께서 대답하시되 내가 너를 씻기지 아니하면 네가 나와 상관이 없느니라." 톤즈 수련 시절에 작곡한 첫 성가 <내 발을 씻기신 예수>는, 한센병 환자 격리 마을을 다녀온 후 만든 것이었다.[7] 예수께서 제자들의 발을 씻기신 진정한 의미는 향후 제자들이 가장 낮은 사람들에게 무릎을 꿇어야 한다는 점을 몸소 보여주신 것이라고 생각한다. 이태석신부기념관장인 이세바 신부는 이태석 신부의 수단 톤즈에서의 이러한 면모를 '행복한 삶'으로 압축해서 말한다. 즉 꿈을 가진 사람, 꿈을 나눈 사람, 그리고 꿈을 이룬 사람이었기 때문이다. 이태석 신부의 유언 중의 한마디도 "내가 더 많이 얻어갑니다"였다. 가장 낮은 땅에서 가장 높은 이야기를 선교한 것이었다.

끝으로 장기려 박사의 영향도 거론되어야 한다. 송도 성당 카페지기 정재영 신부의 말에 따르면 이태석에게 큰 영향을 준 인물은 소 알로이시오 신부와 장기려 박사였다고 한다. 그리고 이태석과 대학 동기인 양종필 위원장(부산사람 이태석 기념사업회 운영위원장)의 증언에서도 그 영향을 짐작할 수 있다. 장기려 박사는 80세 이상의 고령임에도 불구하고 인제대학교 의과대학에 출강하여 외과의 역사를 다룬 <외과 총론>을 강의하였다. 이태석은 이 과목을 수강하면서 평소 흠모하던 장기려 박사의 정신과 실천을 다질 수 있었다.

3. 길 없는 길[8]

길을 나타내는 한자는 여러 개이지만 세 가지만 잠깐 살펴본다. 도(道)와 로(路), 그리고 가(街)가 그것이다. 도는 물리적인 길이라기보다는 마땅히 지켜야 할 원칙이나 기준을 말한다. 물론 도로나 차도라는 물리적 속성도 있지만 좀 더 추상적인 도덕이나 도리라는 표현을 할 때 더 적합하다. 로는 실제로 우리가 밟는 땅을 형상화한 것이다. 경로, 미로, 퇴로, 험로 등이 이에 해당할 것이다. 끝으로 가는 거리를 말한다. 사거리를 뜻하는 말에서 비롯되었다. 상가나 저잣거리를 떠올릴 수 있겠다. 앞에서 십자가의 의미에 대해 나름의 생각을 개진한 바 있다. 세로와 가로의 만남에서 하나님의 역사가 생긴다. 십자가의 길은 위에서 말한 길의 모든 의미를 담고 있다. 즉 도(道)는 마땅히 실천해야 할 믿음과 소망, 그리고 사랑의 길이다. 로(路)는 톤즈의 길 없는 길, 팍팍한 민중의 삶터를 의미한다. 그리고 가(街)는 예수님이 광야에서 나와 저자거리로 나선 곳이다. 그래서 이 모든 길은 하나다. 아래에서는 이태석의 톤즈로 가는 길에 대해 잠깐 살펴본다.

이태석(2011: 314~315)은 자신의 성소 과정을 다음과 같이 회고한다. 성소 전까지 이태석은 살레시오 회원들이 하루 세 번 이상 드리는 전구(轉求)의 청원 기도인 "도움이신 마리아님 저희를 위해 빌어 주소서"도 전혀 알지 못했다. 수도자가 되겠다는 결심을 한 후, 이를 어머니께 어떻게 말씀드릴까 고민하고 있었다.

그런데 평소 가까이 지내던 어느 누님이 그녀 자신이 꾼 꿈을 어머니에게 들려준다. 그것은 "태석이가 살레시오회 입회를 결심했다"는 내용이었다. 그리고 훗날 수련을 받을 때, 수련장 신부님의 말씀에서 자신의 성소가 '도움이신 마리아님'과 연계되어 있다는 사실을 알게 된다.[9] 수단의 톤즈 성당 출입구 위에도 도움이신 마리아님의 동상이 서 있다. 1999년 여름방학 때 이태석은 이탈리아에서 공민호(공 야고보, 1939년생) 수사를 만나 선교 체험의 기회를 갖게 된다. 이탈리아 출신인 그는 1960년 한국으로 와 32년 동안 선교를 한 후 북수단으로 간 수사였다. 한국 이름을 지을 때 자신은 선반 기술자 공돌이라며 성을 공씨로 정했다. 이후 이태석은 톤즈 선교의 개척자였던 인도 출신의 제임스 신부를 만나 세상에서 가장 가난한 나라이자 가장 낮은 땅인 수단행을 결심한다.[10]

톤즈에는 아스팔트 길이라는 것이 없었다. 톤즈는 6월에서 9월 사이가 우기이다. 강수량은 많지 않지만 우기에는 길이 늪과 같은 상태로 변한다. 나머지 건기에는 잡초들이 2미터 이상 자라기 때문에 길을 제대로 찾을 수 없을 정도이다.[11] 이태석이 비행기에서 처음 내렸던 톤즈의 활주로와 향후 한센병 환자 마을을 찾아가는 길은 길 없는 길이었다. 그러나 성소(聖召)에 따라 길 없는 길을 떠나간 곳, 수단은 그의 성소(聖所)였다. '파스카'(건너가다)의 하느님을 따라 톤즈로 건너간 것이다(맹진학, 2018: 35,

37 참고). 톤즈에 도착한 이태석은 장차 올 의사들을 위해 그들의 숙소를 미리 만들면서, "길이 없는 곳에 희망을 놓고 있다"고 말한다(한국방송공사, 2003). 그리고 성당보다 먼저 학교를 짓기 시작한다. 돈 보스코의 실천을 따른 것이었고, 톤즈의 청소년들에게 신앙과 미래를 위한 토대를 먼저 마련하기 위한 것이었다.

이태석의 톤즈에서의 선교 생활에 대해서는 수많은 증언과 기록들이 존재하고 지금도 여전히 생성되고 있다. 약 8년(2001~2008) 정도 집중된 그의 선교가 많은 사람들에게 큰 울림으로 남은 이유는 무엇일까? 이를 위해 선행의 글들에서 크게 다루지 않았던 이태석의 문화선교 내용(특히 음악)을 살펴보도록 한다.

4. 삶의 빛과 삶의 맛: 이태석의 문화선교

신부들이 평상시에 입는 검은색의 사제복을 수단(soutane, 그리고 house cassock이라고도 한다)이라고 한다. 수단Sudan으로 건너가 음악을 선교의 수단instrument으로 삼아 청소년 교육과 신앙심의 함양에 활용한 것은 주목할 만하다. 인스트루먼트는 악기라는 뜻도 있다. 신부 이태석의 음악 선교와 부합하는 의미들이다. 이태석과 음악 이야기를 살펴보기 전에 그의 다양한 문화 및 예술 활동들에 대해 잠깐 살펴보도록 한다.

이태석은 예술 활동면에서 팔방미인의 모습을 보여준다. 예컨대 그는 시를 지어 이에 곡을 붙이기도 했고 그림도 남겼다. 최석진 인제대학교 의과대학 학장과 양종필 위원장은, 이태석에게 있어 음악은 일상이었다고 한다. 양종필 위원장은 이태석과 함께 첼로를 연주하기도 했고, 최석진 학장과는 교내의 '캔버스' 서클 일원이기도 했다. 이태석은 '인제대학교 챔버 오케스트라'(IJCO)에서도 활동한다. 그리고 그는 음악 재능으로 결혼식 아르바이트를 하기도 했고, 지리산 등반을 한 어느 해엔 중산리 캠프장에서 <선구자> 등을 합창하면서, 가지고 간 바이올린과 기타 등으로 연주를 하기도 했다. 통도사 야유회 때는 기타와 첼로를 켜던 중 스님에게 큰 야단을 맞기도 했다. 학교 응원가인 <인제의 노래>를 작곡하였고, 창작곡 <열두 고개 아리랑>은 대학가요제에 출품하려고 했으나 마침 시험 기간이라 참여하지 못한다.(이상의 내용은 2024.7.10. 이태석 워크숍에서의 회고) 이태석신부기념관의 이세바 관장 신부는 이러한 자질에 대해 아래와 같이 이태석 신부에게 직접 물어보았다고 한다. "하느님이 우리를 창조했으면 똑같이 능력을 줘야 되는데 형(이태석을 가리킴)한테만 다 주고 나한테는 왜 하나도 안 줬대? 불평등하지?"(부산일보, 2023)

이태석은 그림에도 재능이 있었다. 관련 다큐 영상들을 보면 톤즈의 성당이나 학교 건물에 그가 직접 그림을 그려 장식하는 장면들을 볼 수 있다. 이태석은 한센 병자들의 신발을 스케치해서 그들의 발에 맞는 신발을 제작해서 직접 신겨준다(이향영, 2020: 34). 이세바 신부는 이태석이 톤즈에서 그린 대표적인 그림은 한센인의 발을 본뜬 것이었다고 말한다. 이게 무슨 그림이냐고 말할 사람들도 있겠지만 나 역시 무엇보다 감동적인 작품이라고 생각한다. 앞서 언급한 '발을 씻기신 예수님'의 가르침과 연결되는 작품이었기 때문이다. 그리고 톤즈에서의 선교활동을 위한 자금을 모으기 위해 직접 디자인을 한 손수건 작품도 있다. 톤즈 선교를 위한 후원금 마련의 일환으로 제작한 것이다. 디자인 상의 돈 보스코 성인은 살레시오회의 창립자다. 디자인의 우측 하단에는 돈 보스코 성인이 아동들과 함께 하고 있는 실루엣 그림이 담겨 있다. 그리고 심장을 아프리카 대륙으로 형상화한 것이 특징적이다. 제작 연도는 2006년 10월이다. 현재 이 작품의 실물은 인제대학교 의과대학 6층 의학도서관에 액자화되어 전시되고 있다.(인제의대 김택중 교수의 소개) 이 손수건 제작은 소알로이시오 신부의 선교활동 후원금을 모으기 위한 뛰어난 활동에서 영감을 얻은 것으로 보인다.[12] 그리고 의과대학 졸업 앨범의 마지막 글귀는 이태석의 손 글씨 작품이기도 하다.

이태석 손수건

한편, 이태석의 그림은 아니지만 사제 서품을 받을 때 그가 선택한 상본(像本)은 독일의 신부이자 화가였던, 지거 쾨너(Sieger Köder, 1925~2015)가 그린 <발을 씻어주시는 예수님>이었다. 상본은 예수 그리스도나 성모 마리아, 성인들의 모습이 담긴 카드 형태의 화상(畵像)을 말한다. 이 상본을 선택한 이유는 <갓등중창단>의 신상옥이 만든 <내 발을 씻기신 예수>를 떠올렸기 때문이라고 한다. 그리고 상본 뒷면에 들어갈 성경 구절로는 이사야서 49장 15절의 "설령 여인들은 잊는다 하더라도 나는 너를 잊지 않는다"를 사제 서품 성구로 선택했다.[13] 참고로 고흐는 목사였던 아버지의 죽음(1885년)으로 남겨진 유품 중에서도 가장 귀중했을 아버지가 남긴 성서를 소재로 그림 한 점을 그린다. <성서가 있는 정물>(1885)이 그것이다. 성서의 펼쳐진 부분은 『이사야서』 53장이다. "그는 사람들에게 멸시받고, 버림받으며, 고통을 많이 겪었노라"는 내용이 담겨 있는 장이다.(이성철, 2024를 참조) 이태석의 상본 뒷면에 인용된 성서의 내용과 연결된다. 고통과 용서, 그리고 사랑의 다짐 등이 담긴 내용이다. 이처럼 이태석의 다짐은 다미안 신부-찬송가-상본-톤즈의 한센인으로 일관되게 이어지고 있었다. 참고로 지거 쾨더에 대해 잠깐 소개한다. 쾨더 신부는 1956년 청소년 노래책 『The Quiver』의 삽화를 그리기도 했고, 예배당의 벽화, 제단화, 태피스트리, 그리고 스테인드 글라스 창 등 많은 작품을 남겼다. 독일 바덴-뷔르템베르크(Baden-Württemberg)주의 엘방엔(Ellwangen)에 세워진 기념박물관에는 150점의 작품들이 전시되고 있다.(2011년 5월 개관) 박물관의 홈페이지(sieger-koeder-museum.de)에는 그의 작품이 지닌 의미를 위대한 화가들의 격언으로 소개하고 있다. 예컨대 파울 클레Paul Klee의 "예술은 보이는 것을 재현하는 것이 아니라, 오히려 보이도록 만든다"는 말이나, 마르크 샤갈Marc Chagal의 "예술에서 가장 중요한 것은 따뜻함과 사랑이다"라는 말 등이 그것이다.

마침내 이태석은 2001년 12월 7일 남수단의 톤즈Tonj로 출발한다. 톤즈의 성당 벽에는 이태석이 직접 그린 예수님의 얼굴이 있다. 소품이지만 상당한 수준의 그림이다.[14] 그리고 어느 날의 강론에서는 신자들에게 그림 한 장을 보여준다. 탕자의 귀환을 소재로 한 그림이었다.(루카복음, 15: 11~24를 참조) 이태석은 이 그림의 제목을 <되찾은 아들>이나 <방탕한 아들>이라 말하시 않고 <아버지의 무한한 사랑>, <관대한 아버지>라고 말한다.[15]

이태석이 발을 내디딘 수단은 남(본토 흑인, 가톨릭)과 북(이슬람교의 아랍인)의 25년간 이어진 내전의 나라였다. 2005년 1월 내전이 종식되고 평화협정이 체결된다.[16] 수단은 아프리카에서 제일 큰 면적을 차지하는 나라이고 한때는 관광 등으로 널리 알려진 아름다운 나라였지만 내전으로 땅은 황폐화되고 민중의 살림살이는 도탄에 빠진 상태였다. 이태석이 만난 수단의 딩카족은 세계서 가장 신장이 큰 민족으로 알려져 있다. 이 중에서 '마장딧'이리 불리는 딩카족은 '아주 힘이 세고 용감한 소'라는 뜻을 지니고 있다.[17] 이태석은 톤즈에서 '쫄리'라는 새로운 이름을 얻는다. 이 이름에는 색다른 의미가 있다. 이태석 스스로가 지은 것이 아니라 현지인이 지어준 것이라는 의미에서 더욱 그렇다. 그의 세례명인 요한의 영문 표기는 존이다. 존 리(John Lee)가 졸리를 거쳐 쫄리가 된 셈이다. 톤즈 사람들이 애칭으로 불렀던 이름인 셈이다. 원래 선교지역 국가의 이름을 짓는 것은 'adaptaion totaled'('완전한 적응')을 위한 것이었다.(안동권, 2020: 118)

톤즈에서의 선교 생활에 대한 논의들은 많이 알려진 편이다. 아래에서는 음악과 관련된 부분만 살펴보기로 한다. 이태석은 어릴 적부터 음악을 좋아했다. 이태석이 행한 음악교육의 배경이 되는 그의 유년 시절에 관한 조사는 그가 가진 사상과 교육에 대한 신념을 이해하는 데 도움이 될 것이다. 그의 성장 과정에서 체험한 음악에 의한 심미적 체험과 봉사활동의 가치는 훗날 그의 교육활동에 밑거름이 되었다(성은진, 2013: 3). 초등학교 시절 목소리가 가늘고 높아 소년 성가대의 소프라노로 활약했고 중학교 땐 음악 선생님으로부터 독창과 작곡을 배워 콩쿠르에 나가 여러 번 입상을 하기도 했다.[18] 초등학교 시절 송도성당 제단 아래에서 풍금을 연주하기도 했다. 그는 풍금을 독학하면서

동요들을 작사, 작곡했다. <성탄>이라는 곡의 가사에는 이미 동심의 신앙이 가득하다.[19]

고등학교 시절에는 이태석 신부의 2년 후배인 이냐시오 형제의 집에서 함께 피아노를 연습했다. 그리고 앞서 살펴본 바와 같이 대학 시절에는 클래식 연주 동아리에서 첼로를 연주하기도 했다(각급 학교 시절에 대해서는 맹진학, 2018: 32, 37, 104를 참고할 것). 그리고 살레시오 신학교에서 신부가 되기 위해 수많은 과목들을 배우는데, 사제가 되기 위해 필요한 본질적인 공부(전례, 성경, 교리, 신학 등)뿐만 아니라 신자들을 잘 인도하는 데 필요한 갖가지 취미, 오락도 익힌다. 왜냐하면 사제는 수많은 사람의 개성을 이해하고 그것에 맞출 경우가 생기므로 만능 엔터테인먼트가 되는 공부가 필요하다고 생각했기 때문이다.[20]

내전 중인 수단에서 이태석 신부가 강조한 것은 '평화'였다. 예컨대 2006년 4월 23일의 부활 제2주일 강론에서는 요한복음 20장 19절~31절을 준비하는데, 잘 알려진 "보지 않고도 믿는 사람이 행복하다"는 내용이 들어간 부분이다. 이 장절에는 '평화'가 세 번이나 언급된다. 예수께서 부활과 평화의 관계를 언급한 것이다. 이태석은 '부활은 그리스도를, 신앙을 머리가 아닌 가슴으로 이해하는 데 꼭 필요한 사건'이라고 말한다.[21] 그가 만든 노래 중에도 <I Give You a Peace>가 있다. 참고로 이태석 신부에게 직접 음악을 배운 것은 아니지만, 내전 시 소년병이었던 엠마누엘 잘(Emmanuel Jal)이라는 청년의 이야기가 이를 웅변한다. 그는 <War Child>라는 영화와 음악을 만들기도 했다. 수단의 다르푸르(Darfur) 출신이었던 잘(Jal)은 8세 때 소년병으로 끌려간다. 자신이 듣던 음악은 '폭탄과 총성'이었지만, 음악을 알고 난 후 많은 사람에게 다음과 같이 증언하고 있다. "음악이 저를 치유해 주었지요. 그 속에서 천국을 볼 수 있습니다. 그 속에서 행복합니다. 그 속에서 다시 어린이가 될 수 있습니다. 춤과 음악으로⋯ 음악은 힘을 가지고 있습니다. 영혼과 정신에 영향을 미치는 유일한 것입니다. 음악의 힘은 사랑의 힘입니다."(Jal, 2009)

이태석은 독학으로 먼저 여러 악기를 익히기도 하고, 악보를 직접 쓴 적도 많았다.(KBS, 2015 참조) 그는 악기 수업을 시작하기 전 악기의 유래와 기원에 대한 설명도 덧붙였다. 톤즈의 청소년들은 한국 동요 <오빠 생각>, <반달>, <과꽃> 등을 익히기도 했다(성은진, 2013: 44~45). 그는 한센인들이나 병자들의 진료하러 나갈 때 길 안내나 통역을 맡았던 '산티노 뎅'에게 트럼펫을 가르쳐 주기도 했다. 그는 톤즈 사람들이 태생적으로 '삶의 예술가들'이라고 생각했다.[22] 수단 선교 3년 차였던 42세 때부터 음악교육을 본격적으로 시작했다[한국방송공사(2003)의 다큐멘터리를 참고할 것]. 학교 수업 후 특활시간에 모스 부호 같은 기본음을 교육하고 케냐의 나이로비에서 구입한 악기들을 연주할 수 있게 지도했다. 그리고 라나에로스포가 부른 <사랑해 당신을>은 톤즈 청소년들의 피폐해진 마음을 어루만지고 그들에게 사랑을 가르쳐 주려는 의도에서 리코더 수업 때 가르친 곡이었다. 리코더 연주뿐만 아니라 한국어 가사로 노래를 부를 수 있도록 지도했다(성은진, 2013: 30).

이태석(한국방송공사, 2003)은 톤즈에서 최초의 성탄절 준비를 하면서 다음과 같이 말한다. "학생들에게 '기쁨의 문화'와 '나눔의 문화'를 성탄절을 통해 체험하게 하고 싶었다. 이를 위한 음악이었다." 화면에는 'Joy to the World' 악보가 보이고, 이를 부르는 장면이 담겨 있다. 음악 공부에 참여한 학생들은 다음과 같은 증언을 한다. 바보야(16세)는 "음악을 통해서 다른 사람에게 도움을 줄 수 있어서 좋아요." 그리고 크리스토퍼(17세)는 "수업 끝나고 집에 갔는데 누군가에게 우울한 일이 있으면 제가 음악을 연주하거든요. 그러면 식구들 기분이 좋아져요." 음악을 통해 아이들 마음에 기쁨과 희망의 씨앗을 심을 수 있을 것 같아 악기를 가르치기 시작했다는 이태석[23]의 뜻이 아이들에게 그대로 전해진 것이다. 참고로 2001년 톤즈로 떠난 후 8년이 지나 이태석은 그간의 선교 경험을 모아 책을 출간한다. 이 책 서두에 다음과 같은 문장이 나온다. "음악은 전쟁과 가난으로 생긴 아이들의 상처를 어루만지고 치료할 수 있는 좋은 수단이라는 생각이

들었습니다. 기타와 오르간으로 시작된 음악반이 4년 뒤엔 트럼펫, 클라리넷, 트롬본, 튜바 등의 악기로 구성된 35명의 브라스밴드부로 성장했습니다."[24]

이태석의 음악을 통한 선교 중에서 가장 의미 있는 성과를 가져온 브라스밴드에 대해 살펴보자. 그가 브라스밴드를 만든 동기는 그의 또 다른 글에서 찾아볼 수 있다. "제가 처음 예수님의 따사로운 모습을 본 것은 초등학교 시절입니다. 음악, 특히 악기를 좋아해 어떤 종류든 악기를 보면 가슴이 콩닥콩닥 설레였습니다. 제가 제일 좋아하는 악기는 피아노입니다. 당시 피아노가 있는 곳이 많지 않아 배우기 힘들었는데 다행히 성당에 가면 피아노는 아니지만 그와 비슷한 풍금이 있어 그것으로 혼자 교본을 보면서 연습했습니다. 그로부터 30여 년이 흘러 지금 이곳 톤즈에서 여러분과 함께 기쁨을 나누고 있는 저는 저 어릴 때의 추억을 생각하고 여러분과 함께 음악을 했으면 좋겠다는 생각에서 악기를 마련해 왔습니다. 그 악기들로 브라스밴드를 만들 것입니다. 제가 어린 시절 음악을 통해 예수님을 만나고 위로받은 것처럼 여기의 아이들도 그런 기쁨을 누리게 되길 희망합니다."[25] 그리고 돈 보스코의 길을 따라 이와 같은 브라스밴드를 만들게 되었다고 덧붙인다. "(…) 돈 보스코는, 천국 축제의 향연을 이미 오라토리오에서 아이들과 함께 즐길 줄 아셨던 분입니다. 아이들 사이에 밴드를 만들어 늘 쿵작거리며 아이들의 마음을 흥겹게 하셨던 이유가 다 있는 거지요. 저도 그분으로부터 그걸 배워 여기 톤즈에서 아이들을 모아 악대로 만든 것입니다."[26] 훗날 가수 인순이(KBS, 2015)는 이 브라스밴드를 다음과 같이 평가한다. "남수단 최초의 브라스밴드였고, 이 밴드는 남수단의 보석이었다." 브라스밴드의 단복은 한국으로부터 후원받은 것이었다.

브라스밴드와 이태석

브라스밴드는 순식간에 남수단에서 유명한 명물이 되었다. 큰 행사에는 당연히 톤즈의 브라스밴드가 연주했다. 브라스밴드는 연주하는 동안 사람들의 이목을 집중시키고 함께 즐겁게 하는 힘을 지녔다. 선천적으로 음악적 흥을 지니고 있는 톤즈 사람들에게 직접 다가갈 수 있는 매우 적절한 것이었다. 주민들은 총 대신 처음 보는 악기들을 둘러매고 웅장하고 아름다운 소리를 만들어 내는 밴드 단원들을 다른 나라에서 온 학생들로 착각하기도 했다. 악기뿐만 아니라 한국에서 보내온 단복은 그곳 아이들에게 부러움의 대상이 되었다. 브라스밴드는 그 이름처럼 혼자서는 할 수 없는 연주 형태이다. 이태석 신부의 지도 아래 35명의 청소년들이 밤낮을 가리지 않고 연습한 결과였다. 남수단에서는 누구도 가르친 적이 없고 전례가 없는 음악 교육이었다. 2005년 남북의 수단이 평화협정을 맺었을 때 이태석 신부는 앞서 언급한 <너에게 평화를 주리라, I Give You a Peace>라는 곡을 만들어 브라스밴드와 함께 연주했다. 이 노래는 톤즈 사람들에게 널리 사랑받아 그들의 애창곡이 되었다(성은진, 2013: 34~35, 53).

이태석에게 있어 톤즈에서의 음악은 어떤 것이었을까? 그는 수단의 창궐하는 전염병들을 예로 들며 선교의 방법에 대해 말한다. 그는 말라리아, 콜레라, 홍역, 그리고 뇌막염 등의 전염 속도는 KTX 열차보다 빠르다고 말하면서, 복음 말씀도 전염병처럼 이렇게 빨리 전파될 수 있으면 얼마나 좋을까라는 생각을 하며 역설적으로 전염병들의 속도를 부러워했다. 그에게 있어 음악은 전염병의 매개체인 물이나 모기 또는 공기와 같은, 하느님의 말씀을 전하기 위한 일종의 매개체였던 셈이다.[27] 이태석의 말처럼 그의 음악 선교는 톤즈의 희망이 되었고 지금도 국내외에서 널리 전파되고 있다. 그 내용을 여기서 모두 소개할 필요는 없다. 그러나 일반 대중들에게 널리 알려진 <묵상>은 조용히 음미하며 들어보면 좋겠다. 가수 박경하의 3집 앨범 《곶》(2024)에도 실려있다. 이태석신부기념관에는 독특한 형상의 십자가 조각이 있다. 박경하의 3집 앨범 자켓을 열면 곡이 담긴 USB가 기념관의 십자가를 닮은 홈에 꽂혀있다.

"음악은(…) 모든 것이 프리즘으로 번진 하나의 빛이었다.(…) 음악은 어둠 속에서 더욱 깊게 번진다는 걸 아이들은 알아주었다(신영인, 2024). 이태석[28]은 행복을 '삶의 맛'이라고 했다. 순수한 우리말로 문화를 '삶의 빛'이라고 한다. 이태석의 문화선교는 톤즈와 우리들에게 삶의 빛을 드리웠고 삶의 맛을 찾기 위한 교훈을 주었다.

5. 나가며

이태석은 선종을 앞두고 톤즈 사람들에게 유언을 남긴다(KBS, 2015). "되돌아보면 제가 톤즈 사람들과 아이들에게 얻은 것이 더 많았습니다. 그들은 작은 것에 감사할 줄 알았고, 부족한 가운데서도 나눌 줄 알았습니다. 제게 늘 기쁘고 행복한 모습을 보여주었습니다. 저를 사제로서 교육자로서 믿어줬고 친구로 받아들였습니다. 그래서 톤즈의 친구들에게 '정말 고맙고 사랑한다'고 말하고 싶습니다." 브라스밴드 단원들은 2012년 전남 담양 천주교 공원묘원에 있는 고 이태석 요한 신부의 묘지를 방문한다. 톤즈 아이들은 지금도 이태석 신부와 함께 불렀던 <사랑해 당신을>을 기억한다. <사랑해 당신을>은 스승을 기리는 노래가 되었다.(이향영, 2020: 63)

강연 중 노래를 부르는 이태석

주석

평지고화(平地高話): 낮은 땅 높은 이야기

1　『신부 이태석』 113쪽.

2　『당신의 이름은 사랑』 129쪽.

3　『당신의 이름은 사랑』 23쪽.

4　『신부 이태석』 49~50쪽.

5　『신부 이태석』 65·95쪽.

6　수단어로 '하느님 감사합니다'라는 뜻.

7　『신부 이태석』 115쪽.

8　이태석은 항암 치료를 받던 병원에서 최인호 작가를 만난다. 그도 항암 치료 중이었다. 가톨릭 신자인 최인호의 작품 중에 경허(鏡虛) 스님의 행적을 따라 쓴, 『길 없는 길』이 있다. 불교방송의 뉴스에도 이태석 신부가 소개된 적이 있다. "천주교 사제 이태석 신부님이 아프리카 대륙에서 살신성인 되신 아름다운 이야기는(…) 우리 불자들도 이태석 사제처럼 완전히 자기를 비우고 남을 위해 봉사하는 아름다운 자비를…"(이향영, 『환한 빛 사랑해 당신을: 이태석 요한 신부 추모시집』, 문학의식, 2020, 110쪽 참조).

9　'도움이신 마리아회'에 대해서는 『당신의 이름은 사랑』 319~320쪽을 참고할 것.

10　『신부 이태석』 85·95쪽.

11　『친구가 되어 주실래요?』 148쪽.

12　소 알로이시오 신부의 성직자로서의 뛰어난 구호사 업가 면모에 대해서는 안동권, 『소 알로이시오 신부: 가장 가난한 사람들의 아버지』 책으로여는세상, 2020을 참고할 것.

13　『신부 이태석』 143~144쪽.

14　『당신의 이름은 사랑』 290쪽에 실린 그림을 참고할 것.

15　『당신의 이름은 사랑』 213~214쪽.

16　『친구가 되어 주실래요?』 44쪽.

17　『신부 이태석』 172쪽.

18　『친구가 되어 주실래요?』 32쪽.

19　『신부 이태석』 31쪽을 참고할 것.

20　『당신의 이름은 사랑』 185쪽.

21　『당신의 이름은 사랑』 156·162~165쪽 참조.

22 『친구가 되어 주실래요?』, 15쪽.

23 『친구가 되어 주실래요?』, 33쪽.

24 『친구가 되어 주실래요?』, 9~10쪽.

25 『당신의 이름은 사랑』, 226~227쪽.

26 『당신의 이름은 사랑』, 177~178쪽.

27 『친구가 되어 주실래요?』, 89~90쪽.

28 『친구가 되어 주실래요?』, 91쪽.

모든 날이 좋았습니다
행복한 사람 이태석

백태현 전 부산일보 논설실장

연세대학교 사학과 졸업 후 부산일보 기자로 취재했고 문화부장, 사회부장, 논설위원, 논설실장 등을 역임했다. 한국해양대학교 대학원 국제지역문화학과 석사와 박사 학위를 받았고, 동 대학교 동아시아학과에 출강했다. 다양한 문화 코드에 접속해 역사와 사회, 인간의 삶을 탐구하는 작업을 하고 있다.
저서로 『영화로 만나는 동아시아-패권주의와 다문화』가 있다.

'이태석 영화'에 재현된 사랑과 나눔의 상생 패러다임

백태현
전 부산일보 논설실장

1. 들어가며

아프리카 수단 톤즈에서 사랑과 나눔의 삶을 실천한 고(故) 이태석 신부의 고귀한 정신은 그를 다룬 다큐멘터리 영화들 속에 잘 재현되고 있다.

영화 속 이태석이라는 인물의 극진한 삶의 태도와 향기를 따라가다 보면 관객들은 깊은 감동을 마주한다. 또 어떻게 사는 게 인간답게 사는 길이며 의미 있는 삶인가 하는 가치론적 고민에 닿는다. 이런 울림이 무한경쟁의 자본주의 시스템 속에서 살아가는 현대인들의 불안하고 공허한 마음에 '이태석 신드롬'을 가져오지 않았나 싶다.

그가 선종한 후 네 편의 다큐멘터리 영화가 제작돼 극장에서 상영됐다. 구수환 감독의 <울지마 톤즈>(2010), 강성옥 감독의 <울지마 톤즈 2: 슈크란 바바>(2020), 구수환 감독의 <부활>(2020), 이우석 감독의 <이태석>(2022).

<울지마 톤즈>는 구수환 PD가 감독한 영화로 KBS가 기획·제작해 2010년 9월 개봉했다. 내레이션은 이금희 아나운서가 맡았다. 2010년 4월 KBS TV에서 방송된 KBS 스페셜 <수단의 슈바이처 고(故) 이태석 신부-울지마 톤즈>를 재편집해 상영했다. <울지마 톤즈 2: 슈크란 바바>는 이태석 신부 선종 10주기 기념작품으로 KBS가 기획해 2020년 1월 강성옥 감독, 이금희 아나운서 내레이션으로 방영됐다. <부활>은 구수환 감독이 직접 내레이션을 맡아 2020년 7월 개봉했다. 이태석이 아프리카 톤즈에 뿌린 사랑의 씨앗이 제자들을 통해 열매를 맺는 이야기를 담았다. <이태석>은 2022년 12월 이우석 감독, 성악가 임형주 내레이션으로 개봉한 영화다. 이태석 신부에 관한 기억을 간직한 수단의 '또 다른 이태석'들의 인터뷰 위주로 구성했다.

이 영화들은 모두 이태석 사후에 제작된 만큼 생전의 사진 및 영상 자료들과 사후 촬영한 인터뷰 영상 등을 적절히 재구성하고 편집해 과거와 현재를 넘나들며 이태석의 치열했던 삶의 궤적을 따라간다. 또 감독의 의도가 반영된 전지적 시점의 내레이션과 주제를 뒷받침하는 배경 음악이 관객의 몰입도를 높인다.

<울지마 톤즈>의 경우 주인공 부재로 인한 제한된 조건 속

에서 시각·청각적 이미지가 조화를 이루는 복합양식 텍스트 요소[1]를 최대한 활용하고 있다. 즉 영화 촬영을 준비하며 얻은 생전의 사진·영상 자료와 새로 촬영한 장면을 적절히 배치하여 시각적 이미지를 강화했다. 그러면서 과거와 현재의 인터뷰와 주제를 뒷받침하는 배경 음악 및 제작자 의도가 반영된 내레이션 등을 효과적으로 배합하여 청각·언어적 이미지를 구축함으로써 시청각 텍스트를 전략적으로 선택하고 재구성해 보여준다.

이 영화는 관찰을 통해 객관적 진실과 리얼리티를 전달하기보다는 감독이 말하고자 하는 메시지와 주제에 적합한 자료와 인물을 선택해 촬영한 다음, 또 그 일부를 편집해서 관객에게 전달하는 설명적 진실과 표상적 리얼리티[2]를 보여주는 측면이 강하다. 따라서 관객은 감독의 시선으로 재현된 이태석의 이미지를 보게 되는 것이다.

이 글에서 다루는 영화의 감독들이 재현한 이태석 신부의 모습은 '사랑'이며 관객들이 받은 감동은 사회적으로 큰 반향을 일으켜 새로운 삶의 방식에 관한 담론의 지평을 열어가는 계기가 됐다. 이는 나만을 위하는 이기적인 삶, 남을 누르고 살아남는 적자생존의 정글 법칙이 아니라 남을 향한 사랑과 공감이 만들어내는 섬김과 나눔의 문법에 관한 탐색과 성찰이라고 할 수 있다.

이태석이 수단 남부의 톤즈에서 2001년부터 2008년까지 만 7년간 헌신했던 행적[3]은 영화들 속에서 사제, 의사, 교육자,

음악가 등의 모습으로 재현된다. 하지만 그가 보여준 다양한 스펙트럼의 활동의 뿌리는 하나였다. 곧 사랑과 공감에서 비롯된 섬김과 나눔의 정신이 그것임을 영화를 통해 확인할 수 있다.

또 이러한 섬김과 나눔은 일방적인 시혜가 아니었다. 이태석은 톤즈 아이들과 한센인들의 맑은 눈망울 속에서 '사랑이신 하느님'의 모습을 발견하고, 그들과 소통하면서 자신의 소명을 완성해 가는 공생과 상생의 비밀을 발견하고 있음을 이 영화들은 말해준다.

2. 이태석 신부의 통합적 활동 양상

네 편의 영화에 공통으로 재현되는 이태석의 이미지는 사제 서품을 받은 후 수단 남부 톤즈에 선교사로 파견돼 의사와 교육자로서 가난하고 소외된 톤즈 주민들 특히 청소년들의 발전을 위해 헌신하는 모습이다.

이태석은 지독한 가난과 굶주림 속에서 질병에 시달리는 주민들과 전쟁 피해자들을 치료하고 한센병 환자들을 친구처럼 돌본다. 청소년들의 미래를 열어주기 위해 학교를 지어 가르치고, 브라스밴드를 결성해 그들에게 자존감과 희망을 불어넣는다.

사제, 의사, 교육자로서 이태석의 이 같은 모습들은 한결같이 '인간 사랑'의 실천으로 귀결된다. 어떤 물질적 가치나 정치적 조건들, 사회적 이슈에 앞서는 본질적 가치로서 인간 사랑과 나눔이 그 활동의 핵심에 자리하고 있음을 영화들의 서사를 통해 확인할 수 있다.

2-1. 사제로서의 활동

사제로서의 이태석

<올지마 톤즈>를 보면 이태석 신부는 "가진 건 없어도 기쁘게 살고, 신앙생활도 열심히 한다. 가난해서 불쌍한 사람들이 아니다"라며 매사에 감사하며 살아가는 톤즈 주민과 한센인들에게서 그리스도의 모습을 발견한다. 하느님의 눈으로 세상을 바라보는 사제의 모습이라고 할 수 있다.

<올지마 톤즈 2: 슈크란 바바>도 이태석 신부가 김수환 추기경이 집전한 사제 서품식에서 "제 어릴 때 성서 구절 중에 제일 마음에 와서 닿았던 부분, '가장 보잘것없는 이에게 해준 게

바로 나에게 해준 것과 같다'라는 성경 구절[4]을 항상 마음속에 간직하고 있다"라고 밝히는 장면으로 영화가 시작된다. 그가 펼칠 활동의 향방을 예견하는 말이다.

사제 이태석의 소명의식은 수련자 시절 살레시오 수도원에서 아이들과 함께 지내며 구체적으로 싹튼 것으로 보인다. "세상의 무관심과 외면 속에 상처받고 마음의 문을 닫아버린 아이들의 결핍과 그늘을 보듬어주고 싶었고, 사랑의 손길이 필요한 아이들을 위해 헌신하려고 다짐했다"라는 내레이션이 이를 설명해주고 있다.

매주 일요일 먼 거리의 공소를 방문해 미사를 집전하고 고해성사를 듣는 이태석의 모습에서, 주민들의 아픔을 공감하고 위로하는 사제로서의 사랑이 짙게 묻어 나옴을 느낄 수 있다.

신의 섭리를 믿고 따르는 사제 이태석의 면모는 톤즈 아이들의 음악적 재능을 발견하고서도 표출된다. "제 어릴 적 피아노를 배우고 싶어 했던 것, 성당에서 풍금을 치던 것, 십자가에 달리신 예수님께서 바라보시던 시선, 가난하지만 엄청난 재능을 가지고 있는 아이들. '내 삶이 혼자만의 삶이 아니고 아이들의 삶이 저 아이들만의 삶이 아니구나' 하는 것을, 시간과 공간을 초월해서 두 그룹의 삶이 짜깁기처럼 짜여 있다는 것을 깨달았다." 하느님의 계획이 자신과 톤즈 아이들 사이에 이미 다 짜여 있다는 깨달음, 하느님으로부터 받은 자신의 재능을 그것이 필요한 톤즈 아이들에게 흘러가게 해야겠다는 사제로서의 소명의식을 느낄 수 있는 대목이다.

대장암을 판정받고 한국에서 투병할 때도 이태석 신부는 대림동 살레시오회 수도원에서 청소년들과 함께 지냈고, 모자를 쓴 채 미사를 집전하기도 했다. 영화는 이러한 이태석의 생전 모습을 보여주며 생애 끝까지 붙잡았던 사제로서의 맑은 영혼과 영성의 깊이를 투영한다.

영화 <부활>과 <이태석>에서도 사제 이태석을 만날 수 있다. <부활>의 첫 장면은 이태석 선종 10주기를 맞아 여러 부족이 함께 모여 그를 추모하는 장면이다. 서로 총부리를 겨눴던 부족들은 "평화를 위해 왔다. 이태석 신부님께서 사랑이 전쟁보다 좋은 거라고 말씀하셨다"라며 이 신부와의 기억을 소환한다. 주민들에게 사랑과 평화의 마음을 심으려고 애썼던 사제 이태석의 이미지가 선명하다.

<이태석>에서는 고해성사를 통해 가난한 영혼을 어루만지는 신부 이태석의 모습이 뚜렷하다. 미사를 집전하고 난 뒤 성당 뒤편에 의자 두 개를 마주놓고 앉아 고해성사를 받는 이태석의 모습을 보며 박진홍 신부(2006년 톤즈 방문)는 인터뷰에서 "아! 이 분이 신부님이었구나"라며 영혼 구원에 성심을 다했던 사제 이태석을 기억한다.

2006년 미사 때 고해성사 했던 소녀, 인터뷰 당시 아이 셋의 엄마가 된 한 여인은 "신부님 만나서 기도 많이 했다. 신부님이 아버지처럼 좋은 얘기도 해주고 했는데 사망 소식 듣고 많이

울었다"라며 심경을 토로한다. 제임스라는 한 남성은 13세 때 이 신부에게 고해성사하던 사진을 보여주면서 "고해성사 전날 마을 축제 때 내가 쳤던 북을 한 친구가 말도 없이 가져가서 싸웠다. 마음이 안 좋았는데, 이 신부님이 기도하는 방법과 하느님을 마음속에 기억하는 법을 알려줬다"고 말한다. 사제로서 이 신부의 영혼 구원 활동이 세심하고 깊었음을 대변하는 에피소드다.

2-2. 의사로서의 활동

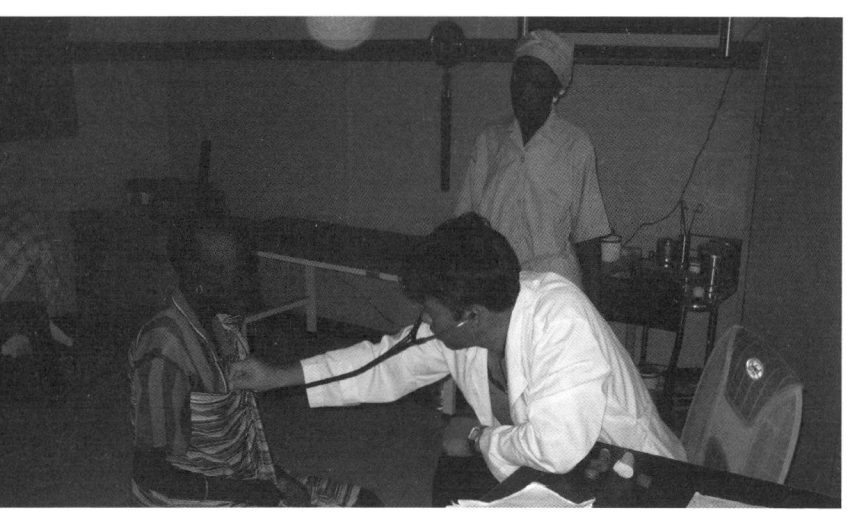

의사로서의 이태석

이태석의 노력은 사제로서 복음 영접에 집중하는 직접적 선교 활동 외에 의료와 교육, 음악 활동 등 여러 수단을 적극적으로 활용하여 복음 전도와 그리스도의 사랑을 실천한 통합적 선교 활동으로 볼 수 있다.

과거 서구 선교사들의 활동이 제국주의적 태도와 서구 문화 중심주의적 태도로 인하여 선교의 본질이 왜곡되었던 것과는 달리, 두 차례의 세계대전 이후에는 3세계 국가들의 상황 변화에 맞는 선교, 즉 복음 전도뿐만 아니라 선교지의 정치·경제·사회적 측면들을 포괄하는 사회 참여의 선교가 요청됐다. 이태석의 선교 활동이 바로 그러한 성격을 띠고 있으며, 이는 곧 병든 자를 치유하고 억눌리고 압제당하는 자를 해방하려 했던 그리스도의 '통전적 사역'의 연장선에서 파악할 수 있다는 연구[5]가 나와 있다. 이에 따르면 이태석 신부의 선교 활동은 톤즈 사람들에게 의료·교육·문화적인 측면에서 실질적으로 인간다운 삶을 가져오기 위해 최선을 다한 선교 활동이라는 것이다.

이태석이 활동했던 2001~2008년 당시 수단 남부 톤즈는 전쟁과 가난 속에서 굶주림과 질병, 고통과 죽음의 늪에서 벗어나지 못한 채 희망 없는 삶을 이어가고 있었다.[6]

<울지마 톤즈>는 2001년 톤즈 움막 진료소에서 하루 200~300명 정도의 환자를 치료하는 이 신부의 모습을 보여준다. "저 멀리서 2~3일 동안 걸어서 와서 밤새 기다린 사람들이 있었다"는 이재현 사단법인 수단 어린이장학회 이사장의 인터뷰를 실어 당시 톤즈의 열악한 의료 현실을 증언한다.

그러한 현실을 타개하기 위해 이태석이 주민들과 함께 강에서 모래를 퍼 와 병원 건물을 직접 세우는 장면이 나온다. 이 장면은 새로 지은 병원에서 줄지어 순서를 기다리는 환자들의 모습으로 이어진다.

말라리아나 결핵 환자는 물론 싸우다가 몸이 찢어졌거나 총상을 입은 청년들도 이태식의 환자였다. 신경숙 가정의학과 선문의(2008년 1~12월 톤즈 의료 봉사)는 당시 상황을 "밤에 환자가 왔다고 모시러 가면 한 번도 문을 두 번 두드리게 하신 적이 없었다. 진실을 다하는 의사였다"라며 의사 이태석의 헌신적 섬김을 회상했다.

영화 <울지마 톤즈 2: 슈크란 바바>도 옆구리가 찢어져 톤즈 진료실을 찾아와 치료받는 아이, 다리 관통 총상을 입은 응급환자, 결핵이나 말라리아 환자들, 매주 찾아오는 이 신부의 이동 진료를 기다리는 유목민 마을과 한센인 마을 사람들을 보여준다.

이태석은 "죽어가던 아이들이 지금은 건강하다. '여기 뭐하러 왔나?' 하다가 그런 경험을 하게 되면 배터리 충전하듯 충전된다"라고 밝히는데, 이것이 바로 의사로서 느끼는 보람이자 사명감이다.

영화 <부활>과 <이태석>은 이태석으로부터 치료받아 생명을 구하고, 이 신부로부터 교육을 받고 음악의 세례를 받은 아이들이 자라며 그의 정신을 이어받아 의사와 약사, 사회운동가로 거듭나는 모습을 추적하고 있다.

<부활>에는 주바 국립병원 인턴으로 활동하고 있는 아롭, 주바 국립병원 의사 벤자민, 에디오피아 짐마 대학병원 약사 마틴 형제 등이 출연한다. 이들은 이태석 신부를 "환자들이 밤낮없이 찾아오는데 한 번도 화를 내는 것을 본 적이 없는, 항상 웃으

면서 환자들에게 다가가 안아주고 만지고 공평하게 진료해준" 의사로 기억한다.

　이태석은 "환자가 들어오면 5초간 눈을 가만히 들여다본다. 왜냐면 환자가 의사 앞에 있는 진실한 순간이기 때문"이라고 말하는 의사다. 이태석이 환자의 눈을 들여다보는 순간은 주민들이 이 신부 앞에서 고해성사하는 모습과 오버랩된다. 이 장면은 한 인간의 육체는 물론 영혼까지도 귀하게 여기는 의사의 본분에 대해 생각하게 만든다.

　제임스는 가난 때문에 의사 꿈을 포기했다가 35세의 나이에 다시 도전하고 있는 청년이다. 2007년 콜레라가 톤즈를 휩쓸 때 혼자서 사투를 벌이는 이태석의 보조 역할을 자원했다. 이때 이태석으로부터 주사 놓는 법과 환자와의 대화법 등을 배웠다고 털어놓는다. 촬영 당시 콰족 주립병원에서 의사 보조[7]로 활동하고 있는 모습이 화면 속에 남았다.

　주바 국립대학교 의대생 프란시스(2007년 톤즈 돈 보스코 고등학교 재학)는 "이태석 신부님 제자가 의과대학에 40~50명 있다"라고 밝힌다. 이태석이 남긴 사랑의 씨앗이 풍성한 열매를 맺고 있음을 확인할 수 있는 증언이다. 영화는 주바대학교 의사와 의대생들이 한센인 마을로 가서 의료봉사하는 장면을 보여주면서 이 신부의 나눔이 퍼져가고 있는 현장을 담는다.

　<이태석> 화면 속에서도 움막 수준의 진료소를 병원으로 탈바꿈시키고, 고맙다는 말을 할 줄 모르는 무뚝뚝한 톤즈 사람

들을 묵묵히 사랑으로 치료하는 의사 이태석의 모습이 선명한 이미지로 와 닿는다.

영화는 자기 몸을 아끼지 않고 진료하는 의사 이태석의 모습에 초점을 맞춘다. 이동 진료를 나가 가족과 사회로부터 버림받고 배척당한 한센인들을 헌신적으로 치료하는 모습, 2007년 전염성이 높은 콜레라 유행 시 희생적으로 의술을 펼치는 모습 등은 "이태석은 의사로서가 아니라 친구로서 그들을 대했다"는 내레이션을 무색하지 않게 한다.

의사 이태석의 활동을 '인덕제세(仁德濟世)'를 실천한 모범이라고 보는 견해도 있다. 인덕제세의 인은 사랑하는 마음이고, 덕은 몸과 마음을 닦는 수양이며, 제는 다른 사람과 함께 나눔이며, 세는 그로써 사람들과 세상을 움직이는 실천을 뜻한다. 이태석의 헌신이 인덕제세, 즉 사랑의 마음으로 몸을 닦아 세상 사람들과 더불어 질병과 고통이 가득한 세상을 함께 살아간다는 것이다.[8]

2-3. 교육자로서의 활동

영화들은 이태석이 아무 희망도 없어 보이던 톤즈에 학교와 기숙사를 세워 청소년들 스스로 미래를 열어갈 수 있게 돕는 활동들을 화면 곳곳에서 보여준다.

<울지마 톤즈>는 전쟁 중에 폭격으로 부서진 학교 건물의 잔해를 보여주고, 이태석이 아이들과 함께 학교를 짓는 장면과

톤즈에서 처음으로 12년 과정의 돈 보스코 초·중·고교가 완공된 모습을 보여준다.

교육자로서의 이태석

아쟁은 유니세프의 도움으로 탈출에 성공한 후 이태석을 찾아온 소년병 출신이다. 이태석은 공포에 떨고 있는 아쟁을 사랑으로 감싸 배움의 길로 인도한다. 공부하고 싶어도 집이 멀어 포기하는 학생들을 위해 이태석 신부가 지은 기숙사는 "전쟁으로 몸과 마음이 부서진 아이들을 위해 미래를 꿈꿀 수 있게 하는 곳"(내레이션)이 되었다.

나무 밑에서 아이들을 가르치는 이 신부의 영상과 함께 내레이션 음성이 흘러나온다. "예수님이라면 이곳에 학교를 먼저 지으셨을까, 성당을 먼저 지으셨을까? 아무리 생각해봐도 학교를 먼저 지으셨을 것 같다. 사랑을 가르치는 거룩한 학교, 내 집처럼 느껴지게 하는 정이 넘치는 그런 학교 말이다."[9]

이태석은 청소년 사목에 집중하는 살레시오회에 입회[10]하면서 청소년 교육에 뜻을 둔 사제로 성장했다. '청소년들을 있는 그대로 사랑하면서, 그들이 사랑받고 있다는 것을 느끼게 하는 것'이 살레시오회 창립자 돈 보스코가 원하는 살레시오 회원의 모습[11]이며, 이를 이태석은 실천하려 했다.

그는 그 실천 장소로 아프리카 수단의 톤즈를 선택했다. 톤즈 살레시오 공동체를 이탈리아 토리노 발도코의 돈 보스코 오라토리오와 같은 곳으로 만들기 위해 전력을 다한 것으로 보인다. 이태석이 몸 바쳤던 톤즈 공동체는 가난한 청소년들이 하느님의 사랑을 체험하는 본당, 영혼과 육신의 병을 치료하는 병원, 천진한 아이들이 뛰놀며 삶을 준비하는 학교, 곧 또 하나의 돈 보스코 오라토리오였던 셈이다.[12]

영화 <울지마 톤즈 2: 슈크란 바바>, <부활>, <이태석>의 서사도 이태석이 톤즈 공동체를 청소년들이 미래를 꿈꾸며 삶을 준비하는 장소로 정성껏 가꾸어 나가는 모습에 집중한다. 학교와 기숙사를 설계해 건물을 짓고, 병원과 학교에 전기 공급이 원활하도록 지붕에 태양광 집열기를 설치하고, 교사 부족 현상을 메우기 위해 수학을 직접 가르치는 장면 등이다.

톤즈 발전을 위해 이태석이 쏟아 부은 헌신적이고 열정적인 활동의 흔적은 남수단 정부 교과서에, 남수단 대통령이 이 신부에게 추서한 훈장에 뚜렷이 남아 있음을 영화는 상기시킨다.

이태석은 타고난 음악가이기도 했다. 악기를 가르치고 브라스밴드를 창단해 활동함으로써 아이들에게 자존감과 기쁨, 미래의 희망을 선사했다.

<울지마 톤즈>의 감독이 보기에 이 신부의 음악 교육은 "자신의 가난했던 어린 시절을 지켜준 것 같이 톤즈 아이들을 붙잡아주기를 바랐던"(내레이션) 치유의 일환이었다. 이태석은 자신이 쓴 책에도 "장기간의 전쟁으로 건물뿐만 아니라 아이들의 마음도 상처받고 부서져 있었다. 음악을 통해 아이들 마음에 기쁨과 희망의 씨앗을 심을 수 있을 것 같아 악기를 가르치기 시작했다"[13]고 밝히고 있다.

이태석은 2005년 톤즈 아이들로 구성된 35인조 돈 보스코 브라스밴드를 결성해 연습을 거듭하고 정부 행사에 초청받기도 한다. 이런 활동은 아이들에게 자존감을 고취하고 사랑과 평화의 마음을 심어줬다고 영화는 평한다.

<부활>에는 2008년 남가주 성령 쇄신대회에 참석한 이태석 신부가 "눈앞에서 가족이 죽어가는 걸 보고 정상적이지 않던 상태의 아이들이 사람을 죽이던 총을 녹여 트럼펫과 클라리넷을 만들고 싶다고 했다"라며 감격하는 장면이 나온다. 음악 교육의 힘이 톤즈 아이들의 심성에 얼마나 큰 영향을 미쳤는지 알려주는 부분이다.

<울지마 톤즈 2: 슈크란 바바>도 공격받으면 상대 가족이나 부족에게라도 보복해야 하는 톤즈 청소년들의 심성을 평화의

코드로 바꾸어 놓은 음악 교육의 효과를 증언하고 있다. 톤즈 브라스밴드 아이들은 "연주하먼 다른 사람이 행복해서 나도 행복하다. 그들은 우리로 인해 우리는 그들로 인해 행복하다"라고 말한다.

연주를 금방 배우는 톤즈 아이들을 보며 이태석은 "진흙에서 진주를 발견한 듯한 느낌이다. 미리 그 씨앗을 다 심어 놓으셨구나. 물을 주고 키우는 게 내 일"이라고 깨닫는다. 이는 자신의 음악 교육 활동을 사명감으로 받아들이고 있음을 말해주고 있다.

이태석은 대장암 판정을 받고 한국에서 투병 중에도 대림동 살레시오회 수도원에서 존스 밴드를 만들어 청소년들을 지도했다. 영화는 서울 존스 밴드가 연주하는 <성자의 행진>과 톤즈 브라스밴드가 연주하던 <성자의 행진>을 번갈아 화면에 올린다. 영화는 수단 남부와 북부의 평화협정을 기념해 그가 만든 <슈크란 바바>[14] 음악을 배경으로 끝을 맺는다.

영화 <이태석> 역시 이태석이 어린 시절 음악을 '사랑의 이름'으로 만났던 에피소드부터, 톤즈에서 아이들과 함께 음악 활동하던 모습들, 브라스밴드 옛 단원들이 이태석을 '사랑의 이름'으로 기억하는 장면까지 과거와 현재를 오가며 그가 살다간 흔적을 오롯이 재현해내고 있다. 이태석이 2010년 1월 14일 선종했을 때, 톤즈 사람들은 교회에 모여 그로부터 배웠던 <사랑해> 노래로 그를 떠나보냈다.

음악을 비롯한 이태석의 교육 활동은 통합적 인간 발전의 맥락에서 조명되기도 한다. 인간 발전은 경제적 측면뿐 아니라 도덕적·영적 발전이 포함돼야 한다는 관점에서 이 신부의 활동을 통찰하는 시각이다. 이는 그 활동이 피 선교지 사람들의 참여를 도와 그들 스스로 주체가 되도록 하는 통합적 선교였으며, 물질적·영적으로 통합적 인간 발전을 강조하는 가톨릭의 사회교리를 구체적으로 실현한 것으로 보는 관점[15]이다.

3. 이태석 신부의 사랑과 나눔 정신

3-1. <울지마 톤즈>에 재현된 소명의식과 사랑의 향기

'*십자가 앞에 꿇어 주께 물었네. 추위와 굶주림에 시달리는 이들, 총부리 앞에서 피를 흘리며 죽어가는 이들을 왜 당신은 보고만 있냐고. 눈물을 흘리면서 주께 물었네. (……) 인간은 고통 속에서 번민해야 하냐고. 조용한 침묵 속에서 주님 말씀하셨지. 사랑, 사랑, 사랑. 오직 서로 사랑하라고.*' *(이태석 작사·작곡 <묵상>)*

이 곡은 이태석 신부가 학창시절 만든 노래로 영화 <울지마 톤즈>에 삽입되어 있다. 가사 내용에서 알 수 있듯이 오직 하느님의 사랑만이 모든 아픔과 질곡을 해결하는 근본적인 치유책임을 청소년 시절 이태석은 이미 묵상 속에서 깨닫기 시작했다.

이태석은 그러한 하느님 사랑을 "세상에서 가장 가난한 곳"이라고 느꼈던 아프리카 수단 남부 톤즈에서 섬김과 나눔으로 실천한다.

수단 내전으로 인해 굶주리고 병들고 치료를 받지 못해 주민들이 죽어가는 비참한 현실을 목격한 수사 이태석의 마음에 선교사가 되어 가난한 땅 톤즈로 돌아가서 섬기겠다는 소명의식이 싹텄고[16], 이 같은 소명의식이야말로 톤즈에서 그가 기쁜 마음으로 활동하게 만든 원동력이었다.

<울지마 톤즈>는 이태석의 형인 이태영 신부 인터뷰를 통해 형제가 초등학교 시절 함께 본 다미안 신부[17] 관련 영화가 이태석을 성직자의 길에 접어들도록 큰 영향을 미쳤다는 사실을 알려준다. 한센인들을 섬기다가 같은 병에 걸려 선종한 다미안 신부의 헌신적 삶과 소명의식에 감동한 소년 이태석이 사제로, 선교사로 살아가게 됐다는 것이다.

그는 암세포가 온몸에 퍼진 상태에서도 자신이 부여받은 '사랑의 전도사'로서의 소명을 다하지 못할 것을 걱정한 사람이었다. 이태석 신부의 병을 진단했던 유병욱 가정의학과 교수는 인터뷰에서 "이 신부가 낙담한 이유는 삶을 마감한다는 게 아니라 톤즈에서 우물 파다가 말았고, 약도 그대로 쌓여 있는데, 가서 해야 할 일을 못 하게 됐다는 것"이었다고 전한다. 이태석이 톤즈에서 주민들을 치료하고 아이들을 가르치는 일을 하늘로부터 부여받은 소명으로 알고 활동해 왔음을 알 수 있다.

"신부가 아니어도 의술로 많은 사람을 도울 수 있는데, 한국에도 가난한 사람들이 많은데, 왜 아프리카까지 갔냐"는 질문을 자주 받자 이태석은 자신이 쓴 책에서 이렇게 답한다. "내 주위 사람들의 아름다운 삶의 향기들 때문이 아닌가 싶다. '가장 보잘 것없는 형제 한 사람에게 해준 것이 곧 나에게 해준 것'이라는 예수님 말씀, 모든 것을 포기하고 아프리카에서 평생을 바친 슈바이처 박사, 어릴 적 집 근처에 있었던 '소년의 집'에서 가난한 고아들을 보살피고 몸과 마음을 씻겨주던 소 신부님[18]과 그곳 수녀님들의 헌신적인 삶의 모습, 일찍이 홀로 되어 10남매의 교육과 뒷바라지를 위해 평생을 희생하신 어머님의 고귀한 삶도 내 마음을 움직이게 한 아름다운 향기였다."[19]

인류를 위해 십자가에 매달리신 그리스도의 거룩한 희생, 가난한 나라 사람들을 도우려고 이국땅에서 평생을 봉사한 슈바이처 박사나 소 일도이시오 신부 같은 이들의 고귀한 헌신, 자식을 위해 일생을 바친 어머니의 사랑 등 자신의 소명을 다한 아름다운 사랑의 향기가 바로 이태석 신부를 톤즈로 향하게 만든 원동력이지 않을까.

3-2. <울지마 톤즈 2: 슈크란 바바>에 나타난 행복과 상생 패러다임

이태석은 톤즈에서 만난 한센인들을 세상에서 가장 소외되고 가난한 사람들이라고 말한다. 하지만 "물질주의 사고방식과 다르게 가진 것은 없으면서도 행복하게 살아가는 모습, 조그만 것에 기뻐하고 감사할 줄 아는 모습을 보면서 이렇게 살아가야 하지 않을까 하는, 어쩌면 행복을 찾는 게 간단한 것인데 사람의 욕심 때문에 자꾸 다른 길을 가게 된다는 느낌을 받았다"며 한센인들을 통해 깨달은 바를 밝히고 있다.

<울지마 톤즈 2: 슈크란 바바>에 나타나는 이태석은 열악한 환경과 수많은 불편에도 불구하고 낙천적이고 행복한 표정이다. 한센인들이 모여 사는 라이촉 마을 사람들에게 옷을 선물하고 그들과 함께 망고나무 아래에서 즐겁게 춤추고 노래하는 모습은 흥겹기 그지없다.

이태석이 한센인들 각각의 발에 맞는, 세상에서 단 하나뿐인 그들만의 신발을 만들어 주기 위해 직접 발 모양을 종이에 그렸던 에피소드에서는 이들을 진정으로 공감하고 사랑했던 마음이 고스란히 읽힌다.

이태석은 자신의 저서에서 "나를 소중한 많은 것들을 뒤로 한 채 이곳 수단까지 오게 한 것도, 열악한 환경이지만 후회 없이 기쁘게 살 수 있는 것도, 모두가 사람의 마음을 움직여 그들 주위로 모이게 하고 주님의 존재를 체험하게 만드는 한센인들의 신비스러운 힘 때문"[20]이라고 밝힌다. 곧 자신을 영적으로 성장케 해준 한센인들에게 오히려 감사하고 있음을 알 수 있다. 영화 속 내레이션도 이 신부의 이 같은 심정을 대변한다. "한센인들은 철저하게 버려진 사람들이지만, 감사할 줄 알고 기쁘게 사는 그들에게서 이태석은 그리스도의 모습을 보았다고 고백한다."

아프리카의 외진 곳 톤즈에서 그리스도의 모습을 닮은 이들을 만나 교감하는 가운데 그 자신 사제로서 영적 비밀을 알게 되고, 의사와 교육자로서 진실한 삶의 가치를 실천할 수 있었다고 고백하는 이태석. 그의 모습은 가난한 사람들에게 혜택을 주러 간 일방적 시혜자의 모습이 결코 아니다. 선교사인 자신이 오히려 그들의 순수한 마음과 고결한 영혼을 배워가는 감동 속에서 하느님을 인격적으로 만나는 영적 성장의 모습이다. 인간과 인간이 만나 영적으로 동반 성장하는 상호적 교감의 패러다임을 영화는 보여준다. 감독은 "힘든 순간마다 빛이 되어 주는 톤즈 사람들. 그 희망에 다시 힘을 얻는다"는 내레이션으로 상생하는 삶의 원리를 되새긴다.

탈근대 문화의 시대에는 당연시하던 투쟁과 경쟁, 권력과 지배라는 옛 삶의 방식 대신 공생과 상생의 새로운 삶의 원칙과 가치를 일궈야 하며, 비움에서 시작되는 섬김과 나눔이야말로 건전한 사회의 원동력이 될 수 있음[21]을 이 영화의 서사를 통해 짚어볼 수 있다.

2008년 열린 '수단 어린이 돕기 작은 음악회'에서 이 신부는 "행복이란 무엇일까?"라는 물음을 던지며 한 사례를 든다. "병원에 있는 일곱 살짜리 아이에게 아버지가 수수죽을 쒀 왔는데 안 먹어요. 물어보니 아빠가 어제부터 굶었는데 먼저 드시라니까 안 먹어서 아빠가 드실 때까지 안 먹겠다는 거예요. 비참한 광경입니까? 아니잖아요. 행복한 순간이잖아요. 남들보다 조금 많이 가짐으로써, 남들보다 조금 위에 있음으로씨, 남을 뒤로 차버림으로써 행복해지려는 것은 처음부터 길을 잘못 들어선 거에요."

이태석 다큐멘터리 영화가 끊임없이 보여주고 들려주는 이야기는 바로 사랑과 공감, 섬김과 나눔의 가치와 행복을 찾아가는 공생과 상생의 서사라고 할 수 있다.

3-3. <부활>에 탑재된 공감과 나눔의 유전자

<부활>은 이태석이 사랑으로 뿌린 씨앗이 열매가 되어 결실을 거둔 사례를 한 제자의 모습을 통해 보여준다. 카메라를 응시하며 이 신부를 회상하는 아투아이 알비노.

그는 한센인 마을인 라이촉에서 성장한 청년으로, 이 신부와 함께 지냈던 순간들을 매우 따뜻한 공감의 페이지로 기억 속에 간직한다. "신부님은 오실 때마다 우리가 최고라면서 엄지손가락을 치켜들어 보여주셨습니다." 미래에 특별한 사람이 될 것이라며 자신을 격려해준 기억도 소환한다. 이태석은 단순히 몸의 병만 치료하는 의사가 아니라 청소년들의 마음까지도 다독이며 영적 성장을 도와준 '공감의 스승'이었다.

영화는 2006년 당시 한센인 마을을 보여주면서 이태석이 이들을 돕기 위해 실태조사를 벌이고 국제사회에 도움을 요청하는 한편, 원활한 치료를 위해 흩어져 있던 한센인들을 라이촉 마을로 이주시켜 진료하는 모습을 보여준다. 이태석은 한센인들을

"가난한 사람 중에 가장 가난한 사람" "외적으로 상처가 있고 가족들로부터도 버림받아 생긴 내적 상처도 있는 사람"으로 파악했다. 그들에게 새겨진 깊은 내면의 아픔까지도 공감했던 인간 이태석의 면모를 엿볼 수 있다.

영화는 이태석이 아투아이를 비롯한 아이들과 함께 찍은 사진과 영상을 보여주고, 아투아이가 성장하여 남수단 UN 평화유지군 기지의 유엔공보실 라디오방송국 앵커와 기자로 활동하는 모습도 담는다.

아투아이는 이태석 신부가 그랬던 것처럼 톤즈의 아이들과 어울려 사진을 찍는다. 그러면서 그는 무슨 생각을 했을까. 이 신부에게서 받은 사랑의 불씨가 꺼지지 않고 또 다른 누군가에게로 번져가기를 소망하지 않았을까.

톤즈 여성들의 아픔에 대한 이태석의 입장도 영화의 중요한 부분을 차지한다. 톤즈의 여성 대표들이 영화 제작진을 찾아와 이태석을 그리워하면서 춤추고 노래를 부른다. 톤즈 여성들이 그를 잊지 못하는 이유는 여성들의 아픔을 공감하고 도와주려 했기 때문이다.

"남수단에서는 여아 선호사상이 있어 예쁘게 꾸미고 잘 먹이는데, 이는 여자를 한 인간으로 존중해서가 아니라 여성이 결혼할 때 소를 많이 받고 시집을 가기 때문이며, 이로 인해 시집간 여성은 소처럼 죽도록 일을 해야 하는" 비참한 현실을 영화는 이태석의 육성을 통해 생생하게 고발하고 있다.

영화는 톤즈 돈 보스코 중학교에서 공부했던 아순타에게 카메라 앵글을 맞춘다. 그녀는 이태석이 만들어 준 여자기숙사에서 공부하며 과학자의 꿈을 키웠다. 2015년 이 신부의 형인 이태영 신부의 도움으로 한국 이화여대로 유학을 와 2019년 8월 화학신소재공학부를 졸업한 뒤 가족의 환영을 받으며 톤즈로 귀향했다. 여성이 하나의 상품으로 취급받던 수단에서 아순타는 한 인간으로서 자신의 꿈을 이루기 위해 매진했고, 그 열정에 불을 붙인 이가 바로 이태석이었다.

영화는 2019년 10월 인천공항을 통해 입국한 이태석 제자들의 동선을 따라간다. 이들은 '우리가 이태석입니다' 세미나에 참석하기도 하고, 제약회사를 방문해 의료인으로 성장할 것을 다짐하기도 했다.

전남 담양 천주교 공원묘원에 있는 이태석 신부 묘지 참배 장면에서는 이태석의 생전 육성을 들려준다. "여기 오신 이유가 인생을 하느님의 나라처럼 훨훨 날아다니면서 살고 싶어서인데, 날기에는 너무 많은 것들이 안에 들어 있어요. 하나씩 하나씩 비울 때 우리가 정말 날 수 있고 진정한 행복을 얻을 수 있지 않을까…" 우리가 가진 것들을 비우고 나눌 때 참된 자유를 누릴 수 있고 진정한 행복을 얻을 수 있다고 이태석은 말하는 것이다.

이태석이 톤즈에서 보여준 섬김과 나눔의 실천은 세상 잣대나 셈법으로는 실천하기가 불가능할지도 모른다. 이태석의 행보는 어려운 사람들에게 인간적 도움을 주려는 행위를 넘어서는 근본적 사랑에 기인한다. 곧 가난하고 도움이 필요한 청소년들을 하느님 선물로 받아들이며 그들을 우선으로 사랑하는, 돈 보스코의 정신이 살아 있는 사목적 사랑[22]이라고 볼 수 있을 것이다.

3-4. <이태석>이 던진 사랑과 평화의 메시지

<이태석>은 이태석이 톤즈 아이들과 농구를 하며 즐거워하는 모습을 보여주며 박진홍 신부의 인터뷰를 싣는다. "전쟁을 치르고 있는 각 부족의 소년 전사들은 이태석 신부와는 망고를 까먹으며 함께 놀았다. 이들 각각은 이 신부를 중심으로 평화를 이루고 있었다."

이태석이 어떤 부족도 차별 없이 대하며 보여준 평등한 사랑과 나눔은, 바로 성경에 기록된 '하느님을 사랑하는 자 곧 그의 뜻대로 부르심을 입은 자들에게는 모든 게 합력하여 선을 이루느니라'(로마서 8장 28절)라는 구절에 나타난 하느님의 평등한 사랑과 평화 정신을 실천한 것으로 볼 수 있다.

이태석은 평소 모든 것의 으뜸은 사랑이라고 여겨 하느님과 예수님으로부터 받은 사랑을 이웃과 나눠야 한다고 믿고 실천한 사람[23]이었다. 사제로서 충실한 삶을 살고자 한 그는 그러한 하느님의 사랑을 구체적 삶 속에서 구현하려 애썼던 의사이자 교육자였다.

영화는 이태석 신부가 톤즈 사람들에게 실천했던 하느님 사랑을 확인해주는 여러 인더뷰를 싣고 있다. 한센인 마을의 촌장은 "신부님의 사랑을 잊지 않을 것"이라고 하고, 남수단 주바교회 제임스 신부는 "이태석 신부님이 오셔서 한센병 환자들과 지내며 예수님의 말씀을 실천하려 했다"고 전한다. 주바대학교 의대생인 윌리엄은 "이 신부님이 보여주신 모습에 의사가 되고자 하는 용기와 희망을 얻었다. 이 신부님이 사람들에게 베푼 사랑을 보고 저도 죽어가는 사람들을 도와야겠다고 생각했다"고 회고한다.

이태석이 2001년 6월 사제 서품식 때 "수단 남부, 같은 동족으로부터 버림받고 강대국으로부터 버림받은 그런 곳에 모든 사람으로부터 버림받았으나 하느님께서는 절대 버리지 않으실 것이라는 하느님의 사랑을 전하면 참 좋겠다"고 했던 그 소망의 불꽃이 꺼지지 않고 이어지는 모습이다.

이처럼 평생을 의지했던 하느님의 진실한 사랑을 이태석은 어린 시절 자신에게 성당의 풍금을 허락했던 하느님의 사랑에서 일찌감치 발견한다. "햇살이 창문으로 비쳐들고 너무 따가워서 보면 십자가에 매달린 예수님의 눈빛과 마주치는 느낌이 들었다. 가난해서 피아노를 짝사랑했던 한 소년을 위로하는 듯한, 그래도 풍금을 칠 수 있도록 허락해 주시는 아버지 같은 마음"이라며 어린 시절을 회상하는 이태석 신부의 모습에 사랑과 평화가 가득하다.

영화 도입부의 배경 음악인 <사랑해>는 이태석 신부가 톤즈 주민들과 어울려 부른 노래였고, 2020년 1월 14일 이 신부 선종 10주년을 맞아 톤즈 사람들이 추모 미사 때 부른 노래이기도 하다. 이 곡은 영화 <이태석> 전체의 에피소드를 관통하며 주제를 부각한다. 이태석이 보여준 치열한 삶의 메시지는 두말할 필요 없이 사랑과 평화라는 사실을 말해주는 듯하다.

4. 나오며

이태석 관련 영화 네 편에서 공통적으로 드러나는 무드는 사랑과 공감의 힘이다. 진정으로 사랑하고 공감하면 자연스럽게 섬기고 나누게 된다는 것이다.

한편 이태석이 보여준 이 같은 삶의 문법은 기존의 세상 해법으로는 실천하기 힘든 것이 자명하다. 우리는 대부분 경제 논리와 경쟁 심리, 힘의 법칙 속에서 살아간다. 그런 사회 환경과 가치 생태계에 속한 사람들에게 대가를 바라지 않는 사랑과 나눔이 과연 가능할까, 하는 의문은 지우기 어렵다.

하지만 신부 이태석, 의사 이태석, 음악가 이태석은 그렇게 살았다. '새 계명을 너희에게 주노니 서로 사랑하라 내가 너희를 사랑한 것같이 너희도 서로 사랑하라'(요한복음 13장 34절)는 하느님 말씀이 그러한 실천을 추동했음을 영화들의 서사를 통해 재확인할 수 있었다.

이태석이 보여준 사랑과 나눔의 방식은 꼭 신앙 차원의 실전이 아니더라도 불안에 쫓기며 살아가는 현대인들에게 매우 유효한 치유책이 될 수 있을 것으로 보인다. 삶의 진정한 행복을 누리고, 사람답게 살아가는 길을 찾으려는 이들에게 사랑과 나눔의 묘약이 널리 퍼져 나가기를 소망한다.

주석

'이태석 영화'에 재현된 사랑과 나눔의 상생 패러다임

1. 노나래, 「복합양식 텍스트 생산을 위한 매체 언어 교육 내용 연구: 휴먼 다큐멘터리를 중심으로」, 이화여자대학교 교육대학원 2015학년도 석사학위 청구 논문, 2016, 34~35쪽.
2. 신원선, 「<울지마, 톤즈>의 진실과 사회적 반향성」, 『인문논총』 제28집, 2011, 159~161쪽.
3. 이태석의 수단 남부 톤즈 현지에서의 활동은 이충렬이 쓴 이태석 전기 『신부 이태석』 130~234쪽 참조. 이 신부는 2000년 6월 유학 중이던 이탈리아 로마의 예수성심대성당에서 부제 서품을 받았고, 살레시오 대학교 신학부를 마치고 귀국해 2001년 6월 24일 한국 구로3동성당에서 김수환 추기경의 주례로 사제 서품을 받았다. 그 이후 살레시오회 동아프리카 관구 소속 신부가 되어 2001년 12월 마침내 수단 남부의 톤즈에서 선교 활동을 시작한다. 병원과 학교 건립 및 운영 등에 매진하던 중 2008년 건강에 이상을 느껴 그해 11월 귀국해 대장암 판정을 받고 투병하다가 2010년 1월 14일 새벽 48세의 나이로 선종했다.
4. 마태복음 25장 40절.
5. 탁동화, 「이태석 신부의 생애와 선교 연구」, 협성대학교 대학원 신학과 신학석사 학위논문, 2021, 37~38·51~53쪽.
6. 『신부 이태석』 103쪽. '수단 내전의 역사'에 따르면 1956년 1월 수단 지역이 영국과 이집트의 공동 통치에서 독립하면서 수단공화국이 출범한 이후 수단 내전의 비극이 발생했다. 토속 종교 혹은 기독교를 믿는 수단 남부 주민들은 이슬람과 아랍 정체성을 강요하는 북부 아랍계 정부에 반발해 북부로부터 독립을 요구하며 50년 넘게 저항했고 이 과정에서 1, 2차 내전이 발생해 수백만 명의 희생자가 생겨났다. 2005년 평화협정이 체결되고 이에 따라 2011년 1월 수단 남부 독립 찬반 주민투표를 거쳐 남수단이 분리 독립했다.
7. 영화 <부활> 자막에 따르면 의사 보조는 남수단 의사 양성 프로그램으로, 전문학교에서 의사 보조 자격을 따면 의과대학 2학년에 편입할 수 있다.
8. 강신익, 「이태석의 삶, 仁德濟世의 모범」, 『인제대학교 의과대학 개교 32주년 기념/이태석 기념 심포지엄-의사·신부 이태석의 삶과 그 의미』 인제대학교 의과대학, 2011, 11쪽.
9. 『친구가 되어 주실래요?』 137쪽.
10. 『신부 이태석』 57·65쪽 참조. 이태석은 1991년 살레시오회에 입회해서 1994년 1월 수사가 되었고, 2001년 6월 사제품을 받아 내전 중인 수단의 톤즈 살레시오 공동체로 떠났다. 살레시오회는 청소년의 스승이요 아버지라 불리는 돈 보스코가 1859년 이탈리아 토리노에서 창설한 수도회이다.
11. 백광현, 「돈 보스코 정신과 이태석 신부」, 『톤즈의 돈 보스코 이태석 신부의 삶과 영성 심포지엄 자료집』, 한국천주교살레시오회, 2011, 14쪽.

12 백광현, 위 논문 24쪽. 필자는 이 논문에서 돈 보스코의 오라토리오는 "젊은이들을 맞아들이는 집이었고, 복음을 전파하는 본당이었으며, 삶을 준비하는 학교였고, 친구로서 만나고 기쁘게 생활하기 위한 운동장"(회헌 40조)이었음을 밝히고 있다.

13 『친구가 되어 주실래요?』, 34쪽.

14 '슈크란 바바(Shukuran Baba)'는 수단 부족어로 '하느님 감사합니다'라는 뜻으로, 2005년 수단 남부와 북부의 평화협정을 기념해 이태석 신부가 작사·작곡한 노래. 이 곡은 '행복은 작은 것에 감사하고 기뻐하며 함께 나누는 것'이라는 내용을 담고 있다.

15 황경훈, 「사회교리의 '인간 발전'관에 비추어 본 이태석 신부의 선교 사례: '통합적 발전 중심 선교'의 가능성」 『신학전망』 182호, 광주가톨릭대학교 신학연구소, 2013, 141~144쪽. 논자는 이 글에서 인간 발전의 문제를 본격적으로 다룬 가톨릭 세 회칙인 바오로 6세의 『민족들의 발전』, 요한 바오로 2세의 『사회적 관심』, 베네딕토 16세의 『진리 안의 사랑』을 텍스트로 삼아 이태석의 선교 활동이 개종을 위한 직접적 '말씀 선포' 중심이기보다 피 선교지의 사회·경제적 필요를 고려한 '공동체 건설' 중심의 선교였으며, 피 선교지인 스스로 삶의 주체가 되도록 돕는 선교 곧 이들에 대한 물질적 및 영적 발전을 위한 '통합적' 선교 활동으로 평가했다. 따라서 이 신부의 선교 활동이 가톨릭 사회교리인 인간 발전관에 부합할 뿐 아니라 구체적 상황에 맞게 창조적으로 이를 구현했다고 보고 그의 활동을 '통합적 발전 중심 선교'로 명명했다.

16 『신부 이태석』, 82~121쪽 참조. 이 책에 따르면 1994년 정식으로 살레시오회 수사가 된 이태석은 이탈리아 로마에 있는 교황청립 살레시오대학교 유학 시절인 1999년 봄 로마에 휴가차 온, 아프리카 수단에서 활동하던 공민호(공 고미노) 수사를 만나 30년 넘게 내전이 계속되고 있는 수단의 비참한 현실을 처음 듣게 된다. 이태석 수사는 공 수사로부터 아프리카 선교 체험 제안을 받고 1999년 여름방학을 맞아 케냐 나이로비의 살레시오 수도원으로 선교 체험을 떠난다. 그는 여기서 수단 남부 톤즈의 살레시오 수도원에서 선교하던 인도 출신 제임스 신부를 만나 그와 함께 1999년 8월 처음으로 톤즈를 방문해 굶주림과 풍토병, 약이 없어 죽어가던 톤즈 주민들과 한센병 환자들을 목격하고 선교사가 되어서 톤즈로 돌아올 것을 결심하게 된다.

17 벨기에 출신의 다미안 신부(1840~1889)는 하와이 몰로카이섬 한센인 마을에서 16년간 그들과 함께 동고동락하며 헌신했던 선교사로서, 그 자신도 한센병에 걸려 1889년 49세의 나이로 선종했다. 로마 교황청은 2009년 10월 그를 성인으로 추대했다.

18 소 알로이시오(1930~1992, 한국명 소재건, 미국명 알로이시오 슈워츠) 신부는 가난하고 소외된 이들의 아버지로 불린다. 독일계 미국인으로 1957년 전쟁으로 잿더미가 된 한국을 찾아 부산교구 소속 신부로서 활동했다. 송도성당 2대 주임신부를 역임했으며, 무료 진료소를 운영하기도 하고, 1969년에는 '소년의 집'을 설립해 소년 교화와 교육 사업을 시작했다. 소 신부는 교육의 중요성을 인식하고 열정적으로 교육 사업에 집중하다가 더 가난한 나라의 아이들을 찾아 필리핀으로 떠났다. 1989년 루게릭병을 진단받은 뒤 1992년 3월 필리핀 마닐라에서 선종했다. (『신부 이태석』, 22~27쪽 등 참조)

주석

19 『친구가 되어 주실래요?』, 180쪽.

20 『친구가 되어 주실래요?』, 76쪽.

21 이기상, 「지구촌 시대가 요구하는 소통과 살림의 교회: 비움에 바탕한 섬김과 나눔의 살림살이」, 『신학전망』 175호, 광주가톨릭대학교 신학연구소, 2011, 81쪽. 89~90쪽.

22 백광현, 「돈 보스코 정신과 이태석 신부」 『톤즈의 돈 보스코 이태석 신부의 삶과 영성 심포지엄 자료집』, 한국천주교살레시오회, 2011, 18쪽. 이 글에서 필자는 이 같은 사목적 사랑은 하느님의 사랑으로 불타오르는 열정과 불꽃으로 착한 목자이신 예수님의 사명에 참여하기 때문에 영성적이며 관대하고 기쁨이 넘치고 낙천적이고 역동적이라고 말하고 있다.

23 『당신의 이름은 사랑』, 227쪽. 이 신부의 유고 강론 모음집인 이 책에서 이 신부는 사람들을 용서하고 영원한 생명을 주기 위해 십자가에서 돌아가신 예수님과 외아들을 통해 보여주신 하느님의 큰 사랑을 "하느님은 사랑이십니다. 예수님은 사랑이십니다. 모든 것의 으뜸은 사랑입니다."라고 말하면서 그 사랑을 이웃에게 되돌려줘야 한다고 강조했다.

모든 날이 좋았습니다
행복한 사람 이태석

송교성 플랜비 문화예술협동조합 대표

사회학자, 플랜비 문화예술협동조합 대표. 부산대학교 사회학 박사과정을 수료하고 지역문화 현장에서 프로젝트 운영과 정책연구 등을 하고 있다.
『101가지 부산을 사랑하는 법』, 『도시를 움직이는 상상력』, 『부산 공공예술탐구』 등과 같은 부산에 관한 책을 공동으로 썼다.

이태석 신부의 친구가 되는 길,
그리고 부산

송교성
플랜비 문화예술협동조합 대표

1. 들어가며

이태석 신부의 헌신적인 삶과 아름다운 활동은 우리 사회에 깊은 울림을 준다. 다큐멘터리 <울지마 톤즈>와 신부의 저서 『친구가 되어 주실래요?』가 널리 알려지던 시기, 언론은 그에게서 비롯된 감동을 이렇게 평했다.

> "이태석 신부의 삶이 감동적인 이유는 우리의 삶을 되돌아보게 만들기 때문이다. 그의 삶 속에는 세상을 향해 던지는 강력한 메시지가 있다. 자신의 희생을 통해 사회적 약자에게 희망과 꿈을 갖게 한 사랑과 헌신이다."

대중적인 관심에 힘입어 이태석 신부의 삶과 정신을 이어가려는 움직임이 종교계, 의료계 및 시민사회를 중심으로 활빌하게 펼쳐지고 있다. 남수단 현지 후원, 봉사 활동, 청소년 교육, 음악회 등은 물론 신부의 삶을 조명하는 책의 출판과 다큐멘터리 제작, 학술연구 등도 이어지고 있다. 이태석 신부 기념사업은 단순히 그의 생애를 기리는 데 그치지 않고, 그가 남긴 정신을 우리 사회의 실천적 가치로 전환하는 데 기여하고 있다. 어려운 환경에서도 타인을 위해 헌신했던 그의 삶을 계승하여, 고통받는 이들을 보살피고 그들의 존엄성을 지키는 활동을 이어가는 것이다. 나아가 교육·문화·봉사 등 여러 분야의 지원을 통해 이태석 신부의 삶이 지닌 깊은 의미와 가치를 다각적으로 조명함으로써 더 많은 사람들이 그의 정신을 본받아 더 나은 세상을 만드는 데 동참하도록 이끌고 있다.

이태석 묘비

대체로 기념사업들은 이태석 신부의 삶을 통해 자기반성과 성찰의 기회를 마련하고, 사람들로 하여금 선한 행동을 실천하도록 이끄는 데 중점을 둔다. 그런데 개인의 실천을 넘어 공동체, 지역 전체의 성숙을 지향하는 기념사업 또한 중요하다. 실제로 이태석 신부가 걸어온 길은 주변 사람들과의 관계에서 시작됐으며, 그가 남긴 글을 통해서도 그는 서로의 삶에 선한 영향을 주는 공동체를 꿈꾸었다는 사실을 알 수 있다. 특히 부산 출신인 이태석 신부의 정신을 기억하고 기념함으로써 부산의 정신이자 정체성으로 이어간다면, 개인을 넘어 지역사회가 함께 공유할 수 있는 사랑·나눔·섬김의 정신세계를 형성하는 계기가 될 수 있다.

> "사람은 누구나 나름대로의 향기를 지니고 있다는 생각이 든다. 주위의 다른 사람들에게 어느 정도의 영향을 끼치는 자기장과 비슷한 그런 향기 말이다. 우리가 원하든 원하지 않든 그리고 의식을 하든 하지 않든 우리의 의지와 관계없이 많은 사람들의 이런 향기가 서로 얽혀서 알게 모르게 서로의 삶에 영향을 주고 있음에 틀림없으리라."[2]

『부산정신, 부산기질』의 저자 김형균 박사에 따르면 우리 사회에는 개개인의 총합을 넘어서, 지역사회 구성원들에게 명시적 혹은 묵시적으로 영향을 미치는 사회적 실재로서 지역정신과 기질이 존재한다.[3] 마찬가지로 사회학자 신경아는 지역사회가 지역 내 구성원들에게 공통의 정체성을 불어넣는 효과를 가지며, 이는 개인의 정체성 형성에 가장 기본적인 배경 요인이 된다고 지적한다.[4] 이러한 관점에서 볼 때, 이태석 신부의 종교적 자각과 실천 방향을 지역적 차원에서 조명하는 것 또한 의미가 크다. 어린 시절 그가 살았던 부산 산동네 풍경과 공동체적 연대는 그의 사명감과 가치관 형성에 영향을 미쳤으며, 봉사와 헌신의 정신을 키우는 중요한 밑거름이 되었을 것이기 때문이다.

이태석 신부의 삶과 정신을 이어받아 현재화하는 일은, 그가 전해 온 "가난하고 소외된 이들의 진정한 친구가 되어 달라"는 간절한 부탁을 실천하는 길이라 할 수 있다. 이를 위해 먼저 이태석 신부의 삶과 정신을 널리 알리고 실천하는 다양한 기념사업들의 목적과 내용을 살펴본 뒤, 그 의미와 가치를 짚어본다. 나아가 이태석 신부를 지역적 관점에서 재조명함으로써, 부산 출신인 신부의 정신을 부산의 정신으로 계승·발전시킬 수 있는 방안을 모색해 본다.

2. 이태석 신부는 어떻게 이어지고 있는가 - 기념사업 현황

이태석 신부의 뜻을 이어가기 위해 만들어진 대표적인 단체 중 하나는 신부 생전에 창설된 <사단법인 이태석신부의수단어린이장학회>다. 2003년 '어떻게 하면 지속적으로 이태석 신부님을 도울 수 있을까' 고민하던 중에 탄생한 단체로, 수단어린이

돕기 음악회 등을 추진해왔으며, 2007년 외교통상부의 승인을 받아 정식으로 사단법인으로 출범했다. 생전에는 톤즈 지역의 청소년교육과 의료사업을 주로 지원했으며, 신부 선종(2010년)후에는 남수단뿐 아니라 전 세계 어려움에 처한 국가의 어린 학생들을 대상으로 국제 장학사업을 펼치고 있다. 2023년에는 외교부의 승인을 받아 현재의 명칭으로 개정되었다.[5]

또한 그의 모교 인제대학교 의과대학에서도 다양한 방식으로 신부의 삶을 기리고 있다. <(사)이태석신부의수단어린이장학회>와 함께 수단 출신 학생들을 의과대학에 편입시켜 신부의 뜻을 이어가도록 돕는 한편, 그의 일대기를 엮은 '인문사회 의학'에 관한 교육과정도 개발하였다.[6] 2012년에는 백인제기념도서관 내에 신부의 삶과 정신을 기릴 수 있는 이태석신부기념실을 조성하여 추모와 헌화의 시간을 마련하고, '기념', '기억', '명상', '음악', '봉사'라는 다섯 가지 주제로 그의 삶을 되새기는 공간을 운영 중이다. 또한, 이태석 기념 심포지엄 개최를 통해 깊이 있게 신부의 삶과 활동의 의미를 탐구하고 있다.

다방면의 영역에서 체계적인 기념사업을 진행하는 주요 단체로는 <사단법인 이태석신부참사랑실천사업회>, <사단법인 부산사람이태석기념사업회>, <사단법인 이태석재단>이 있다. 이들 단체는 신부의 다면적 역할—가톨릭 신부, 의사, 음악가—을 기념하며, 그의 헌신과 이타적 삶을 본받아야 할 선행으로 확산시키기 위해 활동하고 있다. 이러한 기념사업들은 크게 세 가지 영역에서 전개된다. 첫째, 신부의 삶을 되돌아보는 활동. 둘째, 그의 정신을 되새기고 확산하는 활동. 셋째, 그의 활동을 이어받아 지속적으로 실천하려는 활동이다.

① 이태석신부기념관: 섬김과 나눔의 공간

이태석신부기념관은 선종 10주기를 맞아 2020년 1월 14일 부산 서구 천마로 50번길(남부민동)에 개관했다. 부산 서구청이 28억 9천만원의 예산으로 조성한 공간으로, 연면적 893.9㎡, 지상 4층 규모이며, 2014년에 복원된 생가와 톤즈문화공원으로 구성되어 있다. 이곳은 이태석 신부의 삶과 정신을 되새기고 기억하기 위한 공간으로, 그의 정신을 '섬김', '기쁨', 그리고 '나눔'이라는 세 가지 가치를 중심으로 기리고 있다. 기념관의 1층 카페테리아 '카페프랜즈'는 청년들의 자립을 돕는 직업학교로 운영되며, 지역 소외 계층에게 무상 급식을 제공하는 '동네 밥상'으로 나눔을 실천하고 있다. 3층 전시 공간에는 이태석 신부의 성장 과정, 성직자로서의 여정, 그리고 톤즈에서의 활동이 기록물과 영상으로 전시되어 있다. 사제로서, 의사로서, 그리고 음악가로서의 이태석 신부의 다양한 면모와 업적을 종합적으로 보여준다.

기념관에서 사용하는 주요 문구는 이태석 신부의 삶과 정신을 상징적으로 표현한다. 예를 들어, 'Everything is good'(모든 것이 다 좋았습니다), '오늘, 지금, 여기서 바로 섬김과 기쁨과 나눔의 삶을 실천하면서 살아가길 바랍니다', 그리고 '너희가 가장 작은 이들 가운데 한 사람에게 해준 것이 바로 나에게 해준 것이다'(마태복음) 등이다.

주요 프로그램은 이태석 신부와 관련된 세미나와 전시회, 음악회, 영상제 등에서부터 초·중·고등학생을 대상으로 하는 이태석 신부 섬김 리더십 프로그램, 가톨릭 신자를 위한 단체 피정과 주일학교 등이다. 또한 참사랑음악경연대회와 이태석신부문학제 등을 개최하고 있다. 기념관은 현재 <(재)한국천주교살레시오회>가 부산시 서구로부터 위탁받아 운영하고 있다.

이태석 신부의 생가는 기념관 바로 앞에 위치하며, 2014년에 복원되었다. 이 집은 한국전쟁 직후 부산에 거주하던 호주인들이 지은 주택 중 하나로, 방 3칸과 부엌 1칸으로 이루어진 총면적 40㎡ 규모의 단출한 집이다. 복원 과정에서는 신부의 형인 태원 씨의 고증을 바탕으로 진행되었으며, 내부는 신부의 유년기와 학생 시절을 떠올릴 수 있는 소품과 사진들로 꾸며졌다. 좌식책상, 책, 기타 소품 등이 배치되어 있으며, 그의 봉사활동 모습이 담긴 사진도 전시되어 있다. 현재 생가의 관리는 맞은편의 <(사)이태석신부참사랑실천사업회>가 맡고 있다.[7]

② 사단법인 이태석신부참사랑실천사업회[8]: 사랑과 나눔의 실천

<(사)이태석신부참사랑실천사업회>는 이태석 신부의 참사랑과 나눔의 정신을 기억하고 계승하기 위해 2011년에 결성되

어, 2012년에 설립되었다. 이 단체는 신부의 사랑과 나눔의 행동을 계승하며, 가난한 이들과 도움이 필요한 사람들에게 작은 나눔을 시작으로 평화롭고 행복한 삶을 추구하는 데 목적을 둔다. 이를 위해 후원자와 자원봉사자를 모집하며, 국내외에서 도움을 필요로 하는 이들과 협력할 수 있는 국가별 후원 네트워크와 봉사 단체 구성을 목표로 하고 있다. 궁극적으로 모두가 나눔으로 하나 되어 더 나은 삶을 살아갈 수 있도록 돕는 것을 지향한다.

사업회는 크게 영성문화, 교육문화, 지역봉사 및 사랑나눔 네 가지 주요 영역에서 활동한다.[9] 특히 '이태석신부참사랑음악경연대회'는 신부의 숭고한 삶과 음악을 통한 사랑의 메시지를 청소년과 성인들에게 전하기 위해 꾸준히 개최되고 있다. 이 대회는 전쟁으로 고통받는 남수단 톤즈의 아이들에게 꿈과 희망을 선물했던 신부의 정신을 기리는 대표적인 행사로 자리 잡고 있다.

사업회는 가톨릭 사제로서의 이태석 신부를 재조명하는 데 중점을 두고 출범하였다. 2012년 설립 당시 송도성당의 맹진학 신부는 인터뷰에서 다음과 같은 우려를 표명하며 신부의 우상화를 경계했다.

> "(……)여러 단체가 사제 이태석이 아닌 인간적인 면모만 강조해 우상화하는 것은 큰 잘못입니다. 이 신부님의 재능, 의술, 공부 등은 모두 사제가 되기 위한 뒷받침이었고

부수적인 것이었습니다. 하지만 지금은 주객이 전도되면서 중요한 것을 놓치고 있습니다. (……)"[10]

설립 당시 "소외된 이웃과 물질적 나눔에 그치지 않고, 봉사하는 개개인이 제2의 그리스도가 되어 하느님의 사랑을 전함으로써 복음화를 이루는 것"을 궁극적인 목표로 명확히 밝혔다. 이러한 설립 취지는 신부의 생가와 기념관에서도 잘 드러난다. 사업회가 관리하는 이태석 신부의 생가는 그의 업적에 대한 긴 설명 대신 간결하게 꾸며져 있다. 생가 뒤편에 위치한 기념관과 송도성당으로 이어지는 길을 걷다 보면, 신부의 생가와 성당이 하나의 연속적인 공간처럼 느껴진다. 마태복음의 "너희가 가장 작은 이들 가운데 한 사람에게 해준 것이 바로 나에게 해준 것이다"라는 가르침은 이 공간의 정서적 중심으로 자리 잡아 방문객들에게 종교적 깊은 울림을 준다.

③ 사단법인 부산사람이태석기념사업회[11]
: 지역에서 시작된 사랑의 확산

<(사)부산사람이태석기념사업회>는 이태석 신부의 고귀한 사랑과 나눔의 가치를 기억하고 실천하기 위해 2011년 설립되었다. 신부가 선종한 2010년, 다큐멘터리 <울지마 톤즈>가 그의 정신을 조명하면서 이를 이어가려는 움직임이 시작되었다. 특히 신부가 부산 출신이라는 지역성을 바탕으로 인제의대 동문들과

의료계, 학계, 법조계, 언론계, 부산시 등 각계각층의 뜻이 모여 2011년 6월 1일 사업회가 발족되었다.

사업회의 대표적인 사업은 다음과 같다.[12] 첫째, '이태석 봉사상'을 제정해 전 세계의 가난하고 소외된 사람들을 위해 봉사하는 이들을 발굴하여 지원한다. 매년 수상자를 통해 나눔과 봉사의 가치를 조명하며, 지금까지 많은 이들에게 감동을 주고 있다. 둘째, 매년 100여 명의 청소년을 대상으로 '청소년아카데미'를 개최하여 봉사와 리더십의 정신을 교육하고 있다. 셋째, 캄보디아, 미얀마 등 아직 의료시설이 부족한 곳에서 정기적인 '의료봉사활동'으로 의료 인력과 의료물품을 지원하고 있다. 넷째, 예술인들의 재능기부로 '이태석기념음악회'를 열어 음악으로 상처를 치유하신 신부님의 정신을 이어가고 있다

특히 이태석봉사상은 부산·경남 출신의 개인 및 단체로 추천하고 있는데, 이를 통해 지역성과 국제성을 연결하며, 이태석 신부의 정신을 널리 알리고자 꾸준히 노력하고 있다. 이는 단순히 그의 삶을 기리는 것을 넘어, 더 많은 이들이 나눔과 봉사를 통해 좋은 세상을 만드는 데 동참하도록 이끄는 원동력이 되고 있다. 제1회 이태석봉사상 수상자는 방글라데시 꼬람똘라 병원 박무열 원장으로 방글라데시 오지에서 어린 두 자녀와 부인 등 가족과 함께 지금까지 10년간 온갖 어려움을 겪으며 그 곳 주민들을 위한 인술을 펼치면서 이태석봉사상을 수상했다.[13] 가장 최근인 2023년 제13회 이태석봉사상은 신기호 푸른아시아 몽골

지부장이다. 몽골 사막화 지역의 조림사업과 주민 소득 창출을 위해 힘쓴 공로로 수상하였다. 작은 나눔이 아이들에게 한 조각의 빵이 되고 희망이 되길 바랐던 이태석 신부님의 발자취가 이태석봉사상을 통해 우리 사회 곳곳의 아름다운 사람들로 이어지고 있다.[14]

④ 사단법인 이태석재단[15]: 더 큰 결실을 위한 가교

<(사)이태석재단>은 이태석 신부의 희생과 정신을 이어가기 위해 설립된 단체로, 2012년 한국과 남수단 정부, KBS 간의 협력으로 추진된 울지마 톤즈 프로젝트에서 시작되었다. 당시 민간사업 담당 기구로 <(사)이태석사랑나눔>이 출범하였으며, 남수단 브라스밴드의 한국 초청 공연, 톤즈사무소 조성 등 다양한 활동을 전개하였다. 이후 2020년, 재단의 명칭을 '이태석재단'으로 변경하며 오늘날까지 활동을 이어오고 있다.

재단의 설립 목적은 두 가지로 요약된다. 첫째 사랑과 나눔의 정신 확산이다. 이태석 신부가 남긴 사랑과 나눔의 정신을 계승하여 아름다운 세상을 만드는 작은 밀알이 되는 것을 목표로 한다. 둘째 고통받는 사람들의 자립 지원이다. 남수단 톤즈를 비롯한 전 세계 고통받고 절망하는 이들에게 도움을 전하며, 국민의 사랑을 연결하는 가교 역할을 수행한다. 이를 위한 주요 사업은 이태석 신부의 삶과 정신을 배우는 이태석 리더십 학교 운영과 이태석 장학생 선발, 한센인마을 지원, 우크라이나 지원, 의약

품 지원 등이다.[16] 이태석 리더십 아카데미는 중·고등학생을 대상으로 이태석 신부처럼 올바른 삶과 책임의식을 갖춘 리더로 성장시키는 아카데미이다. 국내외 봉사와 나눔의 삶을 실천하고 있는 저명인사를 교수진으로 구성하여 이태석 신부의 삶에 담긴 이타심, 공감 능력, 경청의 소중함을 주제로 8주간의 강의가 이루어진다.

재단의 구수환 이사장은 "이태석 신부가 남긴 씨앗을 더 큰 결실로 이어가는 것"이 재단의 핵심 역할이라고 강조한다. 그는 신부가 남긴 유산을 확산하기 위해 남수단에 '이태석'이라는 이름의 초등학교를 설립하고, 톤즈 지역 병원에 의료기기를 후원하며, 신부의 제자들에게 장학금을 지원하고 있다고 밝혔다.[17] 또한 구수환 이사장은 재단의 활동이 사람들에게 신부의 삶을 단순히 추모하는 것을 넘어 실천적 영감을 주고 있음을 강조했다.

> "(……)전에는 '이 신부님이 대단한 분이셨습니다'라고만 이야기했어요. 그런데 지금은 '이 신부님처럼 사세요'라고 이야기해도 믿기 시작해요. 이 신부님의 삶이 그저 영화에만 있는 감동이 아니라 계속 이어지고 있다는 것을 많은 분들이 이제 느끼기 때문인 것 같아요."

살펴본 기념관, 사업회, 재단에서는 이태석 신부를 가장 낮은 곳에서 섬김과 나눔을 실천하며, 자신의 것을 아낌없이 나누었던 인물로 추모하고 있다. 각 단체들은 그의 숭고한 정신을 기리며 소외계층 지원, 의료 봉사, 해외 지원, 의약품 제공 등의 활동을 통해 그의 삶을 이어가고 있다. 이러한 사업들은 이태석 신부가 보여준 인류애와 존엄성 회복의 가치를 계승하며, 사회적 약자를 위한 지속적인 지원과 헌신의 중요성을 되새기게 한다. 예를 들어 생가와 기념관 방문, 기념음악회 참여 등을 통해 시민들은 이태석 신부의 삶과 정신을 접하며 자신을 돌아보고, 나눔의 가치를 재확인하고 있다.

> "남을 위한 삶 그리고 도움의 손길은 그저 물질적인 가치에서 자생되거나 발현되는 개체가 아닌 타인을 존중하고 사랑하는 마음에서 싹을 틔우는 생각보다 어렵지 않은 '보편적인 것'이 아닌가 생각들기도 합니다."[18]

> "이태석 신부를 다시 한번 생각하는 음악회였으며 프로그램들도 우리들을 장엄하고 숙연하게 만들었답니다."[19]

이에 대해 문용린 교수는 심포지엄에서 '이태석 신부 신드롬'이 행동을 유발하는 감동이란 특징을 갖고 있다고 말한다. 간디나, 링컨, 그리고 마더 테레사와 같은 위인들에게 감동을 받더라도, 그들은 위인이기 때문에 그럴 수 있었을 것이라는 심리적 거리감을 느끼지만, 이태석 신부의 경우 그의 삶을 바라다보면서, 많은 이들이 '나도 무엇인가를 할 수 있을 것 같은데, 아무 것도 안하고 있었구나!' 하는 자기반성과 자기성찰의 계기를 갖게 된다는 것이다. 그래서 이태석 신부의 삶이 주는 감동은 감동 그 자체로 끝나지 않고 우리로 하여금 선한 행동을 하도록 격려하고, 이끌고 긴장하게 하는 힘을 가지고 있다는 것이다.[20]

또한 모든 단체들은 미래 세대를 대상으로 한 교육을 강조하며, 청소년, 청년들에게 신부의 정신과 가치를 심어주기 위해 다양한 사업을 전개하고 있다. 단순히 일회적인 지원을 넘어, 사회에서 스스로 실천할 수 있는 자립적 인재를 양성하는 데 중점을 둔다. 이러한 교육은 이태석 신부의 헌신적 정신을 개인의 삶뿐만 아니라 사회적 연대로 확장시키는 중요한 요소다.

예컨대 기념사업에 참여한 청소년들은 이태석 신부의 정신을 간접적으로 체험하며 자기반성과 협업의 중요성을 깨닫고 있다. 캠프와 아카데미를 통해 봉사와 나눔, 공동체 의식을 배우고, 이를 실천할 수 있는 동기를 얻는다. 참여자들은 이태석 신부가 추구했던 가치를 체험형 프로그램에 녹여낸 캠프와 아카데미에서 얻은 깨달음을 다음과 같이 표현했다.[21]

> "신부님의 정신 및 나눔, 봉사, 희망 등의 의미를 담아 … 관심 있는 주제를 선정하여 팀원들과 기획해 보는 시간을 가졌습니다."

> "함께하는 활동과 동료의 소중함을 더욱 깊이 느끼게 되었다. … 나의 친구들과 후배들도 꼭 이 아카데미에 참가하여 협업과 나눔의 중요성을 체험하면 좋겠다."

이처럼 기념사업들은 단순히 그의 삶을 기리는 데 그치지 않고, 이태석 신부가 몸소 보여준 헌신과 나눔, 공동체 의식의 실천적 가치를 우리 사회에 확산시키는 데 기여하고 있다. 그러나 이러한 접근이 개개인의 변화와 성장에는 영향을 미치더라도, 주로 개인적 실천에만 초점이 맞춰져 지역사회 차원의 계승과 변화를 이끌어내기에는 다소 한계가 있다. 특히 이태석 신부가 부산 출신이라는 점을 고려하면, 부산 지역사회가 그의 정신을 기념하고 이를 구체적인 실천으로 이어갈 수 있도록 함께 노력해야 할 필요가 있다.

3. 부산 사람 이태석 신부

부산은 오래전부터 수많은 사람들이 오가는 항구도시이자, 상업도시로 발전해 왔다. 일제강점기와 한국전쟁을 거치며 전국 각지의 사람들이 모여든 도시이다. 이태석 신부가 살았던 곳 역시 한국 전쟁 당시 피란민들이 정착해 판잣집과 천막집이 잇따라 들어서며 형성된 산복도로 일대이다. 자연스럽게 생존을 위한 타인과의 연대, 개방과 포용의 정신이 자리 잡을 수밖에 없었을 것이다. 이러한 역사적, 지역적 맥락이 부산 사람들에게 독특한 정신과 삶의 태도를 형성했다. 이를 김형균 박사는 사람다움의 궁극적인 이상향을 지향하고, 정의로움을 중시하며, 사람들과 더불어 사는 공동체 정신인 '의리(義理)'라고 규정한다. 그 실례로 일본열도를 감동시킨 의사자(義死者) 이수현, 민주화 운동 시기의 박종철 열사, 빈민의료에 평생을 헌신한 장기려 박사 등이 있고, 이태석 신부의 감동적인 삶에서 부산의 의리정신이 정점을 찍는다고 강조한다. 신부의 희생과 봉사정신은 부산의 역사 속에서 축적된 의리정신이 국경과 경계를 넘어 인류애적 휴머니티로 승화된 고귀한 증거라는 것이다.[22]

이태석 신부는 부산 서구 남부민동의 가난한 산동네, 천주교 공동체가 모여 살던 천주교 주택 26호에서 열 남매 중 아홉 번째로 태어났다. 어린 시절에는 송도성당에서 많은 시간을 보내며 자랐는데, 소년의 집을 운영하며 가난하고 갈 곳 없는 아이들과 병자, 소외된 이들에게 그리스도의 사랑을 베풀며 헌신적인 삶을 살았던 '소 알레이시오' 신부에게 깊은 영향을 받았다. 또한 일찍 아버지를 여의고, 어머니가 자갈치 시장에서 낮에는 옷 장사, 밤에는 삯바느질을 하면서 생계를 이어가야 했기에, 어린 이태석은 학교가 끝나면 빈집에서 어머니 대신 청소와 빨래를 했다고 한다.[23]

> "(…)이 신부의 형인 부산 기장 삼덕공소 이태영 신부는 "어린 태석이 누나와 길을 걷다 보육시설 건물을 쳐다보고는 집으로 돌아가지 않으려 한 적이 있다"며 "동생이 '고아들이 안타깝다'며 귀가를 거부해 '고생하는 어머니도 불쌍하지 않냐'고 달래 겨우 데려왔다"고 회상했다. 심

지어 어린 이 신부가 집에서 바늘과 실을 챙겨나가 길거리에서 고아들의 옷을 기워준 적도 있었다는 것. 그의 삶의 전부가 된 약자에 대한 연민은 이때부터 시작된 것 같다. (…) 이처럼 수단에서 꽃핀 이 신부의 선행의 바탕은 이미 어린 시절 부산에서 자라고 있었다."[24]

당시 대부분의 주민들은 단칸방에서 여러 식구와 함께 생활하다 보니 공부할 장소가 마땅치 않았기에, 송도 성당의 박승원 신부가 학생들을 위해 성당 공간을 내주었다고 한다. 덕분에 학생 시절의 이태석 신부도 성당에서 많은 시간을 보내며 학업에 몰두할 수 있었다. 이태석 신부의 생애로 신학석사논문을 쓴 탁동화는, 이 시기에 박승원 신부가 가난한 아이들에게 더 나은 미래를 열어주었던 경험이 훗날 이태석 신부가 톤즈에서 학교를 세우는 데 매진한 중요한 동기가 되었다고 주장한다[25]. 이러한 부산에서의 유년시절 경험이 종교적 자각 형성에 영향을 미쳤음을 이태석 신부 또한 그의 저서에서 고백하고 있다.

'가장 보잘것없는 형제 한 사람에게 해 준 것이 곧 나에게 해 준 것이다.'라는 예수님의 말씀도 그랬고, 모든 것을 포기하고 아프리카 원주민들이 사는 마을로 들어가 의사로서 정신적인 지도자로서 평생을 바친 슈바이처 박사도 그랬다. 그리고 어릴 적 집 근처에 있었던 '소년의 집'에서 가난한 고아들을 보살피고 몸과 마음을 씻겨 주던 소 신부님과 그곳 수녀님들의 헌신적인 삶의 모습도 그랬으며,

> 일찍이 홀로 되어 덜렁 남겨진 *10남매의 교육과 뒷바라지를 위해 눈물을 뒤로한 채 평생을 희생하신 어머님의 고귀한 삶*도 내 마음을 움직이게 한 아름다운 향기였다.[26]

한편 당시 부산은 부마민주항쟁의 중심지로 민주화에 대한 열망이 강한 도시였다. 이 같은 도시 분위기는 이태석 신부가 '광주사태' 소식을 듣고 노래 <기도속으로(묵상)>를 만들어 송도성당 고등학생 중창단과 함께 부르게 된 일화에도 영향을 미쳤다는 평가가 있다.[27] 이후 그는 안정된 의사의 길을 뒤로하고, 가난과 질병으로 고통 받는 아프리카 수단 톤즈로 떠나 의료와 선교 활동을 펼쳤으며, 교육을 통해 지역 공동체를 회복하려는 노력을 기울였다. 이러한 그의 행적은 사회의 불의와 고통에 저항하며, 약자를 돕고자 하는 강한 의지를 보여준다.

결국 이태석 신부의 어린 시절은 가난과 어려움 속에서도 신앙과 음악, 그리고 이웃을 사랑하는 마음이 가득했던 시기였다. 이러한 경험과 삶을 향한 긍정적 태도는 훗날 그의 삶과 활동 방향을 결정짓는 중요한 밑거름이 되었다. 이태석 신부가 현명한 관구장 신부에게 보낸 2011년 11월 30일자 편지에는 '경상도 특유의 깡다구'를 언급하는 대목이 등장하는데, 이를 통해 부산 사람으로서의 강인한 정체성을 엿볼 수 있다.

"많은 생각들과 새로운 계획들을 머릿속에서 만들어보지만 어디서부터 시작을 해야 할지, 어떻게 그리고 무엇으로 시작해야 할지 막연하기만 합니다. (…) '이곳으로 불러주신 만큼, 그분께서 어떻게 알아서 해주시겠지! 알아서 하이소'라는 식의 경상도 특유의 깡다구가 제 마음 안에서 발동하고 있습니다. 좋은 말로 하면 '섭리에 대한 믿음'이라고도 할 수 있는지 모르겠습니다. 아무튼 마음을 비우니 걱정도 사라집니다. (…)"[28]

부산은 항구도시로서 수많은 사람들을 품어왔으며, 한국전쟁과 같은 격동의 시기를 거치면서 전국 각지에서 모인 이들이 생존과 재건을 도모한 도시다. 이태석 신부가 자랐던 산복도로 일대는 전쟁 피란민들이 정착하며 형성된 지역으로, 생존을 위해 서로 의지하고 협력해야 했던 공동체적 연대가 자연스럽게 사리 삽았다. 이러한 역사적 배경은 이태석 신부의 삶과 봉사정신의 토대가 되었으며, 그의 정체성을 형성하는 데 중요한 역할을 했다. 나아가 톤즈에서의 사명과 활동으로도 이어진 것이다. 이태석 신부의 정신을 부산 지역 차원에서 계승하고 연결하는 일은, 인류애와 나눔의 정신을 시민들에게 널리 확산시키고, 지역의 정체성으로 발전시키는 의미 있는 초석이 될 수 있다.

4. 이태석 신부의 정신을 부산의 정신으로

이태석 신부는 그의 저서에서 무너져 가는 공동체를 회복하고 갈등을 해소하며 평화를 정착시키기 위한 고민과 실천을 구체적으로 서술했다. 특히 이러한 문제의 주원인을 사람들의 무관심으로 지적한다. 이는 개인을 넘어 우리 사회에 팽배한 사회적 정신이나 가치의 지향점을 바꿔나갈 필요성을 강조한 것이다. 그래서 이태석 신부의 정신을 개인을 넘어서 부산의 정신이자, 정체성으로 이어가는 것이 중요하다.

> *"진짜 주원인은 이 두 가지의 원인의 배후에 숨어 있는 사람들의 '무관심'이라는 것이 아닌가 생각된다. 최소의 투자로 최대의 이익을 올리는 것만이 모든 사람들의 목표인 자본주의 사회가 만든 '정당화되어버린 무관심' 말이다."[29]*

현재 부산시 차원에서는 일부 사업을 통해 이태석 신부의 정신을 기념하고 있다. 예컨대, 2020년 부산시와 자원봉사센터가 장기려 박사와 이태석 신부를 기리기 위해 주최한 '메모리즈 부산 볼런투어', 그리고 2022년 부산시교육청이 유아교육 자료로 제작한 '부산을 빛낸 인물' 12명 목록에 이태석 신부가 포함된 사례가 그렇다. 그러나 이 같은 사업들은 일회적이거나 한정된 범위에서만 진행되고 있으며, 그의 정신을 계승하고 실천하는 지속적인 노력은 여전히 부족한 실정이다. 현재 진행 중인 대부분의 기념사업은 민간단체와 후원금에 의존하고 있다. 기념관 건립이 이루어졌지만, 부산 지역사회 차원에서 이태석 신부의 삶과 정신을 현재화하고 이를 지역 정체성으로 심화시키기 위한 공적 지원 체계는 부재하다. 그의 정신을 보다 폭넓고 깊이 있게 이어가는 데 한계가 클 수 밖에 없다.

 이태석 신부의 삶과 정신을 지역사회 차원에서 기리기 위해, 다음과 같은 공공적이고 장기적인 사업들을 제안해본다. 첫째 지역사회 중심의 문화예술 교육사업이다. 이태석 신부의 정신을 바탕으로 부산시, 부산문화재단 차원에서 일선의 학교와 연계해 청소년들에게 음악과 예술을 통한 치유와 성장, 그리고 봉사의 기회를 제공하는 프로그램을 도입할 수 있다. 둘째, 부산 출신 의인들을 함께 기리는 연합 기념사업도 고려할 수 있다. 예를 들어 장기려 박사, 이수현 의사 등 부산 출신의 의인들과 함께 이태석 신부를 포함하여 가칭 '부산의 의인'으로 공동 기념함으로써 부산 사람의 정체성을 강화하고, 시민들에게 의인의 정신을 배우고 실천할 계기를 마련할 수 있다. 마지막으로 이태석 신부가 부산을 떠나 톤즈로 향했던 것처럼, 지역과 국제사회의 연결을 한층 강화하는 방안이다. 이는 <(사)부산사람이태석기념사업회>등을 비롯해 의료·교육·복지·문화예술 분야에서 국제교류를 진행하고 있는 민간단체들에 대한 지원을 확대하는 간접적 방식으로도 실현할 수 있다.

이태석 신부의 삶은 결코 과거의 감동으로만 머무를 일이 아니다. 그의 정신은 부산 지역사회의 정체성과 결합해 공공적이고 지속 가능한 방식으로 현재화되어야 한다. 부산은 이태석 신부의 정신을 기반으로 사랑과 나눔, 공동체 연대를 상징하는 도시로 성장할 잠재력을 지니고 있다. '친구가 되어 주실래요?'라는 신부의 메시지가 우리 속에서 재해석되고, 시민들이 그 곁에서 '친구'가 될 수 있도록 더 적극적이고 포괄적인 기념사업을 기획하고 실행해야 할 때다. 이를 통해 이태석 신부의 정신은 다음 세대에까지 이어질 소중한 부산의 미래 유산이 될 것이다.

주석

이태석 신부의 친구가 되는 길, 그리고 부산

1. 「"세상을 깨운 무한의 사랑"」, 시사저널(2011.1.10.).
2. 『친구가 되어 주실래요?』 179쪽.
3. 김형균, 『부산정신 부산기질』 호밀밭, 2021, 22~23쪽.
4. 신경아, 「개인화 사회와 지역 - 자기정체성의 자원으로서 지역과 자아의 유형」, 『지역사회학 제15권 제4호』, 2014, 31~62쪽.
5. 아래의 주요 내용은 (사)이태석신부의 수단어린이장학회 홈페이지(frjohnlee.org)를 참고함.
6. 최홍운, 「[중견사제에게 듣는 사목이야기] 동생 이태석 신부 정신 이어지기를 바라는 형님」, 『사목정보 제3권 제12호』, 2010, 55쪽.
7. "'한국의 슈바이처' 이태석 신부 생가 복원", 한겨레(2014.10.8.).
8. 아래의 주요 내용은 (사)이태석신부참사랑실천사업회 홈페이지(el-love.com)를 참고함.
9. 2023년 기준 법인의 수입 지출 결산서를 보면 한 해에 사업 비용으로 약 1억 7천 4백만 원 가량을 사용하고 있다. 영성문화 3천 9백만 원, 교육문화 3천 3백만 원, 지역봉사 및 사랑나눔에 6천 4백만 원, 운영 발전에 3천 6백만 원 등을 사용하고 있다.
10. "천주교 사제들, 이태석 신부 '참사랑' 잇는다", 국제신문(2012.7.27.).
11. 아래의 주요내용은 (사)부산사람이태석기념사업회 포털 다음 카페(cafe.daum.net/johnlee1004)와 (사)부산사람이태석기념사업회 홈페이지(johnlee.or.kr)를 참고함.
12. 2023년 기준 법인의 수입 지출 결산서를 보면 한 해에 사업 비용으로 약 1억 1천 7백만 원가량을 사용하고 있다. 이태석봉사상 3천 6백만 원, 기념음악회에 4천 4백만 원 등을 사용하고 있다.
13. "<사람들> 제1회 이태석봉사상 박무열 원장", 연합뉴스(2012.1.13.).
14. (사)부산사람이태석기념사업회 홈페이지 - 제13회 이태석봉사상 수상자 선정.
15. 아래의 주요 내용은 (사)이태석재단 홈페이지(leetaeseokfoundation.org)를 참고함.
16. 2023년 기준 법인의 수입 지출 결산서를 보면 한 해에 사업 비용으로 약 10억 3천 오백만 원가량을 사용하고 있다. 장학사업 1억 9천 9백만 원, 남수단 사무실 운영 6천 1백만 원, 우크라이나 지원 2천 5백만 원 등을 사용하고 있다.
17. "[가톨릭신문이 만난 사람] 이태석재단 구수환 이사장", 가톨릭신문(2022.6.28.).
18. 네이버블로그—문화챔푠's 아카이브(2023.8.25.), 이태석신부기념관, 이태석신부 생가 blog.naver.com/culturechampion_kr/223192788202.

19 티스토리블로그—여행스케치(2013.6.5.), 이태석 신부 기념음악회 travelyoungdo.tistory.com/112 댓글.

20 문용린, 「왜 이태석 신부에게 감동 받는가?」 『톤즈의 돈 보스코 이태석 신부의 삶과 영성 심포지엄 자료집』, 한국 천주교 살레시오회, 2011, 39~41쪽.

21 (사)부산사람이태석기념사업회 홈페이지—소식—참여 후기 게시판에서 발췌.

22 김형균, 『부산정신 부산기질』, 124~125쪽.

23 (사)부산사람이태석기념사업회 홈페이지 - 이태석 신부의 발자취(2022.12.8.).

24 "어릴 때 보고 자란 '베풂' 또 다른 선행 낳아", 부산일보(2011.1.22.).

25 탁동화, 「이태석 신부의 생애와 선교 연구」, 협성대학교 석사학위논문, 2021.

26 『친구가 되어 주실래요?』, 180쪽.

27 『신부 이태석』, 38~40쪽.

28 (재인용)『신부 이태석』, 149~150쪽.

29 『친구가 되어 주실래요?』, 168쪽.

모든 날이 좋았습니다
행복한 사람 이태석

박형준 부산외국어대학교 한국어교육전공 교수

문학평론가, 부산외국어대학교 글로벌한국학연구소장. 부산에서 문학비평을 하고 있으며, 비평전문 계간지 『오늘의 문예비평』의 편집주간을 역임했다. 현재 인문매거진 『아크』 편집위원으로 활동하고 있다.
저서로 『로컬리티라는 환영』 『함께 부서질 그대가 있다면』 『마음의 앙가주망』 『독학자의 마음』 등이 있으며, 제1회 문화다원론상, 제6회 우리문학회 학술상, 제38회 이주홍문학상 등을 수상했다.

텍스트, 키워드, 데이터로 본 이태석

박형준
부산외국어대학교 한국어교육전공 교수

1. 성(聖)과 속(俗), 그 경계에서 만난

이태석은 부산에서 태어나 인제대학교 의과대학, 광주가톨릭대학교 신학대학에서 공부했다. 이탈리아 로마에서 유학하고 토리노에서 가톨릭 부제품을 받았으며 다시 서울에서 사제품을 받고 본격적으로 '신부'로서 선교의 길에 나섰다. 아프리카의 오지이자 내전으로 폐허가 된 남수단 톤즈에서 가난하고 고통받는 사람들을 위해 선교, 의료, 교육, 문화예술 활동을 펼쳤으며, 2008년 일시 귀국했을 때 대장암 말기 판정을 받고 투병하다 2010년 1월 14일 타계했다. 그의 아름다운 삶과 정신은 2010년 4월 11일 방영된 KBS 스페셜 휴먼다큐 <수단의 슈바이처>(2010년 9월 9일 극장판 <울지마 톤즈>로 개봉) 등을 통해 대중에게 널리 알려지게 된다.

그 후 이태석을 추모하고 기억하기 위한 영화, 영상다큐, 문학, 전기, 연구논저 등이 다양한 콘텐츠로 제작 및 출판되었으며, 이는 이태석의 삶을 다방면으로 알리는 계기가 되었다. 또한 그가 성직자의 길을 걷게 된 가톨릭 청소년교육 수도회인 살레시오회, 부산사람이태석기념사업회, 수단어린이장학회, 인제대학교 의과대학 등을 비롯하여 여러 단체에서 그의 삶과 실천 정신을 기리기 위한 기념사업을 진행하고 있다. 기존의 영상/출판 콘텐츠, 학술적 성과, 기념사업 등이 이태석의 생애와 활동을 널리 알리는 데 기여했고, 이를 기반으로 많은 사람이 그의 종교적 영성과 인간적 품격을 알게 되었다.

이태석에 대한 기억과 기록은 폭넓게 정리/기술되고 있으나, 그 내용에 대해 차분하게 돌아볼 기회는 많지 않았다. 우리는 이태석을 어떻게 기억하고 있을까. 그를 수식하는 말 중에서 가장 보편적인 명명(命名) 방식은 '신부 이태석'이다. 그가 태어나고 자란 부산은 가톨릭 성소(聖召)를 키우고 사제로서의 꿈이 피어난 공간이었으며, 자기 자신의 몸을 던져 헌신한 아프리카 남수단 톤즈는 가톨릭의 섬김과 나눔을 실천한 장소였다. 길다면 길고 짧다면 짧은 생을 살다간 이태석에게 살레시오회 사제로서의 삶은 그만큼 압도적인 존재 조건이 분명하다. 동시에 이태석은 성과 속의 경계를 넘나든 사람이기도 하다. 그는 사제가 되어 가톨릭의 사랑과 기쁨, 섬김과 나눔 정신을 실천하기 위해 노력한 '신부 이태석'이었으며, 이와 함께 의료, 교육, 음악, 문학, 스포츠 등의 분야에서 다재다능한 역량을 보여준 '인간 이태석'이기도 했다. 따라서 이태석의 삶과 공동체에 대한 공헌을 제대로 이해하기 위해서는 종교인으로서의 삶과 더불어, 의사, 교육자, 음악가, 문학가 등 다면적인 삶의 모습을 이해할 필요가 있다.

    이를 위해, 이 글에서는 이태석에 대한 기억과 기록이 어떤 방식으로 재현되고 있는지를 살펴보고자 한다. 영화를 비롯한 영상 텍스트에 관해서는 이 책의 다른 꼭지에서 다루고 있으므로 여기서는 이태석의 글과 말이 담긴 저작과 강론, 그리고 그의 삶을 재현하고 평가하는 학술 자료를 조사, 정리하여 그 특징을 분석해 볼 것이다. 물론 이 작업은 이태석 자신의 저작에서부터 출발한다. 이태석이 직접 펴낸 책은 그리 많지 않지만, 그를 다룬 문헌 자료는 이미 방대하게 출판되어 있다. 이태석과 관련한 학술지논문, 학술보고서, 학위논문 등의 연구 성과를 비롯하여, 문학, 종교, 예술, 문화, 교육, 처세, 교양 등의 분야에서 이태석을 재현하고 있는 단행본 출판물이 이미 세상에 나와 있다. 또 대상과 시기에 따라 다채롭게 이태석을 기억/조명하고 있는 회고담, 인터뷰, 기사와 칼럼 등도 있다. 그렇다면 이들 텍스트는 이태석의 사상과 언어를 충실하게 담아내고 있을까. 짧은 지면에서 이를 모두 다루는 것은 불가능하지만, 한 가지 작업은 시도해 볼 수 있을 듯하다. 이태석의 말과 글에서 중요하게 생각하고 언급한 개념과 어휘가 무엇이며, 또 그것은 어떤 방식으로 연구/재현되고 있는가 하는 점이다.

이 글에서는 이태석과 관련한 문헌을 세 가지 층위에서 조사하고 정리했다. 첫째, 이태식이 직접 말하거나 쓴 글을 편찬한 저작이다. 당사자의 말과 글은 그의 경험과 사상을 이해하는 토대가 된다. 둘째, 이태석에 관한 학술적 연구 성과이다. 소논문, 학위논문, 학술보고서 등이 여기에 해당한다. 이들 연구 성과는 이태석에 대한 접근 방식과 학술 담론을 확인할 수 있다는 측면에서 중요한 영역을 차지한다. 셋째, 이 외에 이태석을 직·간접적으로 기억/재현하고 있는 책들이다. 이 부분은 양이 너무 방대해 조사 결과를 간략하게 정리하고 향후 연구 방향을 제시하는 것으로 마무리할 수밖에 없었다. 그 이유는 단행본 출판물과 더불어 이태석 본인의 인터뷰, 자필 편지, 메모, 가족과 주변인의 회고담, 인터뷰, 기사와 칼럼 등에 관한 연구와 정리는 별도의 논의와 논고가 필요하기 때문이다.

부족한 점이 없지 않겠지만, 이와 같은 문헌 조사와 분석 작업은 미디어에 의해 재현된 이태석의 이미지와 담론이 아니라, 그를 조금 더 객관적으로 이해하고 바라보는 데 도움을 줄 수 있을 것으로 기대한다.

2. 이태석의 글/말 텍스트에 나타난 키워드

현재까지 이태석이 직접 쓰거나 말한 내용을 바탕으로 출판된 책은 두 권이며, 판을 거듭하며 발행되고 있다. 첫 번째는 이태석 신부가 아프리카 남수단의 톤즈에서 겪은 사건, 경험, 생각, 느낌을 직접 쓴 에세이집 『친구가 되어 주실래요?』(생활성서사, 2009)이다. 이 책은 생활성서사의 김용기 편집국장의 기획으로 출판되었다. 두 번째는 이태석 신부의 강론을 모은 『당신의 이름은 사랑』(다른우리, 2011)이다.[1] 이 책은 신부 이태석이 2004년부터 2006년까지 수단 사람들과 함께 펼쳤던 강론을 모아 살레시오회에서 편집한 책이다. 서지를 정리하면 다음과 같다.

저자	제목	출판사	발행연도	비고
이태석	친구가 되어 주실래요? : 의술로 음악으로 사랑 나눈 선교 사제 쫄리 신부의 아프리카 이야기	서울: 생활성서사	2009	증보판 출판
이태석	(당신의 이름은) 사랑 : 톤즈의 돈 보스코 이태석 신부의 강론 모음집	서울: 다른우리	2011	살레시오회 인가

먼저, 『친구가 되어 주실래요?』부터 살펴보자. 「책 머리에」에서 확인할 수 있듯("이 책을 전쟁과 가난으로 인해 많은 어려움을 겪는 남부 수단의 모든 분들께 바칩니다"), 인간에 대한 이태석의 태도는 매우 이타적이다. 그리고 그 기저에는 가톨릭의 섬김과 나눔 정신, 즉 사랑과 실천이 전제되어 있다. 그는 이 책에서 아프리카에서의 선교/의료 활동이 가능했던 이유에 관해 겸손하게 "내 주위 사람들의 아름다운 삶의 향기"가 그곳으로 자신을 이끌었다고 이야기한다. 이태석이 직접 쓴 글에서 그의 핵심 사상을 찾

아볼 수 있는데, 이를 몇 가지 키워드로 정리해 볼 수 있다.

첫째, 공감과 관용이다. 공감은 타인에 대한 시혜 의식이나 감정적 동일시가 아니다. <마태복음> 25장에서 확인할 수 있듯, 공감은 가난하고 궁핍한 이들을 자기 삶과 동일시하는 동반자 감각이다.[2] 이태석은 톤즈의 아이들에게서 자신의 어린 시절 모습을 떠올리고 있으며, 이는 가장 가난한 몰골로 세상에 내려와 사랑을 실천한 예수의 형상/말씀과도 분리되어 있지 않다. 공감에 대한 에피소드는 이 책만이 아니라 어린 시절 전기와 일화에서도 여러 차례 등장한다. 뒤에서 자세히 이야기하겠지만, 이태석은 '인내'와 '기다림'이라는 단어를 많이 사용하고 있으며, '관용'과 '포용'이라는 단어는 거의 직접적으로 쓰고 있지 않다. 하지만 그의 말과 글에서는 관용과 포용이 굉장히 중요한 부분을 차지하고 있음을 확인할 수 있다.

이태석의 공감은 관용적 태도에 입각한다. 그는 톤즈의 사람들을 "삶의 예술가들"[3]이라고 표현한다. 그들의 모습에서 다채로운 외형, 옷가지, 악기, 무용 등을 보았기 때문이다. 한국과 아프리카의 문화적 차이를 다양하고 창의적인 표현 방식으로 수용하는 셈이다. 하지만 한국인의 시각에서는 도저히 이해하지 못할 톤즈의 관습과 의례도 없지 않다. 청소년에게 가혹한 통과의례인 성년식, 겉으로는 여아를 선호하는 것처럼 보이지만 사실상 여성이 남성에 종속된 생활 방식, 타인이 호의를 베풀어도 감사 인사를 거의 하지 않는 태도 등이 대표적이다. 이태석은 수단의 문화를 완전히 이해하지 못하더라도 그대로 인정한다. 동시에 수단 내란의 갈등 배경인 이슬람에 대해서도 관용적 태도가 필요하다고 말한다.

둘째, 인내와 희생이다. 이태석은 수단에서 만나는 문제를 해결 대상으로 생각한다. 문제의 발견과 해결은 사변적 질문에 대한 답을 찾는 과정이 아니라, 처절한 현실 인식에 근거한 것이다. 이태석이 톤즈에서 매일매일 직면하는 문제는 인간으로서 최소한의 생존 조건조차도 보장받지 못하는 그곳 사람들의 참담하고 고통스러운 현실이다. 신학과 의학은 이 지점에서 교류한다. 비위생적인 주거 환경, 주민들의 영양 부족과 건강 문제, 수단 정부의 의료 역량 한계 등은 그를 신부이자 의사로 살게 한다. 그러나 수단의 정치적, 경제적, 문화적 환경과 갈등은 이태석 역시 해결하기 힘든 문제에 직면하게 한다. 그때마다 이태석은 '인내'를 강조하는데, 여기에 신학석 넉복과 역량이 내재해 있다.

이태석에게, 아니 가톨릭에서 "사랑은 기다림이요 사랑은 인내"[4]이다. 복잡한 문제와 해결하기 어려운 갈등은 자신의 인내심을 단련시키고 성소를 지켜주는 문제이다. 개인으로서는 '희생'이 필요한 문제이다. 가톨릭에서 문제 해결을 '기적'이라고 표현하기도 하는 이유는, 그것이 '사랑'에 기초한 '인내'와 '희생'의 덕목/역량을 필요로 하기 때문이다. 물론 인내와 희생은 강압과 폭력에 의한 행위와는 구분되며, 꼭 신학적 문제에 국한되지 않는다. 이태석에게 신부로서의 삶과 의사로서의 삶은 분리되는 것이 아니다. 만약 신부가 되지 못했다고 하더라도 이태석은 인내와 희생을 요구하는 삶의 자리로 스며들었을 것이기 때문이다. 그 근거를 군복무(군의관) 시절 에피소드에서 확인할 수 있으며,[5] 아프리카 오지에서 의사로서 희생적인 삶을 살았던 슈바이처를 직접 언급하는 부분을 통해서도 유출할 수 있다.

다음으로, 『당신의 이름은 사랑』(다른우리, 2011)이다. 이 책은 이태석이 "강론을 위해 준비한 묵상의 실타래들을 살레시오회에서 이 신부의 마음으로 정리"[6]한 내용으로 이루어져 있으며, "교회 인가"도 받았다. 『당신의 이름은 사랑』의 경우 가톨릭의 복음을 전하는 '신부 이태석'의 삶에 초점을 두고 있다. 책의 표지에는 "톤즈의 돈 보스코 이태석 신부의 강론 모음집"이라고 하여, 이태석을 살레시오회를 세운 성자 돈 보스코에 빗대 표현하고 있다는 점이 인상적이다. 이태석의 사랑과 희생이 성자에 가까운 것이라는 의미도 없지 않겠으나, 예수와 성모마리아가 가난하고 약한 자들의 곁에서 각기 다른 모습으로 사랑을 실천하였음을 상기하게 하는 부분이기도 하다.

이 책은 복음을 중심에 놓고 아프리카 수단(병원, 학교 그리고 다양한 선교 및 의료 현장)에서 겪은 일화를 비롯해 이태석의 삶과 말을 정리한 책이다. 이태석의 강론을 '마태', '마르', '루가', '요한' 등의 복음과 함께 풀어서 읽을 수 있다. 그는 평소 "여러분을 의사로서가 아니라 신부로서 만나는 것이 좋"으며, 그것은 "우리가 어떻게" 살아야 하는지를 "복음에서 알려 주고 있"기 때문이라고 보았다. 여기에서 이태석의 삶이 "신앙심"[7]에 기초해 있다는 사실은 두말할 필요가 없다. 그러나 복음을 전하는 강론과 연결된 삽화가 모두 수단에서의 에피소드에 국한되어 있는 것은 아니고, 어머니를 비롯한 가족과의 일화, 어린 시절 송도성당에서 혼자 피아노를 독학한 일, 서울 살레시오회 수도원에서 신학생으로 공부할 때 겪은 일화와 사람에 대한 기억 등을 담아내고 있다. 이 책에서 이태석을 이해하는 데 필요한 중요한 단서 몇 가지를 확인할 수 있다.

첫째, 이태석은 삶의 근본적인 목적과 실천을 중요시한다. 수단과 목적은 구분된다. 그는 「본래의 목적대로」라는 강론에서 수단 남쪽과 북쪽의 내전(內戰)은 신앙의 목적과 수단이 전도된 폭력적 사태라고 지적한다. "수단이 남과 북으로 대치된 것은 종교가 달라서"라고 하면서 "사람들을 섬기기 위해 만들어 놓은 세 율법인데, 그 목적을 잃고 날았으니 아이러니"한 일이라며 안타까워한다. 그리고 "법이나 제도에 얽매이지 않고 그때그때 절박한 요청에 따라 예수님의 사랑을 실천하는 것"이 중요하다는 점을 강조하고 있다. 이 대목에서 앞서 이야기한 관용적 태도가 더욱 잘 드러난다.

이 유연하면서도 현실적인 접근 방식은 가톨릭의 사상에 기초한 것이지만, 여기에는 이태석 특유의 실천 사상이 녹아있다. 믿음의 형식과 수단도 중요하지만, 그것보다 믿음의 내용과 목적이 훨씬 더 중요하다는 주장이다. 이태석은 예수가 성경에서

"사람들을 배불리 먹게 해주는 기적"을 예로 드는데, 이 대목은 매우 인상적이다. 얼마나 많은 빵을 만들었느냐 하는 것이 중요한 것이 아니라, 우리가 갖고 있는 것을 "얼마나 많은 이들과 나누느냐 하는 것이 기적의 핵심이라는 것"[8]이다. 「마음과 정성으로」라는 강론에서도 잘 드러나듯, 그는 율법의 세속화가 아니라, 그 목적을 실천하는 데 가치를 두고 있다.

둘째, 이 책을 통해 신부로서의 이태석이 구사한 핵심 어휘군(群)을 확인할 수 있다. 이 키워드는 뒤의 장에서 논의할 이태석을 다루는 핵심 학술용어와의 비교 자료로 활용할 수 있다.[9] 『당신의 이름은 사랑』에서 가톨릭의 사제로서 이태석이 사용하는 신학적 표현들이 다양하게 나온다. 이를 정리하면, 예언자, 지도자, 엘리야, 메시아, 빛, 기적, 부활, 신비, 구원, 숭고, 해방, 자유, 평화, 성령, 말씀, 진리, 은총, 치유, 믿음, 소명, 실천, 헌신, 배려, 베풂, 섬김, 이웃, 소통, 대화, 침묵, 반성, 나눔, 찬미, 박해, 수난, 기쁨, 즐거움, 사랑, 평등, 소망, 인내, 기다림, 힘, 용기, 격려, 희생, 보속, 정결, 죽음, 삶, 생명, 한줌의 재, 용서, 회개, 화해, 강인함, 온유함, 단호함 등이다.

또한 성스러운 믿음과 세속적 현실 사이에 겹쳐 있는 어휘들도 다양하게 나타난다. 가난, 고난, 고생, 고통, 좌절, 실망, 원망, 화남, 이기심, 자존심, 슬픔, 아픔, 행복, 불행, 일상, 만남, 성장, 만족, 영감, 영광, 희망, 흥겨움, 건강, 감사, 감동, 향학열, 그리고 미움, 분노, 동정심, 유감, 저항, 축복, 갈등, 두려움, 서운함,

관심, 무관심, 염려, 통찰, 화, 얄미움, 두근두근, 달콤함, 충만함, 곤란함, 포용, 선함, 악함, 잘못, 유혹, 극복, 부정, 폭력, 욕망, 안타까움, 단순함, 순수함, 복잡함, 시기, 질투심 등이 대표적이다. 물론 이외의 단어들도 있으나 강론에서 핵심적으로 사용된 표현으로 보기는 어렵다. 이러한 어휘와 표현 목록은 이태석을 이해하는 키워드로 판단할 수 있는데, 다음 장에서는 이와 같은 키워드가 학술언어와 어떤 관계를 맺고 있는지를 실증해 볼 것이다.

3. 이태석에 대한 학술 연구의 동향과 특징

이태석의 글과 말이 직접 반영된 텍스트(에세이, 강론집)에서 확인할 수 있는 키워드, 즉 공감과 관용, 인내와 희생 등은 '사랑'과 '실천'이 동반되지 않는다면 진정성을 인정받기 어려운 것들이다. 이태석이 대중에게 큰 공감을 주는 것은 마흔여덟의 짧은 생애 동안 그것을 몸소 보여주었기 때문일 것이다. 그렇다면 영상미디어에 재현된 이태석의 모습이 아니라, 그 숭고한 사랑과 실천이 학술적으로 충분히 입증되고 뒷받침되고 있는가 하는 부분을 점검하는 작업이 필요하다.

우리와 같은 범인이 가톨릭의 숭고한 정신과 이를 전하기 위해 노력한 이태석의 사랑과 실천을 판단하기란 쉽지 않다. 그래서 학술적 성과에 입각한 이해와 심화 작업이 필요하다. 지금까지 이루어진 이태석 관련 연구 성과와 그 특징을 정리하기 위해 국내의 대표적인 학술 웹사이트를 조사했다. 구체적으로 한국연구재단의 한국학술지인용색인(KCI), 한국교육학술정보원(KERIS)에서 운영하는 학술연구정보서비스(RISS), 그리고 학술콘텐츠 플랫폼인 한국학술정보(KISS)와 디비피아(DBpia) 등이다. 이들 사이트는 국내 인문사회과학 분야 연구자들이 가장 많이 이용하는 플랫폼이다. 이 글에서 선정한 주제어(Key word)는 '이태석'과 '이태석 신부'였다. 이 주제어만으로 검색되지 않는 논문이 있었는데, 이 경우 '울지마 톤즈'를 추가 검색어로 지정해 학술 데이터를 수집할 수 있었다. 그 결과는 크게 두 가지로 분류할 수 있다.

첫째, 학술지논문과 보고서이다. 지금까지 한국연구재단 등재(후보)학술지에 발표된 논고는 총 다섯 편으로 정리할 수 있다. 서지 사항과 특징을 정리하여 제시하면 다음과 같다.

저자	제목	학술지	권/호	발행기관	발행연도	페이지	구분
신원선	<울지마, 톤즈>의 진실과 사회적 반향성	인문논총	28	경남대학교 인문과학연구소	2011	157~179	등재후보
이기상	지구촌 시대가 요구하는 소통과 살림의 교회 : 비움에 바탕한 섬김과 나눔의 살림살이	신학전망	175	광주가톨릭대학교 신학연구소	2011	80~132	등재후보
황경훈	사회교리의 '인간발전'관에 비추어 본 이태석 신부의 선교사례: '통합적 발전중심 선교'의 가능성	신학전망	182	광주가톨릭대학교 신학연구소	2013	141~177	등재

강진구	한국 선교다큐멘터리 영화의 현황과 문화선교적 역할 연구	복음과 선교	39	한국 복음주의 선교신학회	2017	13~60	등재
김임구	Imitatio Schweitzers -Ein südkoreanischer Arzt -Missionar im Südsudan (슈바이처를 본받아 - 남수단의 한국인 의료 선교사)	독일어 문화권 연구	22	서울대학교 독일어 문화권 연구소	2017	319~336	등재

신원선의 「<울지마, 톤즈>의 진실과 사회적 반향성」은 이태석의 삶 자체를 조명한 연구라기보다는 다큐멘터리가 영상 제작의 목적에 따라 어떤 방식으로 수용자의 감동을 만들어낼 수 있는지를 고찰할 논문이다. 강진구의 「한국 선교다큐멘터리 영화의 현황과 문화선교적 역할 연구」 역시 한국 선교다큐멘터리 영화의 현황과 문화선교의 역할을 논하면서 이태석을 다룬 다큐멘터리 <울지마 톤즈>를 부분적 사례로 제시하고 있다. 이 경우 이태석의 삶과 활동을 중심으로 다룬 연구 성과라고 보기는 어렵다. 이태석과 관련한 본격적인 연구 성과는 이기상, 황경훈, 김임구의 논고에서 찾아볼 수 있다.

이기상의 「지구촌 시대가 요구하는 소통과 살림의 교회: 비움에 바탕한 섬김과 나눔의 살림살이」는 공생과 상생을 위한 살림살이 가치관을 실천한 예로 이태석 신부의 선교 활동을 들어 해석하고 있으며, 황경훈의 「사회교리의 '인간발전'관에 비추어 본 이태석 신부의 선교사례: '통합적 발전 중심 선교'의 가능성」은 이태석의 선교 활동이 통합적, 전체적 인간 발전을 중시하는 사회 교리와 인식에 기반해 있다는 것을 밝히고, 그의 선교관을 사회의식의 맥락에서 분석했다. 김임구의 독일어 논문 「Imitatio Schweitzers -Ein südkoreanischer Arzt-Missionar im Südsudan(슈바이처를 본받아-남수단의 한국인 의료 선교사)」는 이태석과 알베르트 슈바이처의 아프리카 봉사 활동을 비교하면서, 이태석의 헌신적인 의료 및 선교 활동이 '인간적 신의'를 중시하는 태도에 기반해 있음을 밝혔다. 이는 아프리카에 대한 새로운 인식과 교류 가능성을 정초하는 계기가 된다. 기존의 소논문에는 이태석의 저서 『친구가 되어 주실래요?』와 강론집 『당신의 이름은 사랑』에서 언급된 키워드 중 섬김, 나눔, 희생 등의 가치가 반영되어 있었으며, 각 논문의 주제를 구성하는 뼈대가 되고 있다는 것을 알 수 있었다.

이 외에도 한국학술지인용색인(KCI)과 한국교육학술정보원(KERIS)에서는 안정효의 「이태석 신부: 가난한 아들들의 친구, 톤즈의 돈보스코 성인」이 '비정규 논문'으로 검색되었으나, 이는 대한의사협회지에 수록된 에세이로 학술적 성과로 볼 수는 없어 제외하였다.[10] 한국연구재단에 제출되었거나 학술 플랫폼에서 검색이 가능한 이태석 관련 보고서는 두 편을 확인할 수 있었다. 이승조의 「공감적 관심과 긍·부정적 프레이밍의 상호작용이 국제 기아 돕기 캠페인의 효과에 미치는 영향」(한국연구재단, 2012)과 황경훈의 「UN의 '새천년개발목표'(MDGs)에 대한 종교계의 응답: '통합적 인간발전'에 대한 가톨릭의 사회윤리적 접근을 중심으로」(한국연구재단, 2014)가 그것이다. 둘 다 한국연구재단 학술지원사업의 결과보고서로 논문과 별개로 추가 검토할 필요까지는 없다. 다만, 전자의 경우 공감적 관심의 사례로 이태석을 한 차례 언급하고 있으며, 이 부분은 그가 중요하게 생각한 '공감'의 가치를 학술연구에서 주목한 케이스로 정리해 둘 수 있다. 참고로, 학술보고서는 아니지만 부산연구원, 한국외교협회 등에서 발간하는 정책 매거진에 이태석의 아름다운 이야기를 의미 있는 지역 자산이자 외교 자산으로 삼아야 한다는 글도 확인할 수 있었다.[11]

지금까지 학술지에 발표 및 게재된 논문은 크게 두 유형으로 나눌 수 있다. 먼저, 이태석의 삶과 활동을 대중적으로 알린 <울지마 톤즈>를 다큐멘터리 영화의 재현 방식과 선교문화적 의의의 측면에서 다룬 연구이다. 다음으로, 이태석의 선교 활동을 신학적, 인간적 측면에서 해석하고 그 의의를 찾고자 한 연구이다. 이들은 '신부 이태석'의 삶과 선교, 의료, 봉사 활동을 다양한 측면에서 조명하고 있으나, 양적/질적으로 그 논의가 충분하게 이루어졌다고 보긴 어렵다.

둘째, 학위논문 성과이다. 한국교육학술정보원(KERIS)에서 '이태석', '이태석 신부', '울지마 톤즈'로 키워드를 지정해 검색한 결과, 총 여섯 편의 학위논문을 확인할 수 있었다. 서지 사항과 특징을 정리하여 제시하면 다음과 같다.

저자	제목	학위	발행기관	발행연도	분야
나재우	이태석 신부의 삶에 대한 교육적 의미 탐색: 톤즈에서의 활동을 중심으로	석사	아주대학교 교육대학원	2012	평생교육
성은진	남수단 청소년들의 변화를 통한 이태석 신부의 음악 교육활동의 교육적 의미에 관한 고찰	석사	경북대학교 교육대학원	2013	음악교육
노나래	복합양식 텍스트 생산을 위한 매체언어 교육내용 연구 : 휴먼 다큐멘터리를 중심으로	석사	이화여자 대학교 교육대학원	2016	국어교육
유병율	가톨릭 이념을 바탕으로 한 가톨릭 의료기관 정립을 위한 연구	석사	대구가톨릭 대학교 대학원	2017	신학
이정희	이태석 신부의 생애에 나타난 생태체계와 가족 레질리언스에 관한 연구	석사	울산대학교 대학원	2020	아동가정 복지
탁동화	이태석 신부의 생애와 선교 연구	석사	협성대학교 대학원	2021	신학과 선교

이태석에 대한 학위논문 성과는 전부 석사학위논문으로 아직 박사학위논문은 제출되지 않았다. 연구 분야는 교육, 복지, 신학 등이며, 특히 그중에서도 각 대학의 교육대학원에서 이태석의 교육 활동과 시사점에 관한 연구가 조금 더 많이 이루어졌다.

먼저 교육 분야부터 살펴보면, 노나래의 「복합양식 텍스트 생산을 위한 매체언어 교육내용 연구: 휴먼 다큐멘터리를 중심으로」는 국어교육 분야에서 복합양식으로서의 다큐멘터리 텍스트를 기획, 표현, 제작하는 리터러시 전략의 사례로 <울지마 톤

즈>의 감동 전략을 분석하고 있어 본격적인 이태석 연구로 보기는 어렵다. 성은진의 「남수단 청소년들의 변화를 통한 이태석 신부의 음악교육 활동의 교육적 의미에 관한 고찰」은 음악교육 분야의 논문으로 이태석 신부의 음악교육 활동의 특징을 행동 치료, 다문화 감수성 증진, 상호협력 강화, 통합적 교육의 관점 등 네 가지로 분석하고, 음악교육의 의의를 제시했다. 나재우의 「이태석 신부의 삶에 대한 교육적 의미 탐색: 톤즈에서의 활동을 중심으로」는 아프리카 남수단 톤즈에서 이태석이 보여준 삶의 모습을 사제, 교사, 음악가, 건축가, 의사, 지역공동체 리더의 측면에서 분석하고, 그 교육 활동과 의미를 교수자, 학습자, 환경, 나눔, 배려, 베풂, 자유, 평등, 평화, 의지, 열정, 몰입, 꿈, 끼, 희망 등의 긍정적 조화가 이루러진 사례로 제시했다.

다음으로 복지와 신학 분야를 살펴볼 수 있다. 유병율의 「가톨릭 이념을 바탕으로 한 가톨릭 의료기관 정립을 위한 연구」는 가톨릭 의료기관의 올바른 운영을 위한 모델 중 하나로 이태석 신부의 비영리적 의료 활동을 짧게 제시하고 있다. 이정희의 「이태석 신부의 생애에 나타난 생태체계와 가족 레질리언스에 관한 연구」는 가족에 대한 이태석의 신념과 인품, 그리고 신부, 의사, 교사로서 공동체에 기여한 부분을 긍정적으로 평가하며, 그의 삶을 국경, 인종, 혈연, 민족, 언어, 문화 등을 초월한 따뜻한 가족공동체 구성의 성공 혹은 교훈적 모델로 제시하고 있다. 탁동화의 「이태석 신부의 생애와 선교 연구」는 이태석의 생애와 활동을 '선교'의 측면에서 고찰하고, 그 특징을 '성육신적 선교', '통전적 선교', '교육 선교', '분화 선교' 등 네 가지로 구체화하고, 현대 선교 활동에 적용할 수 있는 시사점을 제시했다는 측면에서 의의가 있다.

　　이 연구 성과를 통해 몇 가지 특징을 확인할 수 있다. 이태석의 생애와 활동은 교육 영역에서 큰 시사점을 주고 있다는 점이다. 또한 가족, 복지 등의 분야에서 이태석의 성장 과정과 실천적 삶이 긍정적인 시사점을 주고 있으며, 선교 분야에서도 현대 해외 선교의 유의미한 모델을 보여주고 있다는 점이다. 앞에서 살펴본 바와 같이 에세이 『친구가 되어 주실래요?』와 강론집 『당신의 이름은 사랑』에서 분석 및 추출된 키워드가 음악교육, 평생교육, 선교교육 등의 연구 주제를 구성하는 핵심 개념과 내용으로 반영되어 있다. 그것은 평소 이태석이 중요하게 생각했던 가치인 치유, 관용, 협력, 나눔, 배려, 베풂, 자유, 평등, 평화, 희생 등이다. 이 외에도 이태석을 연구한 학위논문이 있을 수 있다. 그러나 현재까지 '이태석', '이태석 신부', '울지마 톤즈' 등을 주요 키워드로 검색 및 조사한 결과는 이 정도에 머물고 있다. 이 글에서 다루지 못한 논문 중에서 이태석 관련 단어와 내용이 포함된 경우가 있을 수 있으나, 그 내용은 제한적일 것으로 판단되며 아직 박사학위논문의 주제로도 연구된 적은 없다. 이를 통해 대학(원)을 비롯한 아카데미 영역에서 이태석에 관한 연구가 아직 충분히 이루어지지 않았음을 확인할 수 있다.

4. 이태석 연구의 데이터 네트워크와 특징

지금까지 조사 및 분석한 학술지논문, 학술보고서, 학위논문 등의 내용과 특징을 기초 자료로 삼아 이태석 연구에 반영되어 있는 키워드와 네크워크 데이터를 추출해 볼 수 있다.

이와 같은 접근 방식은 <울지마 톤즈>를 비롯한 영상미디어에 재현된 '신부 이태석'의 모습이나 미디어 담론을 통해 형성된 '신부 이태석'의 이미지가 아니라, 그의 삶과 활동을 새롭게 이해할 수 있는 계기가 될 것으로 판단한다. 이 글에서는 지금까지 조사된 이태석의 학술지논문 다섯 편, 학술보고서 두 편, 석사학위논문 여섯 편을 중심으로 하여 핵심어와 그 관계망을 추출하고자 했다. 이를 위해 빅데이터 분석과 텍스트마이닝 연구의 대표 프로그램인 R프로그램을 이용하여 빈도 분석, 워드 클라우드 분석, 키워드별 네트워크 분석을 실시하였다. 조사 주제와 분석에 반영하기 어려운 '빈도수 낮은 키워드'는 데이터 순위와 분석에서 제외를 했으며[12], 이 결과는 지금까지의 이태석 연구를 구성하는 핵심 어휘, 빈도, 관계망을 포괄적으로 보여주는 사례로 이해하는 것이 타당함을 미리 밝혀둔다.

먼저 학술연구 성과에 반영된 이태석 관련 키워드 빈도 분석 결과를 양적 수치와 그래프로 정리한 내용을 확인해 보자.

<이태석 관련 키워드 빈도 분석 결과표>

순위	단어	빈도수
1	이태석	1011
2	신부	881
3	교육	691
4	다큐멘터리	505
5	음악	469
6	선교	462
7	톤즈	402
8	사회	393
9	아이들	391
10	인간	390
11	가족	380
12	연구	362
13	영화	359
14	자신	342
15	사람	334
16	발전	332
17	양식	319
18	사랑	298
19	환자	292
20	학교	286

　이태석을 다루고 있는 학술논문, 학술보고서, 학위논문의 키워드 빈도 분석 결과는 흥미롭다. 이 연구의 분석 대상인 용어 '이태석'을 제외할 경우 '신부'가 가장 높은 빈도를 보이고 있으며, '교육', '다큐멘터리', '음악', '선교', '톤즈', '사회', '아이들'

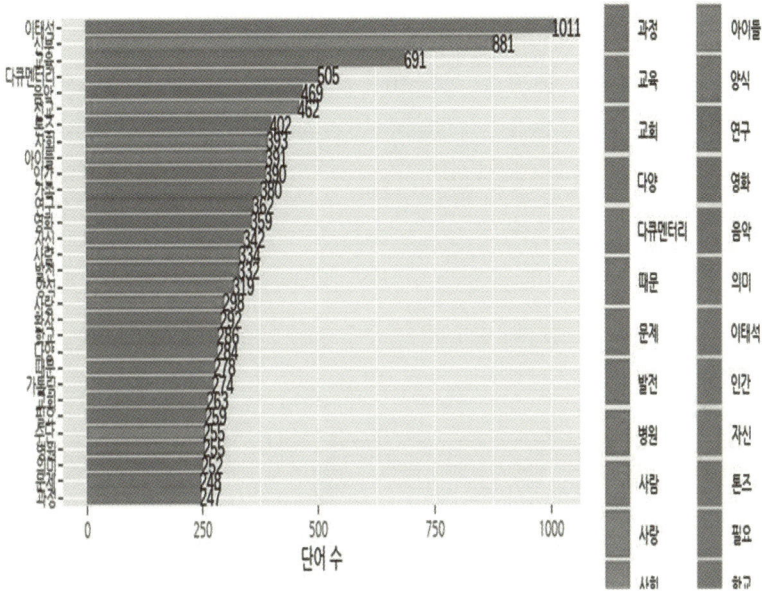

<이태석 관련 키워드 빈도 분석 결과 그래프>

등이 절반 이상의 빈도를 보여주고 있음을 알 수 있다. 석사학위 논문들의 키워드와 내용이 이태석의 생애와 활동 중에서 교육적 가치와 행위에 큰 비중을 두고 있다고 해석할 수도 있지만, 그보다는 아프리카 남수단 톤즈에서의 선교 및 봉사 활동이 교육적(음악, 아이들 등의 키워드와 연계)으로 매우 유의미한 시사점을 제공해주는 행위임을 확인할 수 있는 데이터이다. 여기에서 주목할 만한 부분은 이태석의 선교, 의료, 교육, 문화예술 기여와 실천의 핵심 개념으로 볼 수 있는 '사랑', '공감', '인내', '희생' 등이라는 키워드가 학술 연구의 장에서는 충분히 논의 및 평가되고 있지 못하다는 점이다. 향후 이태석 연구에 반영되어야 할 부분으로 판단된다.

이와 같은 내용은 이태석의 생애와 활동을 연구한 학술적 성과를 중심으로 추출한 워드 클라우드 분석과 키워드별 네트워크 분석 결과를 통해 더 상세하게 이해할 수 있다. 또한 이 분석 결과를 통해 현재 대중과 각 분야의 연구자들이 이태석을 수용하는 방식과 향후 연구 방향에 대한 시사점을 도출하는 데 도움을 받을 수 있다.

<이태석 연구 성과에 대한 워드 클라우드 분석 결과>

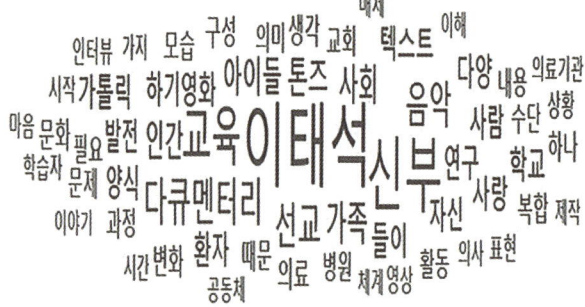

<이태석 연구 성과의 키워드별 네트워크 분석 결과>

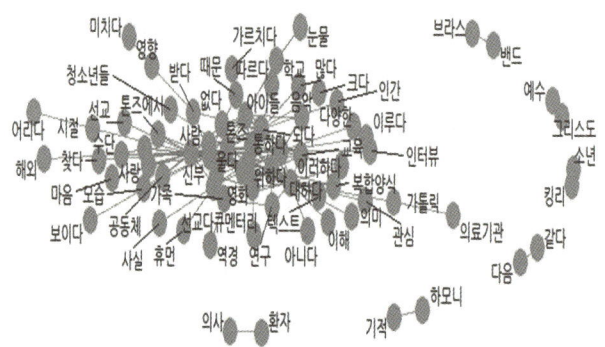

이태석 연구 성과를 기반으로 한 키워드 클라우드 분석 결과와 키워드별 네트워크 분석 결과의 의미와 시사점을 두 가지로 정리할 수 있다.

첫 번째, 이태석의 삶을 이해하고 연구하는 데 있어서 가장 중요한 부분은 가톨릭의 사제라는 존재 조건과 교육적 활동이라는 점이다. 그 이유를 다시 두 가지로 나눌 수 있다. 먼저, "신부"라는 키워드의 위치이다. 그림으로 제시해 놓은 키워드 워드 클라우드와 네크워크 데이터의 정중앙에 이태석이 위치해 있으며, 그 오른쪽 가장 가까운 곳(크기)에 '신부'가 배치되어 있음을 확인할 수 있다. 이태석의 생애와 활동에서 사제('신부')로서의 삶을 배제하고 그를 이해하고 평가하기란 어렵다는 사실을 실증적으로 확인할 수 있는 대목이다. 다음으로, 키워드 '이태석'의 왼쪽에 교육, 인간, 아이들, 톤즈 등의 키워드가 자리 잡고 있다. 이를 통해 현재 이태석 연구의 가장 큰 수제이자 시사점이 인간에 대한 이태석의 이타적 태도와 교육적 함의라는 것을 짐작해 볼 수 있다.

두 번째, 이 데이터에서 매우 중요한 부분 중 하나로, 기존의 이태석에 대한 이해와 연구는 대체로 영화, 다큐멘터리와 매우 밀접한 관계를 맺고 있다는 점이다. 그 근거를 먼저 키워드 클라우드 분석 결과에서 확인할 수 있다. 핵심어 '이태석' 왼쪽에 위치한 '교육'의 아래와 위에 '영화'와 '다큐멘터리'라는 키워드가 자리잡고 있다. 또한 영화라는 키워드 바로 위에 '모습'이라는 핵심어가 붙어 있어서 이태석을 이해하는 데 있어 영화가 상당히 중요한 역할을 하며, 각 연구자에게도 큰 영향을 미쳤음을 짐작해 볼 수 있다. 다음으로 키워드 워드 클라우드 분석 결과와 함께 키워드별 네트워크 분석 결과를 살펴볼 필요성이 있다. 키워드별 네트워크 분석 결과에서 서술어(통하다, 위하다 등)를 제외할 경우, 정중앙에 '톤즈', '울다', '영화', '다큐멘터리'가 전경화되어 관계를 구성하고 있음을 알 수 있다. 이를 통해 이태석에 대한 이해와 수용, 관심과 연구에 영상매체와 미디어 담론이 상당히 큰 영향을 미치고 있었음을 확인할 수 있다.

5. 미디어 담론을 넘어 이태석을 이해하기 위하여

지금까지 이태석의 저작과 강론, 학술적 연구 텍스트에 나타난 키워드와 데이터를 중심으로 하여 이태석의 말과 글에서 중요하게 언급되는 개념과 어휘가 무엇인지, 또 그것은 어떤 접근 방식과 내용으로 연구/재현되고 있는지를 살펴보았다. 그 내용을 요약/정리하고, 향후 연구 방향과 과제를 제시하면 다음과 같다.

첫째, 이태석이 직접 쓰거나 말한 내용을 바탕으로 출판된 단행본 텍스트는 에세이 『친구가 되어 주실래요?』와 강론집 『당신의 이름은 사랑』 등 두 권이 있으며, 이 책에서 이태석의 핵심 사상과 주요 표현을 확인할 수 있었다. 여러 가지 키워드를 추출할 수 있겠으나, 『친구가 되어 주실래요?』에서 확인할 수 있는 이태석의 핵심 사상 중 공감과 관용, 인내와 희생이 전체 내용을 관통하는 키워드라는 것을 확인할 수 있었고, 이 배경에는 가톨릭의 사랑과 실천이 자리매김하고 있었다. 『당신의 이름은 사랑』에서는 이태석이 삶과 신앙의 근본적인 목적과 실천을 중요시한다는 점을 확인할 수 있었으며, 그가 강론에서 중요하게 사용한 신학적, 정서적 핵심 어휘군(群)을 정리할 수 있었다. 이 어휘와 표현은 이태석을 이해하는 키워드로 판단할 수 있다.

둘째, 이태석의 저서에서 추출한 키워드가 학술적 연구 성과에 어떻게 반영되어 있는지, 그 관계는 어떻게 되는지를 분석했다. 이를 위해 이태석 관련 연구 성과(학술지논문, 학술보고서, 학위논문 등)를 조사하고, 핵심어의 빈도, 워드 클라우드, 키워드별 네트워크 분석을 실시했다. 그 결과, 이태석은 신부이자 교육자로서 우리 사회에 큰 울림을 주었으나, 그의 저서와 강론에서 확인할 수 있는 핵심어인 공감, 관용, 인내, 희생, 사랑, 목적, 실천 등에 대한 접근과 분석 작업은 아직까지 충분히 이루어지지 못했다는 것을 확인할 수 있었다. 또 이태석을 이해하고 기술하는 데 기존의 영화와 다큐멘터리가 가장 큰 영향을 미치고 있다는 사실을 알 수 있다. 현재까지 조사된 학술지논문, 학술보고서, 학위논문 중에서 거의 1/3에 해당하는 논문이 <울지마 톤즈>의 시청자/수용자 감동 전략을 분석한 논고라는 사실도 점검해 볼 부분이다. 이는 이태석에 대한 이해와 연구에 미디어가 큰 영향을 미쳤다는 것을 의미한다.

셋째, 이태석의 저작과 학술연구에 대한 집근만이 아니라, 이태석과 관련한 문헌 텍스트를 조명할 필요성이 있다. 이태석과 관련한 문헌 텍스트는 정리가 불가능할 정도로 방대하다. 필자가 조사한 바에 따르면, 현재 이태석과 관련한 단행본만 해도 115종에 이른다. 아마 이 글이 발표된 후에는 더 늘어나 있을 것이다. 이태석의 생애를 재현하거나 그 속에서 교훈과 의미를 찾고자 한 문학서, 교양서, 종교서, 자기계발서 등의 단행본(들)만 해도 그 수가 어마어마하게 많으며, 내용적으로도 전기, 문학창작집, 어린이·청소년도서, 교양서, 종교서적, 자기계발서 등 다양하다. 여기에 이태석이 직접 말하거나 쓴 기사, 인터뷰, 편지 등이 존재하고, 이태석과 관계된 가족, 친지, 친구, 동료, 이웃, 환자, 학생, 살레시오회 관계자, 성당 형제와 자매 등의 기억담, 회고담, 인터뷰 등도 존재한다. 이에 대한 연구가 깊고 넓게 이루어질 필요가 있다.

이태석을 기억/기술하고 있는 문헌에 대한 조사와 분석 작업이 체계화되어야 미디어에 의해 재현된 이태석의 이미지와 담론이 아니라, 그를 조금 더 객관적으로 이해할 수 있을 것이다. 오해하지 말 것은, 지금의 신부 이태석, 혹은 인간 이태석의 삶이 과장되어 있다는 뜻이 아니다. 이 글은 미디어에 재현된 이태석이나 미디어 담론의 효과로서의 이태석의 모습이 아니라, 사제, 의사, 교육자, 음악가, 문학자 등의 다재다능한 모습으로 타인을 위해 헌신하며 살았던 이태석의 사상과 가치를 새롭게 이해하고 조망할 필요가 있다는 작은 제언이다.

> 주석

텍스트, 키워드, 데이터로 본 이태석

1. 가톨릭 살레시오회에서 설립하고 운영하는 부산의 이태석신부기념관에 따르면, 이태석의 편지 모음집은 아직 출판되지 않았다. 따라서 여기서는 그 부분까지 검토하지 않는다.

2. 『신부 이태석』, 44쪽.

3. 『친구가 되어 주실래요?』, 15쪽.

4. 『친구가 되어 주실래요?』, 57쪽.

5. 전기에 따르면, 이태석은 군의관 시절 부대 근처의 전의성당 황용연 신부에게 사제의 길을 제안받은 바 있다. 그는 어린 시절에 성소가 있었으나 10남매를 힘들게 키운 어머니의 마음을 힘들게 할 수 있다며 의사로서의 삶을 선택하기로 한다. 그러나 평전 『신부 이태석』을 쓴 이충렬의 조사와 서술에 따르면, 이태석은 "의사가 되어 가난한 사람들을 위해 할 수 있는 일"을 찾아 하겠다고 했다고 한다. 즉, "성소를 포기한 그였지만 하느님의 뜻을 따르는 의사가 되겠다는 각오에는 흔들림이 없었다"고 한다. 『신부 이태석』, 19·43쪽.

6. 『당신의 이름은 사랑』, 6쪽.

7. 『당신의 이름은 사랑』, 137·140·242쪽.

8. 『당신의 이름은 사랑』, 43·185·255·260·287쪽.

9. 이 글에서는 『당신의 이름은 사랑』에 나타난 핵심 어휘를 그대로 옮겨서 정리하되, 일부 표현은 독자들이 이해하기 쉽게 기본형 어휘로 표기했다. 예를 들어 "너무 안타깝습니다"라는 표현은 '안타까움'이라는 어휘로 표기 및 정리하였다.

10. 안정효, 「이태석 신부: 가난한 아들들의 친구, 톤즈의 돈보스코 성인」, 『대한의사협회지』 692, 대한의사협회, 713~715, 2017.

11. 이강순, 「2011년 부산 10대 히트상품」, 『BDI 정책포커스(N/A)』 132호, 부산연구원; 윤지영, 「도시 콘텐츠를 스토리텔링하자」, 『BDI 정책포커스(N/A)』 149호, 부산연구원, 2012; 박창희, 「천마산 순례길(홀리 로드)에서 나를 찾다」, 『부산발전포럼』 170호, 부산연구원, 2018; 정병원, 「2024 한-아프리카 정상회의-한국과 아프리카가 함께 만드는 상생 번영의 미래-」, 『계간 외교(Foreign realations)』 149호, 한국외교협회, 2024.

12. 이 장의 키워드 결과 및 분석 작업은 부산외국어대학교 국제마케팅전공 엄성원 교수님의 도움을 받아 기본값을 추출하고 정리했음을 밝혀둔다. 이 자리를 빌려 감사의 말씀을 드린다.

모든 날이 좋았습니다
행복한 사람 이태석

에필로그

이태석 신부님을 기억하며

존 마엔 루벤

토마스 타반 아콧

모든 날이 좋았습니다
행복한 사람 이태석

존 마엔 루벤
인제의대 졸업, 현 인제대학교 부산백병원 소화기내과 전임의(fellow)

이태석 신부님과 나
존 마옌

존 마옌 루벤
인제대학교 부산백병원 소화기내과 전임의(fellow)

저는 아프리카 남수단에서 온 이태석 신부님 제자 존 마옌이라고 합니다.

신부님을 처음 만났을 때가 1999년이었습니다. 그 당시 전 14살 꼬마였습니다. 하지만 그 어린 나이에도 신부님이 누구보다도 훌륭한 분이라는 것을 느낄 수 있었습니다. 신부님이 거리감 없이 저희들과 같이 장난을 치며 열심히 놀아 주시고, 축구나 농구밖에 모르는 우리에게 음악을 가르쳐 주신 그 많은 소중한 기억들을 간직하고 있습니다. 톤즈 생활을 함께하면서 몸이 안 좋을 때 신부님께 직접 진료받고, 슬프고 잘 안 풀리는 문제가 있을 내 신부님이 "존 힘내, 질될 거야"라는 긴딘힌 이 말 한 마디 한 마디로 제 마음 치료까지 해 주신 신부님께 항상 고마웠습니다.

어릴 때부터 저의 꿈은 의사가 되는 것이었습니다. 막연했던 이 꿈은 신부님을 만나고 나서 굳어졌습니다. 왜냐하면 신부님이 톤즈에 오셔서 하시는 모든 일들이 저에게는 감동이었고, 이러한 신부님을 닮고 싶었기 때문입니다. 어려운 사람들을 도와주기 위해 노력하고 애쓰시는 모습에서 결심을 하게 되었고, 의사라는 직업의 중요성도 알게 되었습니다.

이태석 신부님께서는 사랑과 봉사의 삶을 몸소 실천하시며 많은 이들에게 희망의 등불이 되어 주셨습니다. 그는 단순한 의료진이 아니라, 사랑과 헌신으로 수많은 생명을 돌보신 진정한 선교사였습니다.

신부님의 삶과 정신이 담긴 이 책이 많은 이들에게 감동과 용기를 전하고, 더 나은 세상을 향해 나아갈 힘이 되기를 바랍니다. 또한, 신부님의 숭고한 뜻이 널리 전해져 더욱 많은 사람들이 사랑과 나눔의 가치를 되새기는 계기가 되기를 소망합니다.

출판을 진심으로 축하드리며, 이태석 신부님의 삶과 희생이 영원히 기억되기를 기원합니다.

모든 날이 좋았습니다
행복한 사람 이태석

토마스 타반 아콧
인제의대 졸업, 현 인제대학교 상계백병원 간담췌외과 전임의(fellow)

이태석 신부님과 나
토마스 타반

토마스 타반 아콧
인제대학교 상계백병원 간담췌외과 전임의(fellow)

안녕하십니까, 저는 남수단에서 온 현재 간담췌외과(Hepatobiliary & Pancreas) 전임의(Fellow)이자 이태석 신부님 제자인 토마스 타반 아콧이라고 합니다.

누구나 한 번쯤은 자신의 미래를 꿈꿉니다. 하지만 손을 놓고 꿈만 꾼다고 저절로 꿈이 이루어지는 것은 아닙니다. 그 꿈이 현실이 되려면 우리는 노력해야 하며 주변 사람들의 격려와 도움을 받으며 때로는 희생할 줄도 알아야 합니다.

저는 앞으로 어떤 지식이 우리나라(남수단) 사람들에게 도움이 될지 고민하면서 의과대학 공부를 해왔습니다. 우리나라는 22년 동안 내전에 처해 있었습니다. 내전을 피해 도망가다 병에 걸려서 제대로 된 치료를 받지 못해 죽는 사람들이 많았습니다. 병원이 멀어 제때 치료를 받지 못한 사람들도 많았습니다. 이러한 비극을 수시로 목격하면서 저는 마음이 많이 아팠습니다. 저 사람들을 도울 방법은 의사가 되는 길밖에 없다고 생각했습니다.

의사가 되려는 꿈은 이태석 신부님을 만나면서 더 커졌습니다. 이태석 신부님과 함께 마을마다 돌아다니면서, 신부님께서 치료해 주셨던 분들이 행복해하는 모습을 보며 깊은 감동을 받았습니다. 이태석 신부님 같은 분이 멀리서 오셔서 아픈 사람들을 치료해 주는 실천과 하느님께 고마움을 표하는 모습에도 울림이 있었습니다. 남수단 사람을 구하고자 다른 대륙인 한국에서 건너온 이태석 신부님은 정녕 천사일지도 모릅니다. 어디에서든 사람들을 대하는 한결같은 태도가, 예수님께서 사람들을 대한 모습과 똑같다고 저는 느꼈습니다. 신부님은 어린이든 어른이든, 여자든 남자든, 연령층과 상관없이 사람들을 행복하게 해주는 힘과 마음을 지니고 계셨습니다. 이태석 신부님께서 아픈 사람들을 대하는 모습을 보면서 반드시 이태석 신부님 같은 의사가 되겠다고 마음먹었습니다. 물론 이태석 신부님을 닮기란 생각보다 쉽지 않을 것 같습니다. 그래도 노력이라도 해보려고 합니다.

이태석 신부님과 하느님의 도움으로 좋은 기회를 얻어서 한국에 오게 되었습니다. 유학은 쉬운 일이 아닙니다. 보통 부잣집 아이들만 갈 수 있습니다. 어떻게 보면 저는 운이 좋은 거지요. 게다가 뽑는 데 경쟁이 없었고 시험도 없었습니다. 어떻게 보면 하느님께서 내리신 기회라고 생각할 수 있겠습니다. 게다가 한국에서 의과대학에 입학하려면 전교에서 1~2등을 다투거나 엄청 똑똑해야 합니다. 의과대학에 입학하기 위해 재수, 삼수까지 하는 아이들이 있지요. 하지만 인제대학교 의과대학에서 저를 받아주셨습니다. 제 인생에 엄청난 기적이 일어난 것입니다.

언어가 달라 의과대학 공부는 말 못할 정도로 너무 힘들었습니다. 입학 조건으로 연세어학당에서 한국어 공부를 병행했음에도 쉽지 않았습니다. 포기하고 싶을 때가 한두 번이 아니었습니다. 그러나 제게는 목표가 있었습니다. 어려움 속에서도 이 목표를 꼭 이루고 말겠다는 신념과 의지가 저를 견디게 했습니다. 무엇보다도 한국에서 훌륭한 의사로 거듭나서 우리나라(남수단)로 돌아가 이태석 신부님의 뜻과 정신을 이어가겠다는 각오가 저를 지켜주었습니다. 이러한 마음으로 여기까지 왔습니다.

처음에는 졸업하자마자 남수단으로 바로 돌아갈 계획이었습니다. 그런데 임상실습을 하면서 일반외과에 관심이 많아졌습니다다. 일반외과가 우리나라 사람들에게 큰 도움이 되지 않을까 하여 인턴과 레지던트를 이어가기로 했습니다. 레지던트를 하며 간담췌에 관심이 많아졌습니다. 간담췌는 간과 담도, 췌장 절제술은 물론이고 위, 혈관 및 대장과 소장 절제술도 다룹니다. 외과전문의 시험에 합격한 저는 현재 간담췌 전임의(Fellow)로 수련을 받고 있습니다. 간담췌 파트 수술 외에도 대장과 항문, 위, 유방, 갑상선 수술 등 시간이 있을 때마다 보조로 들어갑니다. 목표는 남수단으로 돌아가기 전에 최대한 많이 경험하여 다양한 술기와 신기술을 배우는 것입니다. 남수단의 아파하는 이웃을 치료하는 일은 물론이거니와 제 후배들에게도 한국에서 배운 신기술을 가르쳐줄 마음이 굴뚝 같습니다.

지금 제 실력은 아직 부족하지만 교수님들을 통해 하루하루 술기와 신기술을 배우고 있습니다. 몇 년이 더 걸릴지 모르겠지만 앞으로도 남은 기간 동안 최선을 다해 훌륭한 경험을 쌓을 수 있도록 열심히 또 열심히 노력하겠습니다.

모든 날이 좋았습니다
행복한 사람 이태석

참고자료

참고자료

공통

이태석, 『친구가 되어 주실래요?』, 생활성서사, 2009.

이태석, 『당신의 이름은 사랑』, 다른우리, 2011.

이충렬, 『신부 이태석』, 김영사, 2021.

이태석, 양생과 치유의 삶

구수환, 『우리는 이태석입니다』, 북루덴스, 2022.

구수환, 『울지마 톤즈 학교』, 북루덴스, 2024.

맹진학, 『참사랑길』, 도서출판 지평, 2013.

안동권, 『소 알로이시오 신부』, 책으로 여는 세상, 2020.

우광호, 『나는 당신을 만나기 전부터 사랑했습니다』, 여백, 2011.

이병승, 『톤즈의 약속』, 실천문학사, 2012.

인제대학교 의과대학 이태석 기념 심포지엄, 『제3회 이태석 기념 심포지엄 - 이태석의 삶과 가치』, 2013.

정우진, 『양생』, 소나무, 2020.

정희재, 『나눌 수 있어 행복한 사람』, 중앙북스, 2011.

채빈, 『이태석, 낮은 곳에서 진정으로 나눔을 실천하다』, 깊은나무, 2020.

기다 겐 외, 『현상학 사전』, 이신철 옮김, 2011.

카를 야스퍼스, 『위대한 사상가들』, 권영경 옮김, 책과 함께, 2010.

Suzanne M. Kurtz 외, 『환자와 의사소통하는 기술』, 박기흠·성낙진 옮김, 동국대학교 출판부, 2010.

삐에르 떼이야르 드 샤르댕, 양명수 옮김, 『인간현상』, 한길사, 2023.

김성리, 「한센병력인이 느끼는 차별의 양상과 해소에 대한 고찰」, 『인문사회과학 연구』 제19권 제4호, 부경대학교 인문사회과학연구소, 2018.

조태성, 「두려움으로부터의 소외, 감성~감정과 정서, 감성의 관계론적 고찰」, 『현대문학 이론연구』 제37집, 현대문학이론학회, 2009.

KBS 한민족 리포트 <아프리카에서 찾은 행복: 수단 이태석 신부>(2003.12.29.).

KBS 스페셜 <수단의 슈바이처 故이태석 신부>(2010.4.11.).

구수환, <울지마 톤즈>(2010).

이세바 신부(이태석신부기념관장) 인터뷰(2024.7.9.).

"故 이태석 신부 업적 남수단 교과서에 실린다", 국제신문(2017.1.24.).

"감동 다큐 <울지마 톤즈> 고 이태석 신부 [어머니 신명남씨가 처음 전하는 '바보 아들' 이야기]", 우먼센스(2011.1.5.).

"태석이는 고통도 은총으로 여겼죠. 뒷북이지만 빚 갚으려고 합니다.", 조선일보(2020.1.18.).

환자를 넘어 사회로: 의사 이태석의 시선

김재형, 『질병, 낙인: 무균사회와 한센인의 강제격리』, 돌베개, 2021.

대한감염학회, 『한국전염병사 2』, 군자출판사, 2018.

이재현, 『아프리카의 햇살은 아직도 슬프다』, 성바오로, 2005.

질병관리청, 『감염병의 역학과 관리』, 질병관리청, 2021.

한만삼, 『아부나 뎅딧: 남수단 선교사제 이야기』, 하상출판사, 2013.

김동석, 「남수단 내전의 분석과 전망」, 『주요국제문제분석』 2016.2.

김현정, 이소담, 신나리, 황경원, 「최근 5년간(2018-2022년) 국내 말라리아 발생 및 환자관리 현황 분석」, 『주간 건강과 질병』, 2023, 852~866쪽.

이태석, 「수단에서 보내온 편지」, 『천주교 부산교구 주보』, 2002.3.3.

Edward Eremugo, Luka MBBS, MscIH, "Understanding the Stigma of Leprosy," Southern Sudan Medical Journal vol. 3, no. 3, 2010.8.

Harriet Pasquale et al., "Malaria Control in South Sudan, 2006-2013: Strategies, Progress and Challenges," Malaria Journal vol. 12, no. 374, 2013.10.

Peter M. Macharia et al., "Spatial Accessibility to Basic Public Health Services in South Sudan," Geospatial Health vol. 12, no. 1, 2017.

参고자료

Richard Downie, The State of Public Health in South Sudan: Critical Condition, Center for Strategic and International Studies, 2012.

WHO, "The Global Health Observatory-Leprosy(Hansen disease)"(who.int/data/gho/data/themes/topics/leprosy-hansens-disease).

문인희, 「아프리카의 한국인 의사신부」, 대한의사협회 프라자 게시글(2003.3.13., 현재 웹페이지 삭제), 인제대학교 의과대학 인문사회의학교실 소장 자료(파일명: 의사회3, 의사회4).

식민주의 관점에서 본 이태석

고부응 외, 『탈식민주의: 이론과 쟁점』, 문학과지성사, 2003.

김찬삼, 『김찬삼의 세계여행 4: 아프리카』, 삼중당, 1976.

박진홍, 『톤즈를 웃게 한 사람』, 바오로딸, 2019.

한국천주교살레시오회, 『톤즈의 돈 보스코 이태석 신부의 삶과 영성 심포지엄 자료집』, 2011.

안동권, 『소 알로이시오 신부 평전』, 책으로여는세상, 2020.

이일선, 『인간 슈바이처: 슈바이처 방문기』, 聖路學會, 1961.

닐스 올레 외르만, 『슈바이처: 생명을 위해 삶을 던진 모험가』, 염정용 옮김, 텍스트, 2012.

다카하시 이사오, 『슈바이처 박사와 더불어』, 지명관 옮김, 경지사, 1962.

알베르트 슈바이처, 『나의 생애와 사상』, 천병희 옮김, 문예출판사, 1991.

알베르트 슈바이처, 『물과 원시림 사이에서』, 배명자 옮김, 21세기북스, 2009.

위르겐 오스터함멜, 『식민주의』, 박은영·이유재 옮김, 역사비평사, 2006.

칼 라너, 「제2차 바티칸 공의회의 영속적 의미」, 김태균 옮김, 『신학전망』 제190호, 광주가톨릭대학교 신학연구소, 2015.

Edgar Berman, *In Africa with Schweitzer*, New Horizon Press, 1986.

친구합시다, 이태석 신부님!

바이북스 편집부, 『묵자』, 기세춘 옮김, 바이북스, 2021.

한국천주교살레시오회, 『톤즈의 돈 보스코 이태석 신부의 삶과 영성 심포지엄 자료집』, 2011.

한국해양대학교 월드비전특강 기획운영위원회 엮음, 『청년들, 지성에게 길을 묻다』 7~8합본, 호밀밭, 2016.

한국해양대학교 최고인문학과정 엮음, 『CEO, 인문학을 말하다』, 2021.

윤무하, 「묵가 겸애(兼愛)의 원리와 실천」, 『한국철학논집』 제55집, 한국철학사연구회, 2017.

KBS 한민족 리포트 <아프리카에서 찾은 행복: 수단 이태석 신부>(2003.12.29.).

구수환, <울지마 톤즈>(2010).

강성옥, <울지마톤즈 2 : 슈크란 바바>(2019).

구수환, <부활>(2022).

이우석, <이태석>(2022).

내가 아는 아프리카의 두 신부, 샤를르 드 푸코와 이태석

임기대, 『베르베르문명: 서구중심주의에 가려진 이슬람과 아프리카의 재발견』, 2021. 한길사.

질 들뢰즈, 『천개의 고원』, 김재인 옮김, 새물결, 2001.

피에르 부르디외, 『구별짓기』, 최종철 옮김, 새물결, 2005.

Pierre. Sourisseau·*Charles de Foucauld, 1858~1916. Biografia*, Cantalupa (To), Effatà, 2018, 21.

참고자료

임기대, 아프리카 「'사헬'(Sahel)지역에서 러시아에 도전받는 프랑스」, 『한국아프리카학회지』 70, 2023, 165~194쪽.

임기대, 「아프리카와 이슬람, 토착문화의 융합 현상 사례 연구: '그나와', '스탕발리', '디완느'를 중심으로」, 『아프리카문화연구』 2, 2024, 1~22쪽.

"[영성의 향기를 따라서 - 수도회 탐방] 예수의 작은 자매들의 우애회 - 영성과 활동", 가톨릭신문(2001.12.2.).

"[교구 수도회 영성을 찾아서] 예수의 작은 형제회(하)", 가톨릭신문(2023.2.21.).

"살레시오회 관구장 '남상헌' 신부", 동아일보(2011.6.27.).

"이태석 신부는 진주를 알아봤다", 한겨레(2020.4.24.).

Britannica, "Charles Eugène, vicomte de Foucauld"(2024.11.27.).

"Charles de Foucauld: Prophet of Universal Fraternity", CatholicOutlook(2022.5.14.).

Catholic News Agency, "Charles de Foucauld, Catholic 'revert' turned saint"(2022.12.1.).

가르침을 아는 사람, 교육실천가 이태석

장병문, 『잃어버린 자식들』, 문학신조사, 1983.

KBS 한민족 리포트 <아프리카에서 찾은 행복: 수단 이태석 신부>(2003.12.29.).

KBS 추석특집 <브라스밴드 한국에 오다!>(2013.09.22.).

"'울지마 톤즈' 그후... 희망 품은 사람들", 세계일보(2020.6.17.).

"[부랑인 시설 인권유린 증언] <1>지옥의 삶 들려준 유수권 씨", 국제신문(2022.11.6.).

"1년에 6113명 환자 보는 한국 의사…OECD 국가 중 최다", 문화일보(2023.11.17.).

"이태석 신부 뜻대로" 남수단 제자 2명 전문의 합격, 경남일보(2024.2.25.).

"종이교과서로 회귀하는 북유럽", 경향신문(2024.11.26.).

평지고화(平地高話): 낮은 땅 높은 이야기

맹진학, 『참사랑 길: 이태석 신부와의 만남 묵상집』, (사)이태석신부참사랑실천사업회, 2018.

신영인, 『페이스트리: 이제 당신의 이야기를 들려주세요』, 사유악부, 2024.

소 알로이시오, 『소 알로이시오 신부: 가장 가난하고 소외된 이들의 아버지』, 박우택 옮김, 책으로여는세상, 2016.

안동권, 『소 알로이시오 신부: 가장 가난한 사람들의 아버지』, 책으로여는세상, 2020.

이향영, 『환한 빛 사랑해 당신을: 이태석 요한 신부 추모시집』, 문학의식, 2020.

성은진, 「남 수단 청소년들의 변화를 통한 이태석 신부의 음악교육 활동의 교육적 의미에 관한 고찰」, 경북대학교 교육학 석사학위 논문, 2013.

KBS 한민족 리포트 <아프리카에서 찾은 행복: 수단 이태석 신부>(2003.12.29.).

TED 강연 Emmanuel Jal: "전쟁 소년의 음악"(2009).

<인순이 토크드라마 그대가 꽃: 아프리카 톤즈의 꽃, 故이태석 신부>(2015.3.30.).

"이태석 형에게 직접 '왜 톤즈로 가냐'고 물었더니", 이세바 관장 인터뷰, 부산일보 (2023)

'이태석 영화'에 재현된 사랑과 나눔의 상생 패러다임

한국천주교살레시오회, 『톤즈의 돈 보스코 이태석 신부의 삶과 영성 심포지엄 자료집』, 2011.

강신익, 「이태석의 삶, 仁德濟世의 모범」, 『인제대학교 의과대학 개교 32주년 기념/이태석 기념 심포지엄-의사·신부 이태석의 삶과 그 의미』, 인제대학교 의과대학, 2011, 11쪽.

이기상, 「지구촌 시대가 요구하는 소통과 살림의 교회: 비움에 바탕한 섬김과 나눔의 살림살이」, 『신학전망』 175호, 광주가톨릭대학교 신학연구소, 2011, 81·89~90쪽.

노나래, 「복합양식 텍스트 생산을 위한 매체 언어 교육 내용 연구: 휴먼 다큐멘터리를 중심으로」, 이화여자대학교 교육대학원 2015학년도 석사학위 논문, 2016, 34~35쪽.

참고자료

신원선, 「<울지마, 톤스>의 진실과 사회적 반향성」, 『인문논총』 제28집, 2011, 159~161쪽.

탁동화, 「이태석 신부의 생애와 선교 연구」, 협성대학교 대학원 신학과 신학석사 학위 논문, 2021, 37~38쪽·51~53쪽.

황경훈, 「사회교리의 '인간 발전'관에 비추어 본 이태석 신부의 선교 사례: '통합적 발전 중심 선교'의 가능성」, 『신학전망』 182호, 광주가톨릭대학교 신학연구소, 2013, 141~144쪽.

구수환, <울지마 톤즈>, (2010).

강성옥, <울지마톤즈 2 : 슈크란 바바>(2019).

구수환, <부활>(2022).

이우석, <이태석>(2022).

이태석 신부의 친구가 되는 길, 그리고 부산

김형균, 『부산정신 부산기질 - 역동적인 부산사람들의 비밀을 풀다』, 호밀밭, 2021.

한국천주교살레시오회, 『톤즈의 돈 보스코 이태석 신부의 삶과 영성 심포지엄 자료집』, 2011.

신경아, 「개인화 사회와 지역 - 자기정체성의 자원으로서 지역과 자아의 유형」, 『지역사회학』 제15권 제4호, 2014, 31~62쪽.

최홍운. 2010. 「[중견사제에게 듣는 사목이야기] 동생 이태석 신부 정신 이어지기를 바라는 형님」, 『사목정보』 제3권 제12호, 51-55쪽.

탁동화. 2021. 「이태석 신부의 생애와 선교 연구」, 협성대학교 신학과 선교와문화 전공 석사학위 논문.

"어릴 때 보고 자란 '베풂' 또 다른 선행 낳아", 부산일보(2011.1.22.).

"세상을 깨운 무한의 사랑", 시사저널(2011.1.10.).

"<사람들> 제1회 이태석봉사상 박무열 원장", 연합뉴스(2012.1.13.).

"[가톨릭신문이 만난 사람] 이태석재단 구수환 이사장", 가톨릭신문(2022.6.28.).

"천주교 사제들, 이태석 신부 '참사랑' 잇는다", 국제신문(2012.7.27.).

"'한국의 슈바이처' 이태석 신부 생가 복원", 한겨레(2014.10.8.).

네이버블로그 - 문화챔푠's 아카이브(2023.8.25., blog.naver.com/culture champion_kr/223192788202)(검색일: 2024.12.).

(사)부산사람이태석기념사업회 포털 다음 카페(cafe.daum.net/johnlee1004)(검색일: 2024.11.).

(사)부산사람이태석기념사업회 홈페이지(johnlee.or.kr)(검색일: 2024.11.).

(사)이태석신부의수단어린이장학회 홈페이지(frjohnlee.org/history)(검색일: 2024.11.).

(사)이태석신부참사랑실천사업회 홈페이지(el-love.com)(검색일: 2024.11.).

(사)이태석재단 홈페이지(leetaeseokfoundation.org)(검색일: 2024.11.).

티스토리블로그 - 여행스케치 이태석 신부 기념음악회(2013.6.5., travelyoungdo.tistory.com/112) 댓글(검색일: 2024.12.).

박형준 - 텍스트, 키워드, 데이터로 본 이태석

박창희, 「천마산 순례길(홀리 로드)에서 나를 찾다」, 『부산발전포럼』 170호, 부산연구원, 2018.

안정효, 「이태석 신부: 가난한 아들들의 친구, 톤즈의 돈보스코 성인」, 『대한의사협회지』 692, 대한의사협회, 713~715쪽, 2017.

이강순, 「2011년 부산 10대 히트상품」, 『BDI 정책포커스(N/A)』 132호, 부산연구원, 2011.

윤지영, 「도시 콘텐츠를 스토리텔링하자」, 『BDI 정책포커스(N/A)』 149호, 부산연구원, 2012.

정병원, 「2024 한-아프리카 정상회의 -한국과 아프리카가 함께 만드는 상생 번영의 미래-」, 『계간 외교(Foreign realations)』 149호, 한국외교협회, 2024.

세상 모든 것에 감탄하는
지혜로운 사람들의 공간

호밀밭

모든 날이 좋았습니다
행복한 사람 이태석

ⓒ 2025, 인제의대 이태석연구회

초판 1쇄	2025년 5월 15일
지은이	김성리 김태만 김택중 박지영 박형준 백대현 송교성 오현석 이성철 임기대
펴낸이	장현정
편집	정진리
디자인	손유진
마케팅	최문섭 김명신
펴낸곳	㈜호밀밭
등록	2008년 11월 12일(제338-2008-6호)
주소	부산광역시 수영구 연수로357번길 17-8
전화	051-751-8001
팩스	0505-510-4675
홈페이지	homilbooks.com
이메일	homilbooks@naver.com

ISBN 979-11-6826-161-7 03810

※ 가격은 뒤표지에 표시되어 있습니다.
※ 이 책 내용의 전부 또는 일부를 재사용하려면 반드시
  저작권자와 출판사의 동의를 받아야 합니다.